# 1 y 2 Corintios

*Serie «Conozca su Biblia»*

# 1 y 2 Corintios

*por Efraín Agosto*

Augsburg Fortress

MINNEAPOLIS

*A Efraín Agosto (1919-1995), padre que con valentía se encaminó a lugares desconocidos «en trabajo y fatiga, en muchos desvelos, en hambre y sed, en muchos ayunos, en frío y desnudez» (2 Co 11.27) para criar su familia. Y a Emérita Agosto Pérez, madre ejemplar que de igual manera me enseñó el «proceder en Cristo ... con amor y espíritu de mansedumbre» (1 Co 4.17, 21).*

SERIE CONOZCA SU BIBLIA: 1 y 2 CORINTIOS

Todos los derechos reservados © 2008 Augsburg Fortress. Con excepción de una breve cita en artículos o análisis críticos, ninguna parte de este libro puede ser reproducida en ninguna manera sin antes obtener permiso por escrito del publicador o de quienes son dueños de los derechos de reproducción.
Este volumen es parte de un proyecto conjunto entre la casa editora, la División de Ministerios Congregacionales de la Iglesia Evangélica Luterana (ELCA) y la Asociación para la Educación Teológica Hispana (AETH), Justo L. González, Editor General.
Excepto cuando se indica lo contrario, el texto Bíblico ha sido tomado de la versión Reina-Valera 1995.
Copyright © Sociedades Bíblicas en América Latina, 1995. Usado con permiso.

Diseño de la cubierta: Diana Running; Diseño de libro y portada: Element, llc

ISBN 978-0-8066-5338-9

El papel usado en esta publicación satisface los requisitos mínimos de la organización American National Standard for Information Sciences—Permanencia del Papel para Materiales Impresos, ANSI Z329.48-1984.

Producido en Estados Unidos de América.

SERIE CONOZCA SU BIBLIA: 1 y 2 CORINTIOS

Copyright © 2008 Augsburg Fortress. All rights reserved. Except for brief quotations in critical articles or reviews, no part of this book may be reproduced in any manner without prior written permission from the publisher. Visit http://www.augsburgfortress.org/copyrights/contact.asp or write to Permissions, Augsburg Fortress, Box 1209, Minneapolis, MN 55440.
This volume developed in cooperation with the Division for Congregational Ministries of the Evangelical Lutheran Church in America, which provided a financial grant, and the Asociación para la Educación Teológica Hispana, Series Editor Justo L. González.
Except when otherwise indicated, scripture quotations are taken from the Reina-Valera 1995 version. Copyright © Sociedades Bíblicas Unidas, 1995. Used by permission.

Cover design: Diana Running; Book design: Element, llc

The paper used in this publication meets the minimum requirements of American National Standard for Information Sciences—Permanence of Paper for Printed Library Materials, ANSI Z329.48-1984.

Manufactured in the U.S.A.

12    11    10    09    08    1    2    3    4    5    6    7    8    9    10

# Esta serie

«¿Cómo podré entender, si alguien no me enseña?» (Hechos 8.31). Con estas palabras el etíope le expresa a Felipe una dificultad muy común entre los creyentes. Se nos dice que leamos la Biblia, que la estudiemos, que hagamos de su lectura un hábito diario. Pero se nos dice poco que pueda ayudarnos a leerla, a amarla, a comprenderla. El propósito de esta serie es responder a esa necesidad. No pretendemos decirles a nuestros lectores «lo que la Biblia dice», como si ya entonces no fuese necesario leer la Biblia misma para recibir su mensaje. Al contrario, lo que esperamos lograr es que la Biblia sea más leíble, más inteligible para el creyente típico, de modo que pueda leerla con mayor gusto, comprensión y fidelidad a su mensaje. Como el etíope, nuestro pueblo de habla hispana pide que se le enseñe, que se le explique, que se le invite a pensar y a creer. Y eso es precisamente lo que esta serie busca.

Por ello, nuestra primera advertencia, estimado lector o lectora, es que al leer esta serie tenga usted su Biblia a la mano, que la lea a la par de leer estos libros, para que su mensaje y su poder se le hagan manifiestos. No piense en modo alguno que estos libros substituyen o pretenden substituir al texto sagrado mismo. La meta no es que usted lea estos libros, sino que lea la Biblia con nueva y más profunda comprensión.

Por otra parte, la Biblia —como cualquier texto, situación o acontecimiento— se interpreta siempre dentro de un contexto. La Biblia responde a las preguntas que le hacemos, y esas preguntas dependen en buena medida de quiénes somos, cuáles son nuestras inquietudes, nuestras dificultades, nuestros sueños. Por ello, estos libros escritos en nuestra lengua, por personas que se han formado en nuestra cultura y la conocen. Gracias a Dios, durante los últimos veinte años ha surgido dentro de nuestra comunidad latina todo un cuerpo de eruditos, estudiosos de la Biblia, que no tiene nada que envidiarle a ninguna otra cultura o tradición. Tales son las personas a quienes hemos invitado a escribir para esta serie. Son personas con amplia experiencia pastoral y docente, que escriben para que se les entienda, y no para ofuscar. Son personas que a través de los años han ido descubriendo las dificultades en que algunos creyentes y estudiantes tropiezan al estudiar la Biblia —particularmente los creyentes y estudiantes latinos. Son personas que se han dedicado a buscar modos de superar esas dificultades y de facilitar el aprendizaje. Son personas que escriben, no para mostrar cuánto saben, sino para iluminar el texto sagrado y ayudarnos a todos a seguirlo.

Por tanto, este servidor, así como todos los colegas que colaboran en esta serie, le invitamos a que, junto a nosotros y desde la perspectiva latina que tenemos en común, se acerque usted a estos libros en oración, sabiendo que la oración de fe siempre recibirá respuesta.

*Justo L. González*
*Editor General*
*Julio de 2005*

# Reconocimientos

Quiero agradecerle al Dr. Justo González la invitación a escribir este comentario sobre las Epístolas a los Corintios. Llevo años estudiando estas cartas paulinas, primero en el seminario, luego en la escuela de estudios superiores y, por último, dando varias clases sobre las mismas. Pero nunca había podido organizar mi investigación en un libro o comentario de esta índole. También le doy gracias al Dr. González por su valiosa edición del material, especialmente puesto que es la primera vez que escribo un libro completo en español. El español fue mi primer idioma, el cual me enseñaron mis padres, Efraín y Emérita Agosto, inmigrantes de Puerto Rico a la ciudad de Nueva York en la década de 1950. Allí nací y aprendí a hablar el español. Pero luego fui perdiéndolo, pues en las escuelas públicas de Nueva York no había educación bilingüe. Gracias a mis padres, quienes siguieron hablándonos en el idioma y, especialmente a mi mamá, quien nos llevaba a la iglesia Pentecostal hispana, pude conservar algo de mi lengua materna. Sin embargo, ahora este es mi segundo idioma. Escribir este libro me da la oportunidad de mejorar mi uso de la lengua en el ámbito profesional de los estudios bíblicos.

Pude terminar la mayor parte de este comentario durante una sabática que me concedió el Hartford Seminary, donde enseño. Por ello, doy gracias a la administración del Seminario, particularmente, a la presidenta Heidi Hadsell y a quien era decano entonces, Ian Markham. Mis estudiantes en Hartford Seminary y su Programa de Ministerios Hispanos, así como mi previo lugar de empleo, el Centro para la Educación Ministerial

Urbana (CUME) en Boston, contribuyeron mucho a la formación de mi pensamiento sobre estas cartas y sobre el Nuevo Testamento en general. Mis profesores del Nuevo Testamento, Gordon Fee en los estudios de seminario, y J. Paul Sampley, en mis estudios doctorales, han publicado importantes estudios sobre las cartas de Pablo a los corintios. Ambos me inspiraron a continuar mis investigaciones sobre ellas a través de los años, y de ellos aprendí mucho de lo que he escrito en este comentario. También le doy las gracias a mi familia, mi esposa Olga y mis dos hijos, Joel y Jasmín, quienes toleraron mis muchas ausencias para poder terminar el manuscrito. Olga, oriunda de Puerto Rico y maestra de escuela en programas bilingües, también leyó algunos capítulos del manuscrito y me ayudó tremendamente con el español.

Por haber sido mis primeros maestros en la vida y en la fe, dedico esta obra a mis padres, Efraín y Emérita Agosto.

*Efraín Agosto*
*11 de noviembre de 2007*

# Contenido

# Introducción

## Estas cartas en la trayectoria del Apóstol Pablo

Las cartas del Apóstol Pablo a los Corintios, comúnmente conocidas como Primera y Segunda Corintios (o sencillamente 1a y 2a Corintios), se cuentan entre las primeras cartas que tenemos de ese gran pastor, misionero y teólogo del primer siglo de la era cristiana. No sabemos cuándo nació Pablo, pero fue sólo unos pocos años después de la crucifixión de Jesús que Pablo tuvo su encuentro con el Cristo resucitado (véase Hch 9.1-9). Esto sería al principio de la década de los treinta de la era cristiana. Cuando Pablo mismo habla de esa experiencia, enfatiza su llamado a ser apóstol a los gentiles (Gal 1.13-15). Por lo tanto, su ministerio evangelizador comienza casi desde el principio de esa experiencia de conversión. Sin embargo, las primeras cartas que tenemos de Pablo no surgen sino en la década de los cincuenta, cuando escribe a los tesalonicenses y luego 1 y 2 Corintios. Esto no quita el hecho de que Pablo pudo haber escrito otras cartas a sus iglesias anteriormente, o en otros momentos durante su vida y ministerio, pero en todo caso, tales cartas no sobrevivieron. Sabemos que Pablo escribió 1 y 2 Corintios entre los años 52 y 55 d. C. porque Hechos 18:12 dice que Pablo estuvo en Corinto cuando el procónsul (representante oficial) romano era un tal Galio. Documentos extrabíblicos demuestran que Galio fue procónsul desde el año 50 hasta el 52. Pablo escribió sus cartas a la iglesia que había fundado en Corinto luego de su estadía inicial allí.

## La ciudad de Corinto

¿Qué clase de ciudad era Corinto? Tanto en la era clásica de la historia de Grecia (aproximadamente 800-300 a. C.) como en la era romana (que comenzó en el año 146 a. C. e incluye la época de Pablo), Corinto era una ciudad importante en lo económico, lo cultural y lo religioso. Su presencia en un istmo entre el Mar Egeo, Asia hacia el este e Italia hacia el oeste, favorecía la economía y el desarrollo social y cultural de Corinto. En la era clásica, Corinto era famosa por la producción de bronce. En la época de Pablo, ya su economía se basaba principalmente en la artesanía y los servicios al público —en particular, la artesanía para la producción de artículos de cuero y la construcción de casetas para los juegos atléticos. Dos años después de los juegos olímpicos en Atenas y Olimpia, se celebraban los juegos ístmicos en Corinto. Esto atraía mucho turismo a la ciudad y con él, trabajos, prosperidad y diversidad. La prosperidad dependía de los servicios ofrecidos a los turistas que iban a los juegos y a comerciantes, soldados, marineros y peregrinos religiosos.

Roma destruyó la ciudad clásica de Corinto durante una de sus invasiones en el año 146 a. C. Por casi 100 años, la ciudad estuvo desolada —hasta que Julio César la reconstruyó como ciudad de jubilación para los soldados de sus ejércitos. Además, los esclavos que habían conseguido su libertad en Roma y otros lugares de Italia, llegaban a Corinto buscando trabajo en la economía nuevamente próspera de los primeros años del Imperio Romano (comenzando con el primer emperador, Augusto César, quien toma control completo en el año 14 a. C.). Por lo tanto, cuando el Apóstol Pablo llega a Corinto por primera vez, al principio de la década de los cincuenta d. C., Corinto es una ciudad próspera con gente de distintas clases sociales que procura su avance económico. En particular, Corinto se conocía como un lugar de nuevos ricos—gente próspera por primera vez, empeñada en mantener y elevar su estatus social y económico.

## Aspectos religiosos

También Corinto se conocía por sus varios templos y centros religiosos. En la era clásica, Corinto era famosa por su templo de Afrodita, diosa del amor, la belleza y la fertilidad. En particular, las prostitutas consideraban a Afrodita como su patrona, por lo que en el templo de Afrodita, durante la época clásica, se practicaba la prostitución ritual. Durante la época romana, muchos de los templos religiosos eran todavía centros de prostitución.

Además de Afrodita, otros dioses con muchos devotos en Corinto eran Apolo, para quien había otro famoso templo en la ciudad, y Escolapio, el dios de la salud. Al templo de este último, sus seguidores llevaban réplicas de partes del cuerpo que el dios había sanado. Las prácticas religiosas en estos y otros templos eran una fuente más de trabajo y servicio para muchos que venían de otros lugares para residir y trabajar en Corinto. Por lo tanto, la vida religiosa en Corinto siempre fue muy activa.

En fin, Corinto, en los tiempos de Pablo, era una ciudad grecorromana bastante próspera e importante. Desde que Julio César la reconstruyó, la ciudad fue tomando más y más carácter romano en su arquitectura y gobierno. En lugar de una ciudad clásica, Corinto era ahora una ciudad romana. Fue a esta realidad social, cultural, religiosa, económica y política adonde el Apóstol Pablo llegó para evangelizar en los años 50 al 52 d. C.

## La razón de estas cartas

¿Por qué tenemos estas dos cartas del Apóstol Pablo a los corintios en el Nuevo Testamento? Primero, es importante entender la estrategia misionera del apóstol para poder entender la importancia de ministrar en la ciudad de Corinto.

### La estrategia urbana de Pablo

Si uno lee la Tabla de Contenido en su Nuevo Testamento, se da cuenta de que los títulos de las epístolas de Pablo representan las grandes ciudades del Imperio Romano: Romanos, Corintios, Efesios, Filipenses, Colosenses, Tesalonicenses. Solo Gálatas representa iglesias en una región o provincia, pero allí también había ciudades importantes (Iconio, Listra, Derbe, etc.). Hay otras cartas escritas a individuos (Filemón, Timoteo, Tito), pero aun estas hacen referencia a lugares claves del imperio (Colosas, Éfeso, Creta). Todo esto da a entender que el Apóstol Pablo concentra sus esfuerzos misioneros en los centros urbanos del imperio para lograr un mayor impacto evangelizador. Las iglesias a las cuales escribió habían sido fundadas en lugares céntricos con bastante población y actividad política, económica y religiosa. Entre estas, como hemos visto, está Corinto. El Apóstol Pablo ejerció una estrategia misionera urbana.

Al escribir a los creyentes de Corinto, Pablo quiere mantener su conexión pastoral con una iglesia fundada en medio de toda clase de influencias sociales y religiosas. No hay duda de que la diversidad de la ciudad de Corinto influyó en el desarrollo espiritual y teológico de esta comunidad de fe. Al leer 1 y 2 Corintios, en su desarrollo y en los problemas que Pablo describe, vemos los resultados del entorno urbano.

### Problemas en Corinto: La primera carta

Una lectura, aun superficial, de 1 Corintios indica que esta congregación estaba sufriendo una serie de problemas y conflictos a los cuales el apóstol se refiere en su carta. Estos problemas incluyen asuntos de liderato (1 Co 1–4), la moral sexual, el matrimonio y otros temas (1 Co 5–7), incluso el caso de los creyentes que llevaban a otros creyentes ante los tribunales seculares (1 Co 6.1-11). Otros problemas que trata el apóstol son los asuntos de comer alimentos ofrecidos a ídolos (1 Co 8–10), los asuntos de adoración, incluso la vestimenta de las mujeres (1 Co 11.1-6), los abusos en la Cena del Señor (1 Co 11.17-34) y los abusos de dones espirituales, especialmente el don de lenguas (1 Co 12–14). La carta termina con una larga discusión sobre la resurrección, un malentendido de la misma en Corinto, y unos últimos planes y saludos de parte de Pablo (1 Co 15–16). Tal lista de problemas da a entender que no se trataba de una iglesia fácil ni ideal, y que el cristianismo primitivo no tuvo nada de una «era dorada», como algunos predicadores de hoy lo pintan. En este comentario vamos a estudiar cada uno de estos problemas, las soluciones que Pablo ofrece y qué más se debe entender sobre la situación de la iglesia en Corinto en general.

### Problemas en Corinto: La segunda carta

En 2 Corintios, varios de los problemas de 1 Corintios persisten. La confusión sobre el liderato en 1 Co 1.10—4.21, se extiende en la segunda carta, cuando algunos rechazan el liderato de Pablo (2 Co 1–2), y Pablo a su vez cuestiona el liderato de algunos que son nuevos en la comunidad (2 Co 10–13). Como resultado, Pablo tiene que defender la naturaleza de su ministerio (2 Co 2.14 al 7.4); pide ayuda con los corintios a uno de sus socios más cercanos, Tito (2 Co 2.12-13; 7.5-16), e implora que la comunidad practique la reconciliación con Pablo mismo y entre sí, tal como Dios en Cristo la ejerció con ellos (2 Co 5.16-21). En base a la reconciliación entre Pablo y los corintios, el apóstol espera la colecta que está recibiendo de todas sus iglesias para los creyentes en Jerusalén (2 Co 8 y 9). Sin embargo, la carta, tal como la tenemos, termina con cierta incertidumbre. No resulta claro si Pablo ha podido lograr la reconciliación, dado el tono polémico que se encuentra en 2 Corintios 10 al 13. No es hasta que uno lee las palabras de Pablo en su carta a los Romanos, que encontramos cierta evidencia de que quizás se logró esa reconciliación con los corintios y que Pablo pudo incluir un donativo de los corintios en su ofrenda para la iglesia «madre» en Jerusalén (véase Romanos 15.25-28).

Esta serie de problemas y asuntos descritos por Pablo en 1 y 2 Corintios merece atención. Sin embargo, desde el inicio notamos que este breve repaso muestra la complejidad de la relación entre Pablo y esta comunidad de creyentes en la ciudad de Corinto. A través de dos o más cartas, visitas e intercambios, se nota que el apóstol y la iglesia no tuvieron una relación fácil. Es más, esta correspondencia con los corintios nos enseña mucho sobre la misión paulina, su visión pastoral y teológica, y las situaciones locales de las congregaciones y sus líderes. También vemos cómo las enseñanzas de Pablo sobre «la verdad del evangelio» fueron recibidas y debatidas.

## El desarrollo de estas dos cartas: ¿Cuándo y cómo?

La correspondencia de Pablo con los corintios en realidad incluyó más que estas dos cartas. En 1 Co 5.9, leemos que Pablo les había escrito otra carta a los corintios: «Os he escrito por carta, que no os juntéis con los fornicarios». Luego de varios informes de parte de Cloe (1 Co 1.11); de otras personas de esa iglesia (1 Co 5.1), quizás Estéfanas (1 Co 16.15-18) y, por lo menos, una carta de los corintios a Pablo (1 Co 7.1), Pablo escribe 1 Corintios para responder a los varios problemas descritos en esos informes y en esa otra u otras cartas. La carta que ahora conocemos como 1 Corintios fue llevada a Corinto por Timoteo (véase 1 Co 4.17; 16.10-11), un acompañante cercano de Pablo. Luego Pablo mismo visitó Corinto, pero tuvo un encuentro fuerte con uno de los miembros de la iglesia y tuvo que salir antes de tiempo (1 Co 2.1-11). El orden de los acontecimientos luego de esta «visita de tristeza» (2 Co 2.1-3) no es fácil de reconstruir. En 2 Co 2.1-11, Pablo hace referencia a una «carta de lágrimas» (2:4) que escribió a los corintios luego de la «visita de tristeza». La mayoría de los eruditos sugieren que esa carta, como la que se menciona en 1 Co 5.9, se ha perdido. Si es así, 2 Corintios se escribió luego de que Tito hizo una visita de reconciliación a los corintios (2 Co 2.12-13; 7.4-15). El conflicto que Pablo tuvo con algunos de los corintios se había resuelto a través del ministerio de Tito, y ahora Pablo podía escribir esta «segunda» carta (2 Corintios).

Sin embargo, aunque un tono de reconciliación reina en 2 Co 1-9, ese tono cambia radicalmente en 2 Corintios 10-13. El pasaje comienza con palabras repletas de metáforas militares, inclusive términos como «militamos», «milicia» y «destrucción de fortalezas» (véase 2 Co 10.1-6). También Pablo habla fuertemente contra la oposición cuando dice estar listo para «castigar toda desobediencia» (10.6). Luego, Pablo señala que hay preguntas en Corinto sobre su ausencia física y su ministerio itinerante (10.10). Como se vio antes en 1 Co 9.6-19, hay preguntas sobre las finanzas de Pablo (2 Co 11.7). ¿Qué pasó con la reconciliación descrita en 2 Co 1-9? Nuestro comentario tratará con más detalle acerca de esta pregunta, pero por ahora es importante notar que 2 Co 10-13 refleja una nueva ruptura de la relación entre Pablo y los corintios; la mayoría de los eruditos piensa que esta sección es parte de otra carta. Más bien, la pregunta es si se escribió antes o después de 2 Co 1-9. Algunos sugieren que 2 Co 10-13 es parte de la «carta de lágrimas» que Pablo menciona en 2 Co 2.1-4. Otros argumentan que se trata de una tercera «carta perdida», como la de 1 Co 5.9 y la «carta de lágrimas». El punto clave es que hay que estudiar 2 Co 1-9 y 2 Co 10-13 como momentos distintos en la correspondencia entre Pablo y los corintios. Así lo haremos en este comentario.

## Algunos temas teológicos

Aunque el enfoque de las cartas a los corintios puede ser el ministerio de Pablo a esa iglesia, no cabe duda de que vemos en ellas bastante teología paulina. En sí, toda la reflexión teológica paulina se encuentra en su trato con las iglesias a las que escribe, no en formas sistemáticas o abstractas. Pablo es un teólogo de la praxis, no pensador sistemático. Su teología se forja en el proceso de ministrar a congregaciones necesitadas de un consejo, una exhortación o una corrección teológica. Es en el ministerio de escribir cartas que encontramos indicios del evangelio de Pablo y, por ende, su teología.

# Introducción

Sin embargo, sería útil en esta introducción mencionar brevemente algunos de los temas teológicos principales que se encuentran en 1 y 2 Corintios. Primero, vale notar que el apostolado de Pablo, o sea, su liderato, es un asunto clave a través de las dos cartas. Pablo está defendiendo su autoridad apostólica, y esto es un asunto teológico: ¿Qué implica ser líder en la iglesia, y qué raíces teológicas en el evangelio de Jesucristo establecen y apoyan el ejercicio del liderato en las comunidades evangélicas del primer siglo? Esto se relaciona con un segundo punto: el énfasis en la cruz de Cristo en estas dos cartas (véase, por ejemplo, 1 Co 1.18-2.5). En repuesta al triunfalismo de algunos en Corinto, Pablo ofrece la visión de un liderato sacrificial y sufrido. Jesucristo, en su vida, y especialmente en su muerte, en una cruz Romana, demostró cómo sus buenas nuevas («evangelio») implican sacrificio y servicio. Pablo explica su ministerio y su teología en esos términos: sacrificio y servicio. La cruz de Cristo, una enseñanza básica en la predicación del evangelio, viene a ser el modelo para un ministerio sufrido, y esta verdad teológica es esencial en el pensamiento de Pablo.

El tercer punto, y quizás el más obvio, es que el trato de Pablo con la congregación de Corinto a través de estas cartas refleja una eclesiología. Por ejemplo, Pablo procura la unidad de la iglesia, un tema principal en ambas cartas, pero, especialmente, en 1 Corintios. En su eclesiología —su pensamiento sobre la naturaleza de la iglesia cristiana— mantener la unidad de la iglesia era de suma importancia para Pablo. Esto debía hacerse frente a desacuerdos y divisiones —incluso divisiones teológicas y socio-económicas. También vemos que la iglesia es una comunidad de alabanza a Dios y que esa adoración debe reflejar la naturaleza de Dios— su amor, su bondad y su misericordia hacia todos, especialmente las personas más despreciadas por la sociedad. Cuando la iglesia no refleja a Dios de esa manera, no es lo que debe ser (véase 1 Co 11-14). Por lo tanto, al enfrentarse a las divisiones de la iglesia en Corinto, Pablo muestra su pensamiento sobre la naturaleza divina y sobre cómo la comunidad evangélica debe reflejar esa naturaleza.

En fin, hay varios temas teológicos que surgen de las diversas discusiones en 1 y 2 Corintios. Sobre todo, Pablo tenía una visión escatológica que esperaba el retorno (la «parusía») del Señor Jesucristo, que tendría lugar en vida de Pablo (véase, por ejemplo, 1 Ts Ts 4.15). Esto le daba urgencia a su ministerio de predicación, evangelización y la formación de iglesias.

Además, Pablo esperaba cierto comportamiento ético por parte del creyente del «mundo» y de los creyentes entre sí, incluso en asuntos de moral, sexualidad y matrimonio—temas que resaltan en varios pasajes de 1 y 2 Corintios (véase 1 Co 5-7, en particular). Esto se podría llamar una «ética interina» —interina entre la primera venida de Jesucristo (su vida y ministerio) y la segunda (la parusía).

El apostolado y el liderato, la cruz y el sacrificio, la misión y los últimos días, la ética y el evangelio: estos son algunos de los temas teológicos que resaltan en estas dos epístolas del Apóstol Pablo a los corintios. A través de este comentario veremos cómo y cuándo estos temas surgen, y los diversos énfasis que el apóstol les da.

## La estructura de este comentario

Este comentario tomará su estructura de las varias divisiones que Pablo mismo parece usar en estas dos cartas. En el primer capítulo, se le dedicará una porción al tema del liderato, en 1 Corintios, ya que Pablo escribe en detalle sobre ese tema al principio de su carta (1 Corintios 1.10 al 4.21). Luego se discutirán, capítulo por capítulo, los varios problemas que Pablo aborda, sea en base de informes que ha recibido, o como respuesta a una carta recibida de los corintios. Estos temas incluyen cuestiones de sexualidad, inmoralidad, litigios (1 Co. 5.1-6:20) y relaciones matrimoniales (1 Co 7.1-40). En nuestra tercera sección, trataremos los problemas relacionados con la práctica de comer alimentos ofrecidos a ídolos (cuestión que Pablo discute en 1 Co 8.1 al 11.1). Luego hay una sección larga sobre varios asuntos de la adoración—los velos para las mujeres (1 Co 11.2-16), los abusos en la comunión (11.17-34) y el mal uso de los dones espirituales, especialmente del don de lenguas (12.1-14.40). Trataré estos temas en la cuarta sección del comentario. 1 Corintios 15.1-58 es un largo discurso de Pablo sobre la resurrección; la quinta sección de este comentario se dedicará a esa cuestión, que es mucho más abstracta que las otras, y al capítulo 16, que es la conclusión de la carta. Como veremos, 1 Co 16.1-23, con las instrucciones de Pablo a los corintios sobre la ofrenda para los creyentes en Jerusalén y sus planes de viaje hacia Corinto, prepara el camino para los hechos que preceden a 2 Corintios.

# Introducción

Cuando entremos al estudio de 2 Corintios, comenzaremos con una descripción y análisis de la «visita amarga» de Pablo a los corintios y sus esfuerzos subsiguientes (2 Co 1.1 -2.13). Esta será la sexta sección de nuestro comentario, junto con una extensa descripción de la naturaleza de su ministerio que Pablo presenta como defensa contra todos los malentendidos que ha tenido con los corintios (2 Co 2.14 al 7.4). La séptima sección del comentario es una discusión sobre la importancia y administración que Pablo le da a la colecta para los creyentes en Jerusalén (2 Co 8 y 9). Por último, en la octava sección se discutirán las distintas opiniones que analizan si 2 Co 10 al 13 pertenece a la misma carta, o si es parte de otra carta y otro momento en las relaciones complejas entre Pablo y la iglesia de Corinto. Explicaré por qué creo que 2 Co 10 al 13 representa una nueva ruptura y qué es lo que Pablo dice en esa sección. Esta última sección también provee la conclusión del comentario con un breve resumen de lo que hemos aprendido y algunas implicaciones de cómo una buena comprensión de 1 y 2 Corintios nos ayuda a entender mejor al Apóstol Pablo, sus iglesias, su teología y sus escritos.

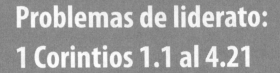

# Problemas de liderato:
# 1 Corintios 1.1 al 4.21

*Capítulo 1*

## Bosquejo del texto bíblico

Introducción: 1.1-9
Se describe el problema: 1.10-17
La cruz frente al orgullo humano: 1.18-31
El ejemplo de Pablo: 2.1-5
El Espíritu y la carne: 2.6-3.4
El servicio de Pablo y Apolos: 3.5-23
El servicio de todo apóstol: 4.1-13
La autoridad de Pablo como apóstol: 4.14-21

## Introducción: 1.1-9

*Saludo: 1.1-3*

La primera carta de Pablo a los corintios comienza con un saludo donde el autor se identifica como «Pablo, llamado a ser apóstol de Jesucristo por la voluntad de Dios» (1.1). A través de sus cartas, cuando Pablo quiere restablecer su autoridad sobre una de sus congregaciones, invoca su llamado a ser «apóstol», que implica un envío especial de parte de Dios a una misión de abrir obras donde no existen (Ro 1.1; 2 Co 1.1; Gl 1.1). Para Pablo, el hecho de ser «apóstol de los gentiles» (Ro 1.13) y fundador de las iglesias era de suma importancia y era fuente de autoridad para lidiar con cualquier problema que las iglesias confrontaban, aunque él no estuviese presente personalmente. La continuidad del testimonio del evangelio mismo dependía de que Pablo pudiese ejercer su autoridad y apostolado sobre la iglesia.

Los corintios, a quienes Pablo llama «los santificados en Cristo Jesús» porque «invocan el nombre de nuestro Señor Jesucristo» (1.2), tienen problemas y conflictos.

### *Gratitud: 1.4-9*

Esto ya se indica al comienzo de la carta, porque Pablo hace alusión a esos problemas aun en su palabra de gratitud (1.4-9). Aquí da gracias a Dios por la comunidad de Corinto «pues por medio de [Dios] habéis sido enriquecidos en todo, en toda palabra y en todo conocimiento» (1.5). También Pablo da gracias porque «el testimonio acerca de Cristo» se ha manifestado en esta iglesia de tal forma «que nada os falta en ningún don» (1.6-7). Mas en la misma carta, más adelante, Pablo corregirá el énfasis excesivo en los dones espirituales entre algunos creyentes de Corinto, especialmente el don de lenguas (véase 12.4-14.40). Pero ya aquí, recuerda que aunque están «enriquecidos» y tienen muchos dones, todavía estamos «esperando la manifestación de nuestro Señor Jesucristo» (1.7). En otras palabras, el que tengan dones y sean espiritualmente «ricos», no significa que hayan recibido todas las bendiciones que Dios tiene para la iglesia. Todavía falta lo más grande: el regreso del Señor Jesús en los últimos días. Hacia el final de esta sección de la carta (1-4), Pablo sarcásticamente añade: «porque ¿quién te hace superior? ¿Y qué tienes que no hayas recibido? Y si lo recibiste, ¿por qué te glorías como si no lo hubieras recibido?» (4.7) Ésta es una iglesia que consiste en individuos que se jactan (1.29) de sus muchas bendiciones, pero que está en peligro de olvidar al dador de esas bendiciones. Ya en esta introducción, Pablo nos da indicios de tales problemas.

## Se describe el problema: 1.10-17

El problema fundamental es la falta de unidad en la iglesia de Corinto. Pablo usa la metáfora de hablar «todos una misma cosa» (1.10), del mismo modo en que en su carta a los Filipenses pide la unidad de esa comunidad, «sintiendo una misma cosa» (Flp 2.2; véase también Flp 4.2). Pablo muestra la seriedad del problema comenzando el párrafo con una palabra de exhortación que indica su tema principal y lo que él quiere que se haga («os ruego»), y pide esto «en el nombre de nuestro Señor Jesucristo». En la segunda parte del v. 10 es más explícito: «que no haya entre vosotros divisiones». En griego «divisiones» es «skismata», de donde viene nuestra palabra en castellano «cisma». El diccionario *Pequeño Larousse* describe el significado de esta palabra como «disentimiento y separación entre los miembros de una comunidad» y también como «discordia». Lo opuesto a «skismata» para Pablo es estar «perfectamente unidos en una misma mente y en un mismo parecer» (1.10b). Pablo cree que hay unidad cuando una congregación piensa y opina de maneras concordes, especialmente en asuntos importantes tales como la naturaleza de liderazgo en la iglesia y el significado de la cruz de Cristo. Ambos temas ocupan a Pablo en los próximos versículos.

Primero, Pablo indica cómo supo de los problemas en Corinto: «los de Cloe» le han informado (1.11). Asumimos que Cloe era miembro de la congregación en Corinto, quizás una líder y quizás alguien pudiente de la congregación, porque tiene recursos para enviar a sus representantes, quizás esclavos, para que le lleven a Pablo esta información sobre la condición de la iglesia. Estos representantes («los de Cloe») tendrían que viajar una considerable distancia entre Corinto en Acaya (al sur de Grecia) y Éfeso, ciudad principal de Asia Menor, donde se encontraba Pablo (véase 1 Co 16.8). Y tal viaje era costoso.

Pablo describe la división declarando que «hay entre vosotros contiendas» (1.11b). La palabra «contiendas» (en griego «erides», el plural de «eris») significa «peleas» o «disputas». En otras palabras había divisiones en Corinto porque había desacuerdos. ¿De qué se trataban estos desacuerdos? Pablo se dirige a ellos en los próximos versículos.

Aparentemente, hay división en torno a los líderes: «Quiero decir, que cada uno de vosotros dice: "Yo soy de Pablo", "Yo, de Apolos", "Yo, de Cefas" o "Yo, de Cristo"» (1.12). En la historia de la interpretación de estas referencias a distintos líderes, ha habido diferentes opiniones. Algunos, por ejemplo, opinan que la división era entre cristianos judíos que apoyaban a Pedro («Cephas» es el nombre arameo de Pedro, su nombre en griego) y cristianos gentiles que apoyaban a Pablo. Pero, ¿por qué la mención de Apolos, tanto aquí como más adelante en la carta? Al otro extremo hay eruditos que argumentan que esta era una iglesia sin facciones, y que Pablo simplemente presenta la posibilidad de cuatro facciones para demostrar cuán ridículo era tener divisiones en la iglesia del Señor. Sin embargo, al informarnos que Cloe le ha dado noticias sobre la división, tiene que haber algo concreto en el detalle sobre división sobre la base de líderes tales como Pablo, Pedro y Apolos. Quizás, la mención del «grupo de Cristo» sea una añadidura de Pablo para mostrar lo absurdo de la división. Pablo pregunta: «¿Acaso está dividido Cristo? ¿Fue crucificado Pablo por vosotros? ¿O fuisteis bautizados en el nombre de Pablo?» (1.13). De ese modo, coloca el centro de la atención en Cristo en vez de en Pablo, Pedro o Apolos, como algunos en la iglesia, aparentemente, estaban haciendo. En sí, el que haya cualquier división, más allá de la peculiaridad de los grupos individuales, le preocupa a Pablo. Por lo tanto, Pablo se refiere a un «Cristo dividido», un fenómeno que no puede darse, puesto que Cristo fue crucificado para las todas las personas. Ni Pablo, y por implicación tampoco Pedro o Apolos, fueron crucificados para los corintios, sino sólo Cristo.

El hecho de que algunos en Corinto respaldan el liderato de Apolos, quien quizás predicaba frecuentemente allí (véase Hechos 18.24-28), se ve en la repetición de su nombre en varios lugares claves de la carta (3.4-6, 22; 4.6; 16.12). También hay referencias a Cefas, aunque menos (3.22, 9.4). En todo caso, como veremos más adelante, el problema verdadero, sea que algunas personas se agrupen en torno a Apolos, o que otros favorezcan a Cefas, es que ¡algunos hermanos y hermanas en Corinto están en contra de Pablo!

Pablo pasa entonces a hablar sobre el bautismo (1.13b-17). En este pasaje, Pablo hace una conexión simbólica entre la crucifixión y el bautismo, semejante a la que hace más extensamente en su carta a los Romanos (véase Ro 6.1-14). Cristo fue crucificado para la humanidad y, por lo tanto, somos bautizados en su nombre, no el nombre de ningún humano, ni siquiera en el de Pablo. Por lo tanto, ¿por qué estáis divididos a favor de uno u otro líder humano? Esta es la implicación de 1.13b al 17.

Sin embargo, hay algunos indicios aquí de que el problema de la división en torno a diversos líderes es, en su esencia, expresión de la resistencia de algunos al liderato de Pablo. Primero, en este pasaje, Pablo menciona sólo su nombre, y no los de Apolos o Cefas. Segundo, Pablo afirma que no ha bautizado a muchos en Corinto. Parece que la división en torno a los líderes se basaba, en parte, en quién había bautizado a cada cual (por ejemplo, aquellos a quienes Apolos bautizó se convirtieron en sus seguidores, los que bautizó Cefas, en los suyos, etc.). Pablo da a entender que no bautizó a muchos; luego su liderato no se basa en ese rito. Ése es un rito de iniciación en Cristo, no en quien preside sobre el rito. Es más, el bautismo no es el punto central del ministerio de Pablo, sino la evangelización, el compartir las buenas noticias sobre Jesús, el Cristo (1.17). El bautismo es símbolo de entrega a ese mensaje, y no a uno u otro líder.

Pablo sí indica que bautizó a algunos en Corinto, y menciona a tres; dos de ellos, sabemos por otros textos, eran líderes de la comunidad —quizás hasta líderes a quienes Pablo apoya en Corinto por encima de otras personas, por varias razones que veremos en el resto de la carta. Gayo (1.14) se menciona en la carta a los Romanos como quien «hospeda» a Pablo (Ro 16.23). Pensamos que Pablo escribió su carta a los Romanos desde Corinto, ya que menciona a Acaya, la provincia a la cual pertenece Corinto, en Ro 15.26. Y luego, en la misma carta que estamos estudiando, vemos que Estéfanas, el tercero mencionado en 1.16 (junto a su «familia» u «hogar»), es un gran colaborador de Pablo y uno de los primeros conversos (véase 1 Co 16.15-18). Por ende, aunque Pablo no quiere enfatizar el bautismo como vía de liderazgo en sus iglesias, sí indica, aquí en el capítulo 1 de su carta y luego en el 16, que hay líderes a quienes él apoya en la comunidad cuando él no está presente. Esto parece deberse a varias razones; particularmente, al apoyo de estos líderes al ministerio de Pablo.

Pero hay otro tema que Pablo presenta en este pasaje sobre el bautismo. Él predica el evangelio de Jesucristo, pero no basado en la sabiduría humana; de tal forma que los creyentes se olviden de su dependencia de la cruz de Cristo (1.17). Por primera vez en esta carta, Pablo introduce la palabra «sabiduría» (griego: «sofía»), la cual usa muchas más veces en 1 Corintios que en todo el resto de sus cartas. Este tema —el evangelio como «sofía»— es otro de los que algunos entre los corintios enfatizan, además del tema de los líderes aceptables entre ellos. Por lo tanto, Pablo se dirige de lleno a este tema en el próximo pasaje.

# La cruz frente al orgullo humano: 1.18-31

*La sabiduría de la cruz: 1.18-25*

¿Por qué este énfasis en la «sofía» en medio de una discusión sobre la división en torno a diversos líderes? Pablo provee un resumen de esta sección más adelante cuando escribe: «Nadie se engañe a sí mismo; si alguno entre vosotros cree ser sabio en este mundo, hágase ignorante y así llegará a ser verdaderamente sabio (3.18).» El término «sofía» aparece 26 veces en 1 Corintios 1-3 y 45 veces en todo el resto de las cartas paulinas. Por lo tanto, era una palabra favorita de algunas personas en Corinto que la usaban para su explicación del evangelio. Pero Pablo hace un contraste entre un evangelio basado en la sabiduría humana y el evangelio que él predicaba, basado en la cruz de Cristo. Para muchas personas («los que perecen») la cruz es una «locura», pero aquellos que han verdaderamente creído en Cristo («los que se salvan») ven la cruz como «poder de Dios» (gr., «dynamis») (1.18). Algunos en Corinto interpretan el poder, la autoridad y, por lo tanto, el liderazgo, en términos de la sabiduría humana. Además, parece que estas personas rechazan la autoridad de Pablo porque él basa su apostolado en una interpretación enteramente diferente del poder, que Pablo hace explícita aquí. Así que, 1 Corintios 1-4 representa una afirmación de la autoridad de Pablo, que empieza en serio aquí, en 1.18, después de lo que dice sobre las divisiones en 1.10-17.

Pero, ¿por qué Pablo rechaza un evangelio basado en la «sofía»? Porque la sabiduría humana, sin dependencia en Dios, dice Pablo, lleva al fracaso (1.19, citando a Isaías 29.14). En el evangelio no hay lugar para quienes basan su actividad netamente en la sabiduría humana, aunque sean tales sabios, escribas o polemistas. Son personas, las personas sabias, los escribas y polemistas, a quienes Dios ha permitido que queden «enloquecidas» (1.20) o hechas «insensatas» (1.25), a causa de su falta de fe en la obra de Dios en Cristo. Pablo no quiere una fe cristiana y un liderazgo cristiano que se basen solamente en habilidades humanas, y que se declaren independientes del poder divino. «La sabiduría del mundo» es la verdadera locura, dice Pablo, no el evangelio, que proclama fe y dependencia en la eficacia del sacrificio de Cristo en una cruz romana. La sabiduría humana a la que Pablo se refiere aquí («sofía»), no es sencillamente el conocimiento, sino que es una actitud de superioridad humana. Tal superioridad se ha vuelto inútil e insensata por el hecho de Dios en Cristo Jesús.

La actitud tras la *sofía* propone que la comprensión humana es autosuficiente. Pero, dice Pablo, tal comprensión no puede producir el verdadero conocimiento de Dios (1.21a). La dependencia completa en la comprensión humana queda frustrada ante la acción de Dios en la cruz y ante la locura de predicar esta realidad —una muerte en la cruz— como un evangelio, es decir, como buenas noticias (1.21b). Tanto los judíos como los griegos, sin Cristo, han rechazado estos medios de Dios para producir la salvación humana (1.22-23). Sin embargo, es en este plan de Dios que radica la verdadera sabiduría (para los creyentes, tanto judíos como gentiles), no en la comprensión o el conocimiento netamente humano (1.24-25).

Pablo se dirige también aquí a los portadores de la sabiduría humana (1.20a, 1.26): el sabio, el escriba, el polemista. Los sabios (en griego, *sofoi*, quienes dependen de la *sofía*), tales como los maestros de la ley en el mundo judío («escribas») y los disputadores, o filósofos en general, en el mundo griego, son personas de poder e influencia entre ambos griegos y judíos. Aparentemente, algunas personas con este tipo de influencia se cuentan entre los líderes en Corinto. Uno puede ver el lenguaje del poder socioeconómico que empieza a destacarse en 1.18-25. Quizás, la autoridad y el liderazgo en Corinto se están determinando por el intelecto humano, por la destreza retórica y por la influencia externa de algunos en la congregación, y no por su compromiso con la cruz de Cristo. La posición social en el mundo fuera de la iglesia parece ser un factor en los problemas en Corinto, según lo que Pablo discute en 1.26-31 (en términos de la población general presente en la iglesia de Corinto) y 2.1-5 (el ejemplo del ministerio de Pablo).

### No muchos sabios, poderosos o nobles: 1.26-31

La mayoría de los corintios no se contaban entre los sabios, escribas y polemistas de la sociedad urbana en Corinto. Tampoco eran influyentes o nacidos de las familias más pudientes de la ciudad (1.26). Sin embargo, fueron llamados a formar parte de la nueva comunidad de Dios en Corinto (1.27-28). Además, al enfocarse en los más pobres de la comunidad, Dios establece un criterio «para avergonzar a los sabios». En una sociedad como Corinto, donde el honor era tan importante, era vergonzoso para algunos miembros de la iglesia pensar que este evangelio no era una mera filosofía o grupo religioso adicional para aumentar el honor de sus participantes pudientes. «Lo débil del mundo escogió Dios para avergonzar a lo fuerte» (1.27). Pablo hace hincapié sobre la vergüenza del sabio y del fuerte, porque tales personas malentienden su autoridad en Corinto. Si Dios hizo algo de valor de lo que a los ojos del mundo secular «no es», y lo hizo para poner en el lugar apropiado «lo que es», lo que se considera valioso fuera de la iglesia, entonces Dios se establece como la fuente de toda autoridad. La autoridad no radica en quienes ejercen autoridad en base de su estatus socioeconómico fuera de la comunidad de fe (1.27-28). Así, todo motivo para jactarse ante Dios sobre la base del logro humano, queda frustrado (1.29, 31). Sólo Cristo se ha hecho «sabiduría, justificación, santificación y redención», y aun esto por la obra de Dios (1.30).

Este pasaje muestra un punto clave en la teología paulina: Dios ha ejercitado la función creadora divina en su actividad salvadora mediante Cristo. Esto queda ejemplificado en la vida de los corintios, incluso en personas menospreciadas en la sociedad en torno a esta nueva asamblea cristiana. Es más, esto ocurre por medio de la predicación de la cruz: «predicamos a Cristo crucificado» (1.23; véase también 1.17b, 1.18, 1.21b), una nueva medida de aceptación y participación que se les presenta ahora a personas antes rechazadas por los «mejores» grupos religiosos y sociales de ciudades como Corinto. De esta manera, Pablo ha desvalorizado la importancia de las normas de grado social. El nadie, el débil, quien no tiene posición en la sociedad, ha sido escogido por Dios para la participación y para el liderato en esta nueva asamblea de fe cristiana. Todo esto, Pablo lo hace más explícito en el pasaje que sigue, al aplicar esta apertura de la comunidad cristiana a «lo que no es», a su propio ministerio (2.1-5).

## El ejemplo de Pablo: 2.1-5

El pasaje en griego comienza con una palabra que literalmente significa «y yo», indicando que Pablo ahora quiere aplicarse a sí mismo lo que ha establecido como básico acerca de la sabiduría y del evangelio en 1.18-25, y que, hasta entonces, ha aplicado a los miembros de la iglesia de Corinto (1.26-31). La prédica de Pablo, su «testimonio de Dios», dice él (o quizás dicen algunos), carece de «excelencia de palabras o de sabiduría» (2.1),o sea, él no usa palabrería enaltecida para impresionar, como lo hacían algunos sabios, escribas, polemistas, poderosos y nobles de aquel entonces. El contenido de su mensaje era muy básico: «Jesucristo, y a este crucificado» (2.2), pues para Pablo la cruz de Cristo es la enseñanza clave del ministerio de Jesús. Pero, al igual que la cruz representaba algo tan innoble para muchos en Corinto, así también la presencia del apóstol se caracterizó por la debilidad (2.3, en griego, *astheneia*). Sin embargo, esto identifica a Pablo con lo más débil (*asthene*) de la sociedad, con aquellas personas que, como ya Pablo dijo, Dios escogió para avergonzar a los fuertes (1.27). Aunque Pablo se presente en su discurso público con mucho «temor y temblor» (2.3), esto es porque su enfoque, una vez más, no consiste en «palabras persuasivas de humana sabiduría» (2.4). Pablo prefiere dejar que el poder del Espíritu de Dios se demuestre en las vidas de sus oyentes, para que la fe de tales personas se base en el poder de Dios y no en la sabiduría humana (2.5).

El enfoque de Pablo es tal porque él se niega a poner el evangelio bajo el criterio de «palabras persuasivas de la sabiduría». Es difícil leer las cartas de Pablo y no pensar que tanto sus escritos como sus discursos tenían que mostrar bastantes destrezas retóricas. En sí, la estructura misma de esta carta a los Corintios muestra sus habilidades para formar un argumento persuasivo a favor de su punto de vista. Sin embargo, para Pablo el enfoque no está en lo lindo del argumento, sino en la verdad del contenido. El mensaje de un Cristo crucificado como instrumento de salvación para la humanidad es mucho más importante que cumplir con todos los criterios de un buen argumento retórico. Pablo quiere que sea el poder del Espíritu lo que se manifieste a través de cambios en las vidas de sus oyentes. De esa manera, la fe de los creyentes en Corinto, o dondequiera que Pablo funde iglesias, estará sobre tierra firme: el poder de Dios, que contrasta con lo que para Pablo es verdaderamente «débil»: la sabiduría humana (en griego, *sofía antropoton*) (2.5).

En este pasaje de 2.1-5, como en los dos anteriores (1.18-25 y 1.26-31), el poder de Dios sobre la sabiduría de los humanos es el punto de contención. Verdaderamente, el poder de Dios es suficiente para vencer todas las barreras, incluso las creadas por la sabiduría humana que no permiten lugar al débil, insensato o innoble. Con tales principios básicos establecidos en 1.18–2.5, Pablo se pregunta: si él vence sus debilidades y temores para predicar las buenas nuevas del evangelio, ¿por qué no puede suceder lo mismo con otras personas en la iglesia? En los próximos pasajes de esta primera parte de 1 Corintios, Pablo trata más explícitamente sobre el tema del liderazgo evangélico que se necesita para las iglesias fundadas por él (2.6-4.21).

## El Espíritu y la carne: 2.6–3.4

Pablo comienza y termina este pasaje con referencias a la madurez espiritual que se necesita para entender la sabiduría divina. La sabiduría de Dios va mas allá de la sabiduría humana que tantas personas de Corinto admiran —algunas de ellas, líderes de la iglesia (2.5, 3.1). Pablo argumenta que hay una sabiduría espiritual que no la tienen ni aun «los poderosos de este mundo» (2.6), que se refiere a líderes terrenales— entre ellos gobernantes que crucificaron a Cristo (2.8), o sea el Imperio Romano, que controlaba no solo a Israel, sino a todo el mundo mediterráneo, del cual también era parte Achaia, la provincia romana donde estaba Corinto. Nótese que Pablo afirma que, no obstante el control absoluto del Imperio Romano sobre su mundo, ese control, ese reinado, ya está desapareciendo: «hablamos sabiduría entre los que han alcanzado madurez en la fe; no la sabiduría de este mundo ni de los poderosos de este mundo, que perecen» (2.6). El reino de Roma ya está siendo reemplazado por el reino de Dios.

En contraste a «la sabiduría de este mundo», Pablo dice que el Espíritu de Dios concede su sabiduría a los creyentes (los que aman a Dios: 2.9), quienes ahora pueden entender sinceramente los dones que Dios les ha concedido (2.10-12). Un creyente no sólo entiende estas verdades, sino que las imparte con la ayuda de ese mismo Espíritu, de tal forma que terminamos «acomodando lo espiritual a lo espiritual» (2.13b). La razón por la cual se necesita este discernimiento espiritual es el «misterio, la sabiduría oculta» del mensaje del evangelio, que Dios preparó de antemano para ser revelado a los verdaderos creyentes (2.8). Pablo cita a Isaías 64.4, combinado con Jeremías 3.16, para mostrar el vínculo especial que Dios siempre ha tenido con los que demuestran tener fe: «Cosas que ojo no vio ni oído oyó ni han subido al corazón del hombre, son las que Dios ha preparado para los que lo aman» (2.9).

Tal conocimiento especial sólo lo alcanzan quienes conocen la mente de Dios, y eso es posible por el Espíritu que, así como nuestro espíritu entiende lo que pensamos, conoce los pensamientos de Dios (2.10-12). Claramente, Pablo cree que la naturaleza humana, sola, tiene sus limitaciones, pero llena del Espíritu de Dios, puede alcanzar grandes niveles. A través de ese Espíritu de Dios, se nos ha revelado la profundidad de la mente de Dios (2.10). Pablo muestra aquí una antropología (estudio de la naturaleza humana) bastante amplia. Quien cree en Cristo ha recibido el Espíritu de Dios, que le ha revelado todas las bendiciones que Dios tiene para su pueblo (2.12). Entonces, cuando tenemos ese Espíritu, podemos compartir sus grandes verdades con otras personas de sensibilidad espiritual (2.13).

En contraste con los creyentes espirituales, que son personas maduras, está quien no es espiritual —la persona «natural» (2.14a). En griego esta palabra «natural» —*psychichos*— se refiere a la existencia natural y física del humano, sin la presencia del Espíritu. Más adelante, Pablo presentará el término *sarkikoi* (3.1), traducido en varias versiones como «los carnales», que se refiere a personas creyentes que se comportan como si no tuviesen el Espíritu. Los «espirituales» (gr., *pneumatoi*: 2.15) son las personas de fe que se comportan como lo que son: gente espiritual que tiene discernimiento y no puede ser juzgada por personas de fuera de la comunidad. También la persona espiritual tiene la mente de Cristo (2.16). En repuesta a la pregunta del profeta Isaías sobre quién puede conocer «la mente del Señor» (Is 40.13), Pablo nos sorprende al afirmar la posibilidad de que el creyente espiritual tenga tal íntimo conocimiento de Dios. La persona que no es espiritual no puede recibir «las cosas que son del Espíritu de Dios» (otras versiones dicen «los dones del Espíritu»), porque las ve como «locura» o necedad. Las cosas de Dios se entienden espiritualmente, no con la existencia «natural». En todo esto, Pablo establece dos tipos de existencia básica: la espiritual (los creyentes en Cristo) y la natural (quienes carecen de la presencia del Espíritu que la fe en Cristo provee).

Sin embargo, como ya hemos visto, hay un tercer tipo de persona, la «carnal», el creyente que se comporta como si no tuviera el Espíritu (3.1-4). Para Pablo, así son las personas en Corinto que están causando las divisiones. Por lo tanto, esta distinción entre ser espiritual o no se les aplica a los corintios, que actúan como si no fueran espirituales y, por tanto, son «carnales». Para Pablo, es imposible que una persona que tiene fe en Cristo no tenga el Espíritu, que no sea una persona espiritual. Pero sí puede ser que actúe carnalmente, y por lo tanto Pablo los llama «carnales» (*sarkikoi*: 3.1). Él dice que ni aun se les puede dar comida de persona madura a tales individuos (3.2) porque son «como niños en Cristo» (3.1b). Pablo no puede llegar a enseñanzas más profundas con tales individuos, porque no la podrían sostener. Ya que había algunos en Corinto que se consideraban sabios e intelectuales, el que Pablo cuestionase su habilidad de recibir enseñanzas profundas sería un choque para ellos.

La evidencia de su inmadurez son los «celos, contiendas y disensiones» entre ellos mismos (3.3). De esta manera, Pablo recuerda el problema clave con que comienza esta sección de la carta: la división entre los líderes (véase 1.11), específicamente el problema de estar escogiendo entre distintos líderes— por ejemplo, entre Pablo y Apolos (3.4). Debatir sobre cuáles líderes son mejores es una señal de inmadurez espiritual. Por eso Pablo termina el párrafo con la pregunta retórica: «Pues cuando uno dice: "Yo ciertamente soy de Pablo", y el otro: "Yo soy de Apolos", ¿no sois carnales?» (3.4). Una versión en inglés dice «¿no son meros humanos?». En este párrafo (2.16-3.4) hemos visto que Pablo considera el impacto que la presencia del Espíritu de Dios hace sobre la vida, de modo que tal persona se convierte en un ser espiritual, mientras que quien no tiene a Cristo es un «mero humano». Pablo procura que sus lectores en Corinto consideren su conducta hacia sus líderes para que no actúen como «naturales» o «carnales» sino como «espirituales». Parte del problema es que no entienden bien la naturaleza del liderazgo cristiano, y Pablo se dirige a este malentendido más específicamente en lo que sigue.

## El servicio de Pablo y Apolos: 3.5-23

### *El servicio y su valor: 3:5-17*

Pablo y Apolos no son «los poderosos de este mundo» (2.6), sino «servidores (*diakonoi*)» (3.5). Su servicio está en traer a personas como los corintios a la fe en Cristo. Esta tarea les es asignada por Dios. El criterio para esta tarea no es la posición social externa, sino la iniciativa divina. Pablo ilustra esta verdad con metáforas agrícolas: «Yo planté, Apolos regó; pero el crecimiento lo ha dado Dios. Así que, ni el que planta es algo ni el que riega, sino Dios que da el crecimiento» (3.6-7). Esta devaluación del impacto e importancia humana en la tarea evangélica quizás asombró a la élite de la asamblea cristiana en Corinto, a los que estaban tras la división acerca de los líderes que había en esa congregación.

Además, «el que planta y el que riega son una misma cosa» (3.8). De esta manera, Pablo introduce la igualdad en la función del liderato en el ministerio y servicio evangélicos. (La palabra *diakonia* en griego significa tanto «servicio» como «ministerio». De hecho, nuestra palabra en castellano «ministerio» viene de la palabra que en latín significa «servicio». Por lo tanto, en el Nuevo Testamento, y especialmente en Pablo, el ministerio evangélico se caracteriza por el servicio.) Las diferentes funciones llevadas a cabo por líderes en la iglesia son valorizadas como iguales, a pesar de la posición social en el mundo exterior de cualquiera de tales líderes. Aun en el día final, su recompensa depende de su servicio y no de su clase social (3.8b). Esta actitud de práctica y recompensa igualitarias en el ministerio cristiano que Pablo quiere promover, se le aplica a la feligresía toda en 1 Corintios 12-14. Más adelante en la carta, Pablo pide respeto y honor para los que sirven al Señor y a la asamblea como siervos, y no como líderes en busca de reconocimiento social (véase 16.15-18). Los líderes en las iglesias de Pablo se conocen también como «colaboradores» (3.9) y, por tanto, como servidores. Por eso su recompensa es enteramente justa. Todo líder coopera con los demás, dice Pablo, para llevar a cabo la obra del ministerio que Dios les ha dado. Pablo termina el párrafo repitiendo la metáfora agrícola y presentando otra del mundo de la construcción: «nosotros somos colaboradores de Dios, y vosotros sois labranza de Dios, edificio de Dios» (3.9). La localidad y el enfoque del trabajo de un líder abarcan el «campo» o el «edificio» conocido como la iglesia.

Luego de esta aclaración sobre la naturaleza del liderato que sirve a la iglesia, Pablo discute la seriedad de hacer el trabajo de Dios (3.10-17). Primero, clarifica su autoridad apostólica como fundador y utiliza algo del lenguaje preferido por los corintios para hacerlo —palabras tales como *charis* (gracia), *dotheisan* (dotar) y sophos (sabio). Pablo escribe:

Conforme a la gracia [*charis*] de Dios que me ha sido dada [*dotheisan*], yo, como perito [*sofos*] arquitecto, puse el fundamento, y otro edifica encima; pero cada uno mire cómo sobreedifica. (3.10)

Pablo hace hincapié en que la gracia le pertenece a Dios, quien ha dado la sabiduría necesaria para que Pablo edifique bien. La metáfora de la construcción persiste en 3.10, luego de su introducción en 3.9. Pablo es «arquitecto» principal, ya que estableció la obra en Corinto («puse el fundamento»), pero usa la palabra «sabio» para indicar su trabajo pionero en Corinto. Es verdad que otros labradores vienen con el tiempo y edifican «encima» de lo que Pablo ha hecho, pero siempre y cuando lo hagan bien, para Pablo no hay problema. La sabiduría que estas personas emplean debe ser para construir, y no para destruir. No cabe duda de que Pablo tiene en mente la obra de líderes como Apolos, Cefas y cualquier otra persona que vino a Corinto luego de que él se fuera. Tampoco hay duda de que Pablo considera que su obra como fundador le da cierta autoridad para corregir cualquier error que otras personas traigan a la comunidad —no necesariamente Pedro o Apolos, sino quizás sus seguidores, como se surgiere en 1 Co 1.10-12.

Las palabras de 3.10c-15 son una advertencia a los líderes que siguen al verdadero fundador, quien es la base de su fe, Cristo (3.11). Otros materiales de edificación que no sean como Cristo, quien es como «oro, plata y piedras preciosas», son inadecuados, como lo son la «madera, heno y hojarasca», materiales débiles en la construcción (3.12). Pablo invoca su perspectiva escatológica cuando argumenta que el juicio final espera a los líderes (3.13-15). Los que construyen bien en la iglesia sobre el fundamento de Cristo serán recompensados en «el día»— una referencia a la frase «día del Señor», que se usa mucho en el Antiguo Testamento y en Pablo, respecto al juicio final después del retorno de Jesús (la *parousia*). Tal juicio traerá fuego que mostrará quién edificó bien y quién edificó tan mal, que sus obras en la iglesia serán quemadas. Lo interesante de esta descripción del juicio final, al regresar el Señor, es que el que edificó mal en la iglesia no recibirá recompensa, aunque sí recibirá salvación escatológica: «Si permanece la obra de alguno que sobreedificó, él recibirá recompensa. Si la obra de alguno se quema, él sufrirá pérdida, si bien él mismo será salvo, aunque así como por fuego» (3.14-15). El reto que Pablo presenta aquí al liderato de Corinto (más bien los de adentro que los de afuera, aunque también para otras personas de afuera) es que la recompensa del servicio cristiano que les espera les puede ser quitada, aunque no la salvación final, si hieren a la iglesia en alguna forma u otra. Pablo quiere estimular buenas obras a favor de sus asambleas, inclusive la de Corinto, con estas palabras sobre el liderazgo y el juicio final.

Luego, para Pablo, el bienestar de la iglesia como totalidad es de suma importancia. Pablo enfatiza esto con su tercera metáfora (luego de hablar del campo y del edificio): la iglesia como templo (*naos*) de Dios. Esto es una referencia sacerdotal (del Antiguo Testamento), pero también corresponde al mundo religioso de los griegos con sus templos paganos, de los cuales había muchos en Corinto. La asamblea cristiana es el templo de Dios donde radica el Espíritu Santo (3.16). Más adelante (6.19), Pablo escribe sobre el cuerpo humano como templo del Espíritu Santo, pero aquí la referencia es a la iglesia cristiana como el lugar sagrado de Dios. Por eso son tan importantes el buen trato y la edificación de la iglesia por parte de sus líderes. E igualmente importante es el juicio que les espera a los que la tratan mal: «Si alguno destruye el templo de Dios, Dios lo destruirá a él, porque el templo de Dios, el cual sois vosotros, santo es» (3.17). En griego, la palabra aquí traducida como «destruir» también significa «profanar». Por lo tanto, Pablo cree que los líderes en Corinto «profanan» a la iglesia con sus divisiones, y con tales acciones corren el peligro de que su recompensa como líderes sea destruida en el juicio final. Ni sus obras en la iglesia ni su recompensa por tales obras de liderato sobrevivirán el fuego, o sea, la prueba final.

### Resumen sobre la sabiduría humana y el liderazgo cristiano: 3.18-23

En 3.18-23, Pablo conecta sus advertencias y consejos al liderato de Corinto en 3.10-17 con su discusión sobre la «locura» de la sabiduría auténtica que comenzó en 1.18-31, cuando primero descartó el papel de la sabiduría humana sin dirección divina en el ministerio de la iglesia. También nos recuerda el problema de las contiendas en torno a los diversos líderes en 1.12, con la mención tanto de Apolos como de Pedro en 3.22. Algunas personas se engañan a sí mismas, dice Pablo, cuando aplican los criterios del mundo (la sabiduría, la influencia, el intelecto, la retórica, el dinero, la posición) al ministerio de Dios en la iglesia (3.18). Ésta es la verdadera locura, porque la sabiduría humana, con su «astucia» y «vanidad», no funciona en la esfera del reino de Dios (3.19-20, citando Job 5.12 y Sal 93.11). Algunas personas en Corinto se jactan de sus capacidades humanas (3.21). Esto es locura porque en la iglesia hay mucho más para ofrecer: «Todo es vuestro» (3.22). Hay mucho más por lo cual preocuparse que en debatir cuál líder es mejor: «Así que, ninguno se gloríe en los hombres, porque todo es vuestro» (3.21). Pertenecer a Cristo es lo que más debe preocupar a cualquier asamblea cristiana y a sus líderes, porque tal relación nos conecta directamente con Dios (3.23). Por lo tanto, en su último argumento sobre el valor de la «locura divina» por encima de la «sabiduría humana», Pablo invoca una posición teológica clave para él: estar en Cristo es suficiente para estar con Dios, porque «Cristo es de Dios» (3.23b), o sea, Cristo le pertenece a Dios.

En fin, cuando Pablo escribe que «nadie se engañe a sí mismo» (3.18a) y «si alguno entre vosotros cree ser sabio en este mundo, hágase ignorante y así llegará a ser verdaderamente sabio» (3.18b), quiere que tanto los que están a favor de su liderato, como los que están en contra, presten atención. Al hablar de la naturaleza y de las responsabilidades de los líderes evangélicos en 3.5-23, Pablo tiene en mente las «guías innumerables» que menciona en 4.15-16. Hay líderes en Corinto que están interpretando el poder y la autoridad en términos materiales (por ejemplo, la *sofía*). Tal cosa no es aceptable en la iglesia de Jesucristo, donde se debe escoger líderes sobre la base de la elección divina y de las necesidades del cuerpo de Cristo.

## El servicio de todo apóstol: 4.1-13

En 4.1-13, Pablo se aplica a sí mismo estos asuntos de las bases para escoger el liderazgo (una vez más, como en 2.1-5), y también se los aplica a otras personas en el ministerio apostólico. Sin embargo, a pesar de la mención de Apolos en 4.6, y de los apóstoles en general en 4.9, este capítulo parece centrarse sobre Pablo y las dudas sobre su apostolado y liderato que algunas personas en Corinto tienen. Ya que este capítulo 4 es la culminación de todo lo que antecede, ¿cuál sería el problema que ciertas personas en Corinto tienen con Pablo y su liderazgo?

Pablo discute aquí la naturaleza de su liderazgo y servicio. Dice que se podría comparar con Apolos y otros líderes (4.6). Sin embargo, entre la gente de la iglesia en Corinto, Pablo juega un papel diferente. Primero, Pablo va más allá de lo que dijo en 3.5, donde, tomando el carácter de *diáconos*, enfatiza su papel de «siervo», igual a Apolos. Allí, ambos sirven a favor de varias obras en la iglesia, cada una distinta para cada siervo («Yo planté, Apolos regó», etc.). Aquí Pablo dice que es uno de los «servidores [*hyperetas*] de Cristo y administradores [*oikonomous*] de los misterios de Dios» (4.1) Al llamarse servidor *(hyperetas)*, Pablo enfoca la atención sobre la fuente divina de su autoridad, y no sólo sobre la responsabilidad del siervo y el objeto de su servicio (lo cual es el significado de *diakonos*). Pablo es servidor de la comunidad de Corinto porque Dios lo quiso así.

En segundo lugar, Pablo ve su liderato (y más adelante veremos que esto es indicativo del liderato apostólico: véase 4.9ss) como «administrador» o «mayordomo» de los «misterios» de Dios. Un «mayordomo» (nótese nuestra palabra «economía» que viene del término griego *oikonomos*) es un ayudante mayor, designado por un director para la administración de una casa o un hogar (la palabra que significa hogar en griego es «oikos»). La persona es asignada, usualmente por el dueño o la dueña del hogar, aunque sea esclava, como administradora de los negocios de la familia. De esta misma manera, Pablo se ve también como quien ha sido designado por Dios para ser mayordomo, administrador y guarda de la iglesia en Corinto. Éste es su punto principal en este pasaje. Su enfoque está en la designación o señalamiento de Dios para el cuidado de la asamblea cristiana en Corinto, más que en su título, y mucho menos en su control humano sobre la situación en Corinto. Los «misterios» en otros contextos paulinos, usualmente, se refieren a la revelación de que Cristo es el camino de reconciliación de Dios con su creación (véase, por ejemplo Ef 3.1-6). En particular, Pablo ve su ministerio a los gentiles como una revelación especial de Dios que él ha recibido (Ro 15.15-16; Gl 1.15-16).

Por estas razones —un llamado divino y un servicio revelado y asignado— Pablo dice que él no puede ser juzgado, excepto por Dios (4.3-4), siempre y cuando él sea fiel a su tarea o asignación como mayordomo (4.2). El lenguaje jurídico, que se encuentra al centro de 4.3-4, en realidad trata de la evaluación de los corintios sobre Pablo. Al leer estas palabras, vemos claramente que es el liderazgo de Pablo lo que está bajo cuestionamiento por parte de algunas personas en Corinto. A sus críticos en Corinto, Pablo responde que si él es fiel a Dios, el único juicio debe ser divino y escatológico (4.5). Sólo en el *escaton* —el día final— se podrán saber las motivaciones verdaderas de los siervos y siervas de Dios, y sólo Dios puede dar o retener su «alabanza».

Con este contexto de llamado divino y juicio escatológico, Pablo rechaza la evaluación aparentemente injusta de los corintios sobre su persona y liderato. Los criterios de llamado divino y la consecuente evaluación escatológica se aplican a líderes como Pablo y Apolos, y esto es de beneficio a los corintios para que eviten la arrogancia de evaluar a los siervos de Dios con criterios mundanos. Si ellos han recibido bendición de Dios, ¿por que evalúan a los siervos de Dios como si sus bendiciones o dones fueran netamente humanos? (4.6-7). Para Pablo, está claro cuál es la fuente de su llamado y liderazgo, pero los corintios están «enaltecidos» o «arrogantes» acerca de la de ellos: «porque ¿quién te hace superior? ¿Y qué tienes que no hayas recibido? Y si lo recibiste, ¿por qué te glorías como si no lo hubieras recibido?» (4.7) El llamado de Dios está por encima de Pablo y de Apolos (4.6), pero algunas personas en Corinto escogen entre uno u otro líder, y están orgullosos porque tienen la libertad para escoger. Sin embargo, Pablo pregunta por qué estas personas se jactan tanto, si todo lo que tienen es de Dios (4.7).

Es posible que la arrogancia de algunos en la iglesia de Corinto venga de su escatología, un tema al cual Pablo se dirige en el próximo párrafo: «Ya estáis saciados, ya sois ricos, sin nosotros reináis. ¡Y ojalá reinarais, para que nosotros reináramos también juntamente con vosotros!» (4.8). Algunos de los corintios piensan que ya están viviendo en la gloria venidera y, por lo tanto, ya son como reyes y ricos en su práctica de la fe cristiana y, especialmente, del liderazgo cristiano. Pablo sarcásticamente añade su propio deseo de «reinar» con tales personas.

Sin embargo, de inmediato, Pablo presenta el contraste de su liderato, un apostolado sufrido. Los sufrimientos apostólicos descritos en 4.9-13 son típicamente paulinos (véase 15.30-33; 2 Co 4.8-12; 6.4-10; 11.23-27). En 4.9-13, Pablo presenta una lista de las dificultades que Pablo —y todo apóstol, dice él— sufren a favor del evangelio. Ninguna de estas representa mucha «gloria» o triunfo. En sí, con estos sufrimientos apostólicos, Pablo se identifica con los pobres de una ciudad próspera como Corinto y con quienes sufren en manos de gente poderosa: «Hasta el día de hoy padecemos hambre y tenemos sed, estamos desnudos, somos abofeteados y no tenemos lugar fijo donde vivir» (4.11). Pablo establece un contraste entre esa vida sufriente y la vida enaltecida de algunos en Corinto que interpretan el evangelio como una filosofía (sofía) para la alta clase social: «Nosotros somos insensatos por causa de Cristo, y vosotros sois prudentes en Cristo; nosotros débiles, y vosotros fuertes; vosotros sois honorables, y nosotros despreciados» (4.10). Lo que distingue esta élite de creyentes en Corinto del «espectáculo» (o «teatro» que todo el mundo ve y vitupera) de apóstoles como Pablo (4.10) es la preocupación por el honor. Este grupo de corintios procura tener honor a todo costo; Pablo está dispuesto a ser considerado deshonroso en sus acciones si es que eso trae beneficio para el evangelio y para la iglesia. Una de las acciones deshonrosas para una persona educada y un fundador de nuevas comunidades, como Pablo, es el trabajo manual: «Nos fatigamos trabajando con nuestras propias manos; nos maldicen, y bendecimos; padecemos persecución, y la soportamos» (4.12). Éste es un retrato de un obrero pobre y no muy respetado, quien trabaja en los talleres urbanos de las ciudades greco-romanas como Corinto. Para las élites de la asamblea cristiana de Corinto era deshonroso tener a su fundador en tal situación. Pero para Pablo, esa vida era parte integrante del liderato evangélico y apostólico.

De este modo, Pablo quiere mostrarles a los corintios que se puede ejercer liderazgo en la iglesia, aunque se sufra. Los apóstoles sufren; las personas de alta clase en Corinto, aparentemente, no sufren y menosprecian a líderes como Pablo que pasan dificultades. Por lo tanto, procuran líderes que muestren cierto tipo de poder, gloria y triunfo. Quizás, Apolos, con su estilo retórico de alta calidad (véase Hechos 18.24-28) impresionó a algunos. Quizás, Pedro, como apóstol que caminó con Jesús terrenalmente, les impresionó. Sin embargo, Pablo argumenta que todo apóstol y líder cristiano tiene que confrontar dificultad en un momento dado. Quizás, Pablo invoca dificultades específicamente relacionadas con obreros manuales, trabajadores y gente pobre para indicar que tales creyentes también pueden ser líderes en la iglesia— y no sólo quien tiene estatus social fuera de la iglesia, como aparentemente algunas personas en Corinto creían. El pobre sufre, tal como Pablo y los apóstoles. Quizás, los cristianos pobres pueden ser líderes en la congregación de Corinto porque entienden lo que les espera. Tales motivaciones, en parte, pueden estar detrás del argumento de Pablo en 1 Co 4:1-13, aunque, probablemente, no producirían un gran acercamiento entre Pablo y la hermandad élite en Corinto.

## La autoridad de Pablo como apóstol: 4.14-21

Finalmente, en 4.14-21 Pablo trata de convencer a toda la iglesia en Corinto de su cuidado pastoral hacia ella como su «padre» (4.15), a pesar de que «algunos están envanecidos, como si yo nunca hubiera de ir a vosotros» (4.18). Aunque Pablo no podrá visitar a la asamblea pronto, es como su «padre» que enviará a Timoteo, «hijo» en la fe, para mostrar que sus intenciones para con la iglesia en Corinto son buenas (4.17). Timoteo sabe enseñar los caminos de Pablo, ya que lo ha hecho en otras de sus iglesias. Con todo este lenguaje filial, Pablo busca unir a los que le apoyan y a sus oponentes. Ambos grupos son «hijos míos amados», dice Pablo (4.14). Él quiere que toda la asamblea, aun en medio de sus conflictos, siga el ejemplo de Pablo (4.16). Por lo tanto, Pablo termina su exhortación tal como la empezó (1.18-31), retando la atención exagerada que personas pudientes en Corinto le están dando a la sabiduría humana y el poder que sienten que la misma les da (4.19). Pablo, en contraste, ofrece la alternativa del poder divino, presente en el reinado de Dios que ya comenzó en ellos, pero que todavía no se ha completado, como algunos piensan (4.20).

Hasta ahora, Pablo ha enfatizado su deseo pastoral para sus oponentes en Corinto, recordándoles su papel como fundador de la obra: «Aunque tengáis diez mil maestros en Cristo, no tendréis muchos padres, pues, en Cristo Jesús, yo os engendré por medio del evangelio» (4.15). Como fundador de la asamblea cristiana en Corinto, Pablo tiene cierta autoridad que otros «maestros en Cristo», no importa quiénes sean, no tienen. En su última palabra de la sección entera de 1 Co 1-4, Pablo quiere exponer su autoridad como apóstol de la iglesia en Corinto aun más explícitamente. Cuando sea tiempo de su visita, Pablo puede venir «con vara, o con amor y espíritu de mansedumbre» (4.21). Pablo permite que los corintios mismos escojan, lo que implica que si sus oponentes y los que están divididos entre sí, persisten en esta división y en su rechazo del liderazgo fundamental del Apóstol Pablo, él tendrá que venir con una «vara» de disciplina, aunque no sabemos específicamente qué haría. Veremos en 1 Co 5.1-13 que pide la disciplina de excomunión para un individuo en la iglesia desordenado sexualmente. Puede ser que Pablo tenga en mente la expulsión o algún otro tipo de disciplina para los líderes de la oposición. Sin embargo, Pablo espera que la visita de Timoteo, esta carta y el recordatorio de su autoridad apostólica sean suficientes para que él pueda ir más pastoralmente —«con amor y espíritu de mansedumbre» (4.21).

## Conclusión e implicaciones para hoy

En fin, lo que tenemos en 1 Corintios 1 al 4 es una respuesta a una escatología realizada. Un grupo de líderes pudientes en la iglesia de Corinto piensa que ya ha llegado su recompensa eterna y viven en completa libertad y gloria. Según Pablo, a estas personas que se le oponen en Corinto todavía les falta, no sólo la *parousia* de Cristo, sino también cierto entendimiento del verdadero evangelio. Algunos quizás prefieren un orador más elegante, como Apolos, en vez de Pablo, porque tal líder les da más estatus en el mundo secular, donde la filosofía de «dime quién es tu líder y te diré quién eres» parece reinar. La misma filosofía puede haber traído favoritismo a uno u otro líder, tal como Cefas (Pedro), apóstol que conoció al Jesús viviente. Aparentemente, para la gente más prestigiosa de Corinto, Pablo no llenaba ninguno de estos requisitos del poder secular.

Una dimensión de esta escatología completamente realizada fue el enamoramiento con la sabiduría humana, que podría elevar el estatus social de quien la tenía. Para algunas personas de la iglesia en Corinto, la *sofía*, interpretada como la filosofía especulativa humana, se conectaba muy bien con el evangelio de Jesucristo y con su posición como líderes en esa comunidad de fe.

La respuesta de Pablo a esta postura de algunas personas de la asamblea cristiana en la ciudad de Corinto es reafirmar el evangelio como la «locura» de un Cristo crucificado, y también su propio apostolado, sufrido como un modelo del liderazgo de sacrificio, que es necesario para el bienestar de la iglesia local (2.1-5; 4.1-14). Además, es una minoría pequeña la que dirige sus acusaciones contra Pablo. Pablo apela a la «mayoría silenciosa», quizás también a muchos de entre los pobres de la iglesia (1.26; 11.22), para afirmar su apostolado, aunque sea un apostolado sufrido (4.9-21).

Por lo tanto, las divisiones en Corinto incluyen líderes contra líderes, pero también ricos contra pobres y ricos contra Pablo. Es evidente también, como veremos en el resto de este comentario, que muchos de los problemas a los cuales Pablo se dirige en el resto de la carta se derivan del malentendido en Corinto sobre el papel del liderazgo. Sea que Pablo se entere de los problemas a través de informes personales o de cartas dirigidas a él, los problemas de 5.1-13, 6.1-11, 6.12-20, 8.1-11.1 y 11.17-34 pueden, en cierta medida, conectarse con el problema de los líderes en Corinto —muchos de ellos entre los más pudientes de la iglesia— que rechazan el liderazgo de Pablo. Quizás, hasta el abuso del don de lenguas (12-14) y el malentendido sobre la resurrección de los muertos (15) se relacionen con un rechazo al liderazgo, enseñanza y consejo del Apóstol Pablo. Además, en sus repuestas a esta serie de problemas, Pablo está respaldando las posiciones de los pobres y de la gente común sobre estos asuntos, aunque también la de algunos de entre los más adinerados, que entienden bien su papel como líderes que sirven humildemente en este movimiento evangélico, al cual el Apóstol Pablo los introdujo (véase, por ejemplo, Estéfanas y su familia en 1 Co 16.15-18).

Todos estos asuntos los discutiremos en los capítulos 2 al 5 de este comentario, antes de entrar en los problemas similares en la Segunda Epístola de Pablo a Los Corintios (capítulos 6–8), pero por ahora vale notar unos puntos adicionales respecto a 1 Corintios 1–4 y su valor hoy. Primero, Pablo hace hincapié en esta sección sobre la importancia de la unidad en la iglesia cristiana; y esto es importante también para nuestras iglesias hoy, aunque no significa uniformidad. En la iglesia debe haber diversidad, tanto étnica como teológica. Pero la unidad se encuentra al participar de propósitos y misiones comunes bajo el señorío de Cristo Jesús. Para Pablo, tal unidad requería líderes comprometidos con el mensaje del evangelio y no con su propio avance social y económico. Tal unidad incluía un entendimiento de un evangelio sacrificador y retador del status quo en la cultura y política del día. Un liderazgo basado en modelos seculares de poder y jerarquía no valía para Pablo en la obra cristiana. El liderazgo basado en Cristo tenía que ser como el de Cristo: servicio y sacrificio, no sabiduría humana y estatus social. Es importante para la iglesia hoy día evaluar bien la naturaleza de su liderazgo para asegurarse de que las bases cristológicas discutidas aquí en 1 Corintios 1–4, y en otros lugares de las cartas paulinas y del Nuevo Testamento, se apliquen a nuestro entendimiento del liderazgo.

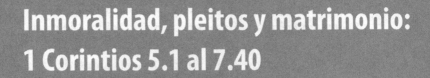

# Inmoralidad, pleitos y matrimonio: 1 Corintios 5.1 al 7.40

*Capítulo 2*

## Bosquejo del texto bíblico

El creyente que cohabita con la esposa de su padre: 5.1-13
Quienes acuden a los tribunales: 6.1-11
Quienes se involucran en la prostitución: 6.12-20
El matrimonio: 7.1-40

## Introducción

Luego de responder al problema de la división respecto a los líderes, en parte porque algunos no están a favor de su liderato, Pablo confronta varios problemas de conducta moral en la comunidad cristiana sobre los que ha recibido informes. Luego, se dirige a una serie de preguntas presentadas en una carta que ha recibido de Corinto (véase 7.1). Éstas tratan en primera instancia sobre la naturaleza del matrimonio cristiano (1 Co 7.1-40). Todos los asuntos en 5.1–7.40 se relacionan con el comportamiento individual y matrimonial de los creyentes en Corinto, a la luz de su nueva fe. Quieren saber, y Pablo quiere enseñarles, cómo se aplica la fe al diario vivir en el complejo contexto urbano del Imperio Romano. Además, veremos que la presencia de líderes, que no concuerdan con la visión paulina de cómo se debe comportar un creyente en el mundo social y político, es parte del problema en todo este pasaje de 1 Co 5–7.

# El creyente que cohabita con la esposa de su padre: 5.1-13

### El problema: 5.1

Este pasaje presenta dos lados de un problema. En primer lugar, hay un hombre, miembro de la comunidad de fe en Corinto, un creyente en Cristo, que vive con («tiene» en el sentido sexual) la esposa de su padre, práctica prohibida tanto por la ley judía (Lev 18.8) como por la ley romana (según las *Institutas de Gayo*). También las costumbres griegas prohibían tales relaciones. Pablo describe la relación como una inmoralidad (*porneia* en griego) que «ni aun se nombra entre los gentiles». Suponemos que el padre del hombre ha muerto, y ahora el hombre ha tomado a la viuda del padre, que no es su madre, como concubina. En todo caso, es asunto de incesto.

Segundo, Pablo denuncia a la iglesia por no haber hecho algo sobre el problema. Algunos en la iglesia, dice Pablo, están orgullosos («envanecidos» o «arrogantes» dice Pablo en 5.2, la misma palabra en griego que aparece en 4.18 con referencia a los líderes de la comunidad) a causa de su tolerancia hacia este hermano que Pablo considera estar en pecado. La falta de acción contra el individuo se debe quizás a la teología de un evangelio basado en la «sabiduría humana». Aparentemente algunas personas en Corinto no piensan que la actividad corporal tenga consecuencia alguna. Por lo tanto, están ciegos al pecado del hombre; no consideran que su actividad con la mujer sea pecado. La mujer, madrastra del individuo, no se menciona en el pasaje, así que posiblemente no era miembro de la iglesia. Para Pablo, el asunto tiene que ver con el hombre, y especialmente con los miembros de la iglesia —quizás los mismos líderes que dudan del liderato de Pablo ahora se desentienden de este problema.

### La solución del problema del individuo: 5.2-5

Primero, Pablo requiere que el individuo sea quitado de en medio de la iglesia: «¿No debierais más bien lamentarlo y haber quitado de en medio de vosotros al que cometió tal acción?» (5.2b) Y pide que esto se haga aunque Pablo no esté presente: «Ciertamente yo, como ausente en cuerpo pero presente en espíritu, como si estuviera presente, he juzgado ya al que tal cosa ha hecho» (5.3). La comunidad, con la autoridad de Pablo y el poder del Señor, debe pronunciar juicio sobre el hombre y entregarlo a Satanás, o sea, echarlo fuera de la iglesia hacia el mundo del pecado (5.4–5a). Aunque ordena la excomunión como acto solemne de la comunidad, Pablo espera que este acto de juicio tenga un valor redentor: «para destrucción de la carne [en griego, *sarx*: la naturaleza pecaminosa del humano], a fin de que el espíritu sea salvo en el día del Señor Jesús» (5.5b). La «carne» para Pablo no es una referencia al cuerpo humano como una sustancia mala que se deba destruir para asegurar la salvación del espíritu. La «carne», en el contexto de las cartas paulinas, es una actitud caracterizada por autosuficiencia (véase por ejemplo Gl 3.3, 5.24; 2 Co 10.3; Ro 8.5-8; 1 Co 3.3), y el «espíritu» se refiere a una actitud de dependencia completa en Dios. Pablo espera que su expulsión de la iglesia al mundo —al reino de Satanás— destruya la orientación carnal del individuo para que al fin su espíritu se pueda redimir. Pablo ve en la excomunión un golpe para producir un cambio de orientación que al menos funcione en el individuo antes del retorno de Cristo. Pablo espera que su actitud «carnal» se oriente hacia lo espiritual.

### *La solución para la iglesia: 5.6-8*

Segundo, después de atender a la necesidad disciplinaria del individuo, Pablo se concentra en el bienestar de la comunidad. La comunidad tiene una actitud de «jactancia», dice Pablo (5.6a). Probablemente parte de la membresía en Corinto, quizás hasta sus líderes, pensaban probablemente que el individuo que vivía con su madrastra sencillamente ejercía su nueva libertad espiritual —su *sofía*— y en todo caso, el pecado de este individuo no les podría tocar. Pablo no está de acuerdo. Dice que «un poco de levadura fermenta toda la masa» (5.6b, véase también Gl 5.9), es decir, que la influencia de una situación aparentemente pequeña se puede esparcir hasta contaminar el todo. La conducta de un creyente puede afectar a la comunidad entera. Pablo describe su orden de excomulgar al individuo con idioma metafórico: «Limpiaos, pues, de la vieja levadura, para que seáis nueva masa, como sois, sin levadura» (5.7a). La excomunión restaura al individuo y protege la comunidad.

Luego, en 5.7b-8, Pablo lleva su metáfora al idioma pascual como la base para la acción de «limpiar la levadura vieja». Primero, Pablo indica lo que ya hemos alcanzado a través de Cristo Jesús: «Porque nuestra Pascua, que es Cristo, ya fue sacrificada por nosotros» (5.7b). Entonces, si Dios ya ha provisto el sacrificio, nosotros debemos «limpiar [fuera] la levadura vieja» para así vivir sinceramente nuestra nueva vida. Celebrar la mesa del Señor (la nueva fiesta cristiana) implica deshacernos de la vida «de malicia y de maldad» (5.8). La iglesia es una masa nueva sin «levadura». Permitir al hombre que cohabita con la esposa de su padre continuar así y quedarse en la iglesia sin disciplina alguna corrompería a la comunidad entera. De la misma manera en que los israelitas tuvieron que deshacerse de la levadura vieja durante la Pascua en Egipto, así también el pueblo cristiano de Corinto tiene que actuar contra este individuo, para el bien de él y de la iglesia.

### Clarificación de una carta anterior: 5.9-13

Quizás, parte del problema en Corinto estaba en la confusión sobre algo que el mismo Pablo había escrito. Por lo tanto, Pablo se dirige ahora al contenido de una carta anterior que ya no tenemos. En esta «carta perdida» el apóstol aparentemente había instado a sus convertidos en Corinto «que no anduvierais en compañía de personas inmorales» (5.9, Biblia de las Américas). Ahora, Pablo dice que los creyentes en Corinto no entendieron que esa separación se refería a creyentes inmorales dentro la iglesia, y no a gente de afuera, en el mundo secular.

La clarificación toma dos partes. La primera parte tiene tres componentes donde Pablo explica lo que él *no* quiso decir en su carta anterior (5.10b). Sí escribió sobre no asociarse. Pero no se refería a quienes estaban fuera de la iglesia, porque eso significaría un retiro del mundo por parte de la iglesia. Entonces, Pablo les explica lo que quiso decir en aquella carta (5.11-13a). En primer lugar, escribió que los creyentes no deben asociarse con personas *dentro de* la iglesia que vivan inmoralmente. En segundo lugar, los creyentes no pueden juzgar a la gente de fuera de la iglesia; eso le corresponde a Dios. Los creyentes sí han de disciplinar a quienes están dentro de la iglesia. Tercero, para Pablo la regla requiere una disciplina estricta dentro de la iglesia, y una relativa libertad de asociación fuera de la iglesia, con ciertas limitaciones. Por ejemplo, en los pasajes que siguen en 1 Corintios, Pablo tratará sobre los temas de la prostitución (6.12-20) y de comer en templos paganos (8-10). Respecto a tales prácticas él sí quiere establecer límites de asociación con los de fuera. La lista de pecadores aquí incluidos («fornicario, avaro, idólatra, maldiciente, borracho o ladrón», 5.11) representa acciones de quienes se llaman «hermanos». De nuevo, Pablo no quiere que se comparta ni siquiera una mesa con tales, para ver si el choque de la falta de asociación produce cambio y restauración. Por lo tanto, Pablo termina este pasaje con una exhortación final ordenando expulsar al hermano que vive con su madrastra: «Quitad, pues, a ese perverso de entre vosotros» (5.13b, citando Dt 17.7).

### Un resumen

Algunos en la congregación en Corinto no creen que necesiten controlar la vida de un individuo, ya que éste tiene sabiduría y nueva libertad en Cristo Jesús. Pero Pablo argumenta que lo que Cristo ha hecho, y cómo lo hizo (la cruz), implica una conducta correcta, y no un libertinaje. Sin embargo, el que una persona cristiana tenga responsabilidad moral tampoco implica un legalismo. Lo que Cristo ha hecho en la cruz debe producir el deseo de hacer el bien, y no el mal. Los corintios tenían que aprender la diferencia entre el libertinaje («somos salvos; vamos hacer lo que nos dé la gana») y el legalismo («vamos hacer el bien para asegurar nuestra salvación»).

Segundo, la iglesia no pensaba que la conducta de uno solo pudiera arruinar el todo, pero Pablo se preocupaba también por el testimonio de la iglesia en la sociedad circundante, y por el bienestar de la comunidad. «Un poco de levadura fermenta toda la masa», dice Pablo. No quiere que el pecado de un individuo destruya la comunidad de fe en Corinto.

Pero a la misma vez, la disciplina cristiana no es un juicio personal y privado. Es disciplina redentora. No lo hace una sola persona, ni aun unas pocas, sino la comunidad en la presencia del Espíritu. Aun Pablo no lo puede hacer solo. Pero tampoco puede la comunidad actuar por su cuenta. El Espíritu, los líderes y la comunidad de fe en total trabajan juntos para ejercer una disciplina redentora.

Ahora bien, hay que añadir que la disciplina de excomunión no funcionaría hoy día, en la mayoría de los casos, con tantas opciones de congregaciones que existen. Más bien, hay que trabajar arduamente, en el espíritu de lo que Pablo dice aquí en 1 Co 5, para traer redención y reconciliación en situaciones donde los creyentes necesitan ser restaurados luego de caídas espirituales y morales de cualquier índole.

## Quienes acuden a los tribunales: 6.1-11

Después de una discusión sobre el juicio de Dios que juzga a los de afuera, Pablo introduce el próximo problema: Un hermano de la iglesia ha «agraviado» (6.7) a otro hermano y este último le lleva ante un tribunal público —cuyos juicios se hacían usualmente en un mercado abierto. Para Pablo, éste es otro escándalo entre la iglesia de los Corintios: «¿Se atreve alguno de vosotros, cuando tiene algo contra otro, a llevar el asunto ante los injustos y no delante de los santos?» (6.1).

Pablo ofrece una solución con tres componentes. Primero, hace una clarificación teológica, específicamente escatológica (6.2-4). Ya que los creyentes en Cristo tomarán parte en el juicio escatológico en contra de los «injustos» —lo que en este contexto significa quienes no creen en Cristo—, es ridículo que se involucren en asuntos tan triviales y pasajeros como lo son los pleitos ante los tribunales seculares. Puesto que quienes forman esos tribunales no son creyentes, desde la perspectiva escatológica de la fe, resulta que los creyentes están dejando el juicio «a los que son de menor estima en la iglesia» (6.4). Segundo, Pablo reta, en particular, a los corintios de alta clase social: «Para avergonzaros lo digo. Pues qué, ¿no hay entre vosotros ni uno sólo que sea sabio para poder juzgar entre sus hermanos?» (6.5). La *sofía* tan apreciada por algunos líderes en Corinto no ha sido suficiente para evitar pleitos vergonzosos entre creyentes ante los tribunales públicos.

Tercero, Pablo se dirige específicamente a los ofendidos (6.7-8) e invoca el principio, que se encuentra en las enseñanzas de Jesús, de no vengar un mal hecho contra uno mismo (véase Mt 5.38-42; Lc 6.27-35, 9.51-56, 23.33-38). Pablo mismo enseña este principio de la no venganza en otras de sus cartas (por ejemplo, Ro 12.17-21; 1 Ts 5.15). Por difícil que esto sea, forma parte de la ética cristiana y de la existencia escatológica en el presente.

Por lo tanto, Pablo de nuevo les recuerda a los creyentes de la iglesia en Corinto cómo es que hay de vivir hoy en base a lo que Cristo hizo por todo el mundo ayer. Esto quiere decir que hay en la teología paulina lo «indicativo» (lo que ya tenemos por el hecho de Cristo en la cruz) y lo «imperativo» (lo que ahora hacemos sobre la base de la acción de Cristo). Primero, Pablo hace una lista de todo tipo de persona que no heredará el reino de Dios (5.9-10). Tales personas, identificadas con diferentes pecados reconocidos por moralistas antiguos, tanto judíos como gentiles («los fornicarios,... los idólatras,... los adúlteros,... los afeminados,... los homosexuales,... los ladrones,... los avaros,... los borrachos,... los maldicientes,... los estafadores»), son «injustos», en griego, *adikoi*, o sea, «sin justicia». Esta palabra tiene la misma raíz que la que Pablo usa para quienes están iniciando pleitos en los tribunales seculares: «Pero vosotros cometéis el agravio [*adikeite*] y defraudáis, ¡y esto a los hermanos!» (6.8) Pablo quiere señalar que llevar a hermanos o hermanas en Cristo ante los tribunales es una injusticia tal como las que aparecen en cualquier lista de inmoralidades de la antigüedad. Por lo tanto, declara que no heredarán el reino de los cielos estos creyentes de Corinto —tanto los que traen los pleitos (los «agraviados») como los que supuestamente causaron el agravio. Estos pecados, inclusive la injusticia de traer miembros de la familia cristiana a los tribunales, pertenecen al estilo de vida anterior — antes de la nueva vida en Cristo. Un verdadero creyente ya no vive de esa manera. Los creyentes de Corinto, especialmente los que presentan pleitos contra sus «familiares», deben vivir como lo que son —nuevas criaturas en Cristo, que heredarán el reino de Dios: «Y esto erais algunos de vosotros, pero ya habéis sido lavados, ya habéis sido santificados, ya habéis sido justificados en el nombre del Señor Jesús y por el Espíritu de nuestro Dios» (5.11). Los «injustos» no deben juzgar a los «justos», y los «justos» no deben comportarse como «injustos».

### Implicaciones de este pasaje

Es necesario aclarar dos puntos adicionales sobre este pasaje. Primero, consideremos la pregunta: ¿Quién podía llevar a quién ante los tribunales del mundo antiguo, en términos de clases sociales? Segundo, se necesita un comentario más amplio, aunque relativamente breve, sobre la lista de pecados citados en 5.9-10, especialmente, los términos traducidos, usualmente, como «afeminados» y «homosexuales».

Primero, es importante notar que en el Imperio Romano los casos en los tribunales judiciales, usualmente, eran iniciados por gente pudiente, porque el dinero aseguraba cierta ventaja para alcanzar la victoria en el caso. Por lo tanto, el «agraviado» en el caso de los corintios, es decir, el que presentó el pleito inicialmente, probablemente pertenecía a las clases sociales más pudientes dentro de la iglesia de Corinto. Y el acusado, probablemente, era de las clases sociales más bajas —porque presentar un caso contra alguien con menos recursos para la defensa también aseguraba la victoria. Puede ser, entonces, que los mismos individuos que están tras la división entre los líderes, que se oponen al liderazgo de Pablo (1 Co 1-4), y que apoyan al hermano que convive con la viuda de su padre (5.1-13), también respalden, o aun induzcan, estos pleitos entre la familia cristiana. Para Pablo, esto no es aceptable entre miembros de la familia de Dios, sean cuales sean las clases y costumbres sociales involucradas.

Segundo, nos preguntamos sobre esta lista de pecados en 6.9-10, especialmente, los términos «afeminados» y «homosexuales». La lista es típica de listas morales entre filósofos y moralistas tales como los estoicos y escritores judíos, incluso los del Antiguo Testamento. Sin embargo, no debemos entender los términos «afeminados» y «homosexuales» automáticamente como se entienden hoy. En griego la palabra traducida como «afeminados», *malakoi*, literalmente significa «suave» y usualmente se usaba con referencia al joven compañero en una relación de pederastia —relaciones sexuales entre un hombre adulto y un joven o niño. En cambio, la palabra traducida como «homosexuales», *arsenokoitai*, a veces, se refería al compañero mayor o adulto y, por tanto, más agresivo en tales relaciones. Si fuera así la interpretación correcta de estos términos, entonces, Pablo, como otros moralistas de sus días, estaba denunciando, más bien, la pederastia que predominaba en muchos ámbitos del mundo greco-romano, haciendo tales prácticas similares a la fornicación, la prostitución, la idolatría, el adulterio, el robo, la avaricia, el emborrachamiento, los insultos, la violencia, etc. En todo caso, Pablo reta a los corintios que tienen pleitos contra sus propios hermanos en la fe, quizás contra los más pobres entre ellos, a no unirse a tales listas de pecadores, ni permitir que tales pecadores juzguen a los creyentes, ya que se supone que Cristo ha cambiado sus vidas.

## Quienes se involucran en la prostitución: 6.12-20

El tema de la inmoralidad sexual, discutido en 5.1-13 y aludido al final de 6.1-11, se introduce de nuevo en 6.12-20. No sólo hay un hermano que vive con su madrastra, y no sólo hay pleitos injustos que enjuician la moral de la iglesia, sino que también, aparentemente, hay algunos creyentes en Corinto involucrados en inmoralidad sexual con prostitutas:

«no sabéis que el que se une con una ramera [*porne*], es un cuerpo con ella?» (6.16) La razón de tales hechos gira en torno a una teología falsa en Corinto relacionada con la naturaleza del cuerpo humano.

Los indicios del problema se notan en las citas que Pablo provee de dichos en boca de los corintios (6.12 y 13). Primero, «todas las cosas me son lícitas» (6.12a) refleja un libertinaje. La libertad en Cristo que Pablo les enseñó significa, para algunas personas en Corinto, que todo comportamiento, especialmente corporal, se permite. Luego, al decir «los alimentos son para el vientre, y el vientre para los alimentos» (6.13a), refleja un «gnosticismo» incipiente, que es indiferente ante el universo material, inclusive el cuerpo humano. La posición corintia es que tanto el estómago como el alimento pertenecen a esta edad pasajera y, por lo tanto, lo que comemos es un asunto que no le importa mucho a Dios. Y lo mismo ha de ser cierto también de cualquier uso del cuerpo humano, inclusive las relaciones sexuales.

Veremos más adelante que en 1 Co 8-10, Pablo trata sobre los cristianos que comen alimentos ofrecidos a ídolos, particularmente en los distritos de los templos paganos. Aquí, en 6.12-20, hay ciertos paralelos. La prostitución a veces ocurría en los distritos relacionados con los templos paganos, y también era una manera de contacto para individuos de alta posición social con sus socios económicos, tanto en las cenas paganas como en las casas de prostitución.

### Las soluciones de Pablo

Primero, Pablo aclara y comenta los lemas de los corintios ya citados. Aunque todo es «lícito», permisible con la nueva libertad cristiana, no todas las cosas son útiles; algunas esclavizan. Por ejemplo, el cuerpo pertenece a Dios, será resucitado, y por lo tanto no debe abusarse de él (6.12-14). Pablo responde al libertinaje de algunos corintios con sus palabras en 6:12: «Todas las cosas me son lícitas, pero no todas convienen; todas las cosas me son lícitas, pero yo no me dejaré dominar por ninguna.» La meta para el creyente no es sencillamente lo que es permisible, sino va más allá, a lo que es bueno, lo que es una respuesta agradecida a la gracia de Dios. De esa manera, no hacemos las cosas en forma egoísta en busca sólo de derechos y libertades personales. En sí, hacerlo todo porque es «lícito» es menos que la libertad cristiana, porque la licencia esclaviza a la persona bajo sus propias pasiones y bajo el egoísmo del cual precisamente

Cristo vino a libertarnos. Luego la licencia —o el libertinaje— es menos que la libertad; es esclavitud.

El resto de la respuesta de Pablo en 6.13-20 trata con el protognosticismo corintio, la perspectiva negativa o indiferente que algunos tienen sobre el cuerpo humano. Hay tres aspectos de la respuesta. Primero, Pablo escribe que mientras el alimento y el estómago sean asuntos indiferentes, el cuerpo no lo es porque le pertenece al Señor y no está destinado para la destrucción, sino para la resurrección (6.13-14). Tal posición se basa en la doctrina bíblica de la creación, que incluye el cuerpo y el espíritu como una unidad. El cuerpo se corrompe desde la Caída en el Edén, pero un día será redimido (véase también 1 Co 15.35-54 en este particular). Por lo tanto, Pablo pregunta, ¿cómo puede ese cuerpo unirse a una prostituta? «Pero el cuerpo no es para la fornicación, sino para el Señor y el Señor para el cuerpo» (6.13b).

En 6.15-17, una serie de preguntas, con la frase «¿No sabéis que?», muestra que algunos creyentes en Corinto han entendido mal la naturaleza de las relaciones sexuales. Cuando un hombre y una mujer unen sus cuerpos en el trato sexual, llegan a ser uno en cuerpo. Sin embargo, un creyente y una prostituta vienen de dos reinos diferentes (el del Espíritu y el de Satanás). Por lo tanto, un creyente que ha llegado a ser uno en Espíritu con el Señor, no puede llegar a ser uno con alguien en la esfera de Satanás. «¿No sabéis que vuestros cuerpos son miembros de Cristo? ¿Quitaré, pues, los miembros de Cristo y los haré miembros de una ramera? ¡De ninguna manera! (6.15)» Sobre la base de esta perspectiva de unidad corporal en relaciones sexuales, Pablo hace clara su petición: «Huid de la fornicación» (6.18a). Más adelante, también Pablo aclara la importancia de la unidad corporal en las relaciones sexuales dentro del matrimonio (7.1-16).

Pablo aplica la misma teología del cuerpo como templo del Espíritu que usó con referencia a la comunidad entera en 1 Co 3.16 («¿Acaso no sabéis que sois templo de Dios y que el Espíritu de Dios está en vosotros?»), pero ahora, con referencia al cuerpo físico del creyente individual: «¿O ignoráis que vuestro cuerpo es templo del Espíritu Santo, el cual está en vosotros, el cual habéis recibido de Dios, y que no sois vuestros?» (6.19). Desde que el Espíritu vive en un creyente, él o ella, así como la iglesia toda, es templo de Dios. Los creyentes individualmente son templos donde Dios mora. Por lo tanto, no pueden llevar sus templos individuales a tener relaciones íntimas con templos donde Dios no mora. Pablo está firme en su convicción: Ninguna unión con prostitutas (6.15); los creyentes deben huir de la inmoralidad sexual (*porneia*, 6.18a). En lugar de eso, deben glorificar a Dios con sus cuerpos (6.20).

## Un resumen

Estos pasajes nos dejan con algunos principios básicos de la teología paulina en su repuesta a varios incidentes en la congregación de Corinto. Pablo les enseña a sus feligreses que la naturaleza de la iglesia es distinta al mundo; y también lo es la vida del creyente individual. Su cuerpo pertenece a Dios, y por lo tanto hay que protegerlo. Debe haber diferencias claras y permanentes entre la iglesia y los creyentes, por una parte, y el mundo por otra. Por lo tanto, si hay teologías erróneas en Corinto, tal como la «teología de gloria» y la dependencia total en la sabiduría humana (*sofía*), a la cual algunas personas en Corinto se aferraban, éstas, tarde o temprano, llevarán a prácticas erróneas. De esta forma, Pablo enseña la importancia tanto de la ortodoxia como de la ortopraxis —la buena fe lleva a la buena ética.

Todavía se ve la relación de estos asuntos con la discusión anterior sobre posiciones sociales en Corinto. La arrogancia y el orgullo de algunos, quizás hasta líderes de la iglesia, se manifiesta en su actitud ante las relaciones ilícitas. Si permiten que un hombre viva con la viuda de su padre, quizás esto se deba a que son gente adinerada que se siente obligada a este individuo, y por tanto no lo corrigen. Quizás, algunos de este mismo grupo, si es que son pudientes, se cuentan entre los que están planteando pleitos contra sus hermanos en la fe —porque se le hace fácil a un adinerado presentar casos ante tribunal, especialmente si el acusado es más pobre. Finalmente, participar en la prostitución era un medio de mantener las redes sociales en el mundo exterior, ya que, una vez más, las altas clases sociales eran las que podían participar en tales actividades más a menudo. Luego, los dilemas que Pablo confrontó cuando escribió sobre la división entre los líderes y el rechazo de su liderazgo por las elites en la iglesia de Corinto, parecen continuar en esta serie de problemas sobre la vida moral de los creyentes recién convertidos.

# El matrimonio: 7.1-40

*Introducción*

En 1 Corintios 7.1, Pablo comienza a responder a una serie de preguntas que aparentemente surgen de una carta que ha recibido de los corintios: «Acerca de lo que me habéis preguntado por escrito, digo....» (7.1a). Pablo repite las palabras «Acerca de» en 7.25, 8.1, 12.1, 16.1, introduciendo varios temas que quizás también sean parte de las preguntas de los corintios en la carta que le enviaron.

Aquí en 7.1, la pregunta trata de otro dicho que se ha hecho popular entre algunos creyentes, quizás mujeres más que hombres, en Corinto: «Bueno le sería al hombre no tocar mujer» (7.1b). El problema que se describe en 7.1-16 puede tener relación con la inmoralidad, es decir, con hombres que van con prostitutas, en 6.12-20. Quizás, porque algunos participan en la prostitución, sus esposas están absteniéndose de relaciones sexuales con ellos. Se abstienen porque los maridos que visitan prostitutas contaminan su cuerpo, en la estimación de las esposas. Pero por otra parte la abstención lleva al ascetismo, actitud que dice que el cuerpo es malo y hay que castigarlo. Esto es el polo opuesto al libertinaje de algunos en Corinto, inclusive, como hemos visto, los que le permiten a alguien vivir con su madrastra, y a otros visitar prostitutas. La filosofía tras este libertinaje es que lo que uno hace con el cuerpo no tiene impacto espiritual. Quienes se oponen a esta opinión dicen: «mejor no tocar un cuerpo contaminado con prostitutas».

*La abstinencia: 7.1-16*

### El problema: 7.1-6

Pablo discute ahora los problemas de la abstinencia dentro del matrimonio. Está de acuerdo en que fuera del matrimonio «bueno le sería al hombre no tocar mujer», una clara referencia a las relaciones sexuales. Sin embargo, hay razones importantes para no abstenerse dentro del matrimonio. Primero, está el problema de la inmoralidad sexual, lo que en griego Pablo llama *porneias*, quizás específicamente con referencia a la participación en la prostitución como en 6.12-20: «Sin embargo, por causa de las fornicaciones [*porneias*] tenga cada uno su propia mujer, y tenga cada una su propio marido» (7.2).

Segundo, Pablo argumenta que hay responsabilidades en el matrimonio. Hay «deberes conyugales» (7.3), con referencia a las relaciones sexuales. Además, Pablo ofrece un concepto que no gozaba de gran popularidad en su día. Habla del acuerdo mutuo que debe haber entre el hombre y la mujer en el matrimonio, la entrega mutua de sus cuerpos el uno a la otra: «El marido debe cumplir con su mujer el deber conyugal, y asimismo la mujer con su marido. La mujer no tiene dominio sobre su propio cuerpo, sino el marido; ni tampoco tiene el marido dominio sobre su propio cuerpo, sino la mujer» (7.3-4). En otras palabras, en el matrimonio los cónyuges se pertenecen el uno al otro; ni el hombre ni la mujer se adueñan de la relación. Usualmente, en el mundo antiguo, el poderío masculino dominaba. Pablo aquí ofrece mutualidad, y esta mutualidad entre el hombre y la mujer la enfatiza, más adelante, en otro contexto de esta carta: «Pero en el Señor, ni el varón es sin la mujer ni la mujer sin el varón, porque, así como la mujer procede del varón, también el varón nace de la mujer; pero todo procede de Dios» (11:11-12). Pablo es consistente con este principio de mutualidad en el matrimonio y lo aplica, también, a las relaciones sexuales. Ni el hombre ni la mujer deben faltar en sus responsabilidades conyugales. Tampoco deben usar el sexo como instrumento de dominio o abuso de poder.

Sin embargo, Pablo hace lo que él llama una concesión respecto a estas expectativas matrimoniales:

> No os neguéis el uno al otro, a no ser por algún tiempo de mutuo consentimiento, para ocuparos sosegadamente en la oración. Luego, volved a juntaros en uno, para que no os tiente Satanás a causa de vuestra incontinencia. Pero esto lo digo más como concesión que como mandamiento. (7.6-7)

Pablo está dispuesto a aceptar la abstinencia, por un tiempo, por razones espirituales, para procurar la presencia divina en la oración sin alguna interrupción humana. Sin embargo, esto se hace con mutuo consentimiento de ambos cónyuges y sólo por un tiempo limitado para evitar la tentación —inclusive la tentación de participar en la prostitución, como algunos maridos en la iglesia están haciendo según 6.12-20. Puede ser que algunas mujeres en la iglesia, a causa de su búsqueda espiritual y su actitud ascética, estén negándose a tener relaciones con sus maridos, y éstos estén procurando juntarse con prostitutas. Pablo rechaza esta opción (6.12-20). Pero también rechaza un ascetismo de abstinencia sexual en el matrimonio (7.2-6).

### Pablo y el «don de continencia»: 7.7-9

En cierto sentido, según Pablo, aun el matrimonio es una «concesión». Pablo prefiere que los cristianos se mantengan solteros, al parecer, como él (7.6). Sin embargo, reconoce que no todo el mundo tiene el «don de continencia» —la capacidad de estar sin relaciones sexuales, o sea, el celibato. Pablo escribe: «Quisiera más bien que todos los hombres fueran como yo... pero si no tienen don de continencia, cásense, pues mejor es casarse que estarse quemando» (7.7a, 9). De nuevo, Pablo tiene en mente el problema de que los hombres van con prostitutas y participan en relaciones sexuales fuera del matrimonio. Se refiere a su propio ejemplo como quien no hace ninguna de éstas —ni es casado, ni participa de relaciones sexuales fuera del matrimonio, especialmente con prostitutas. El hombre o la mujer que no puede ser como Pablo, célibe, debe casarse, y cada cónyuge en tal relación debe cumplir sus deberes conyugales, inclusive no negarle relaciones sexuales a su cónyuge, excepto en momentos de mutuo consentimiento. Pablo quiere aconsejar, además, a los solteros y solteras —sean viudos, viudas o nunca casados— que sigan solteros, que no se casen o se vuelvan a casar. Pero, si no son capaces, como lo es Pablo, de controlar la pasión sexual —si no tienen, como Pablo, el don del celibato— mejor que se casen a que se «quemen» con pasión sexual (7.8-9). Más adelante (7.32-34), Pablo explica por qué el celibato tiene sus ventajas en el ministerio; pero aquí está preocupado por el bienestar de los matrimonios en Corinto.

### Pablo y el divorcio: 7.10-16

Otra solución a los problemas de las relaciones sexuales en los matrimonios en Corinto, además de la abstinencia de mujeres cuyos maridos visitan prostitutas (7:1-7), es el divorcio, especialmente si el cónyuge no es cristiano. Pablo, primero, hace referencia a Jesús, quien, según Mateo 5.31-32 (véase también Lc 16:18) y Mateo 19.3-9 (véase Mc 10.1-12), rechaza al divorcio entre judíos fieles en Israel. Para Pablo, esto se extiende a los creyentes en Cristo: «A los que están unidos en matrimonio, mando, no yo, sino el Señor, que la mujer no se separe del marido; y si se separa, quédese sin casar o reconcíliese con su marido; y que el marido no abandone a su mujer» (7.10-11). En el judaísmo antiguo, los hombres iniciaban divorcios; pero aquí, Pablo insta a los maridos de Corinto a que no abandonen a sus esposas. Sin embargo, al mencionar primero a las esposas, no hay duda de que en este caso ellas son las que están iniciando los divorcios y separaciones, usando su nueva libertad en Cristo. Las palabras en griego que significan «divorcio» y «separación» eran intercambiables. En sí, no había diferencia, como la hay hoy, entre un divorcio y una separación. A veces, había papeles legales y, a veces, no; pero en ambos casos, la separación era clara y pública. Lo que Pablo declara aquí, haciendo referencia a las enseñanzas de Jesús, es que ningún cónyuge en un matrimonio cristiano debe iniciar un divorcio. En Corinto, esto estaba sucediendo como resultado de la abstinencia de relaciones sexuales debido, aparentemente, a que algunas esposas procuraban practicar un ascetismo espiritual, especialmente si sus esposos participaban de la prostitución. Para Pablo, tal ascetismo no conviene dentro del matrimonio. Aun si ocurre una separación, ambos cónyuges deben quedar solteros, o procurar la reconciliación —la cual, para Pablo, es la gran metáfora para la vida en Cristo Jesús (véase 2 Co 5.18-21). Un matrimonio restaurado en Cristo puede ser un ejemplo maravilloso de la reconciliación del creyente con Dios, a través de Cristo Jesús (véase también Ef 5.21-33).

Sin embargo, otra solución propuesta en Corinto trata del divorcio de un creyente de su cónyuge no creyente. Pablo dice que esto también debe evitarse, porque la oportunidad para salvación y santificación se pierde:

«A los demás yo digo, no el Señor, que si algún hermano tiene una mujer que no es creyente, y ella consiente en vivir con él, no la abandone. Y si una mujer tiene marido que no es creyente, y él consiente en vivir con ella, no lo abandone, porque el marido no creyente es santificado por la mujer; y la mujer no creyente, por el marido. De otra manera vuestros hijos serían impuros, mientras que ahora son santos» (7.12-14).

La santificación de un creyente en Cristo, su acercamiento a Dios y, por lo tanto, su separación del mundo, tiene efecto positivo en la familia, dice Pablo. Aparentemente algunas mujeres ascéticas en Corinto creen que tienen que separarse de lo perverso para mantenerse «santas». Sin embargo, Pablo dice que el marido y los hijos de una creyente (y viceversa, la esposa de un marido creyente y los hijos de ambos) más se santifican que se pervierten. Ahora bien, continúa Pablo, si el esposo o la esposa no creyente se sale de la relación (7.15), el creyente fiel no está obligado a permanecer en esta relación, sino a vivir en paz con Dios y su situación. «Pues no está el hermano o la hermana sujeto a servidumbre en semejante caso, sino que a vivir en paz nos llamó Dios» (7.15b). Una actitud de «paz» con Dios puede efectuar la salvación de un cónyuge, y fortalecer la relación con Dios —tanto la propia, como la de los niños en la familia.

¿Por qué Pablo cree esto sobre los matrimonios fundamentados en Cristo Jesús? La base teológica para su posición se desarrolla en el próximo pasaje. Pero primero hagamos un resumen de 7.1-16. La relación con los pasajes anteriores sobre la inmoralidad del hermano que vive con su madrastra (5.1-13) y sobre los creyentes que participan en prostitución (6.12-20) se deben mantener en mente en la interpretación de 7.1-16. Obviamente, hay confusión sobre la ética sexual entre los creyentes en Corinto. Y parte de esto, como hemos dicho, es la teología de algunos entre ellos. Algunos creen que lo que uno hace con su cuerpo no tiene importancia. Otros acostumbran a visitar prostitutas como parte de sus prácticas y contactos sociales. Y, particularmente, en 7.1-16, parece que algunas mujeres creyentes están rechazando esta perspectiva sobre el cuerpo y sobre la norma social de acudir a prostitutas por parte de sus maridos. En ambos casos, cuidan de sus cuerpos negándose a tener relaciones con sus maridos.

Sin embargo, Pablo rechaza también este ascetismo dentro del matrimonio, y pide la reconciliación y entrega mutua de los cuerpos del hombre y de la mujer en el matrimonio. De la misma manera, rechaza la opción del divorcio en tales situaciones. Mejor serían el celibato fuera del matrimonio, y la reconciliación dentro de él. Sin embargo, esto no quiere decir que en situaciones de hoy día en las que hay violencia doméstica y no existe la reconciliación, las mujeres no deban dejar a sus maridos, para protección propia y de sus niños. Pablo no procura hacer del matrimonio un martirio, especialmente para la mujer, sino una reconciliación y, sobre todo, un modo que nos lleve «a vivir en paz» como «nos llamó Dios» (7.15).

### Bases teológicas para las instrucciones sobre el matrimonio: 7.17-24

¿Por qué insiste Pablo en que los maridos y las esposas en Cristo deben permanecer juntos, que los hombres no deben visitar a prostitutas, y las esposas (y esposos) no deben practicar la abstinencia sexual sin consentimiento de ambos cónyuges? En este pasaje, Pablo da una base escatológica para sus advertencias. Dice: «Cada uno viva según los dones que el Señor le repartió y según era cuando Dios lo llamó: esto ordenó en todas las iglesias» (7.17). Aquí, acude a su autoridad como apóstol y fundador de esta iglesia para «ordenar» o establecer ciertas normas de práctica para sus feligreses sobre algo de lo cual no hay palabra definitiva en las tradiciones acerca de Jesús. Pero como apóstol de esta obra, Pablo está estableciendo sus propias tradiciones en las iglesias donde él tiene autoridad. Además, el hecho de la segunda venida de Cristo es un factor clave que informa la postura que Pablo toma aquí.

Tres veces Pablo dice que los creyentes deben permanecer en el estado en el que están (7.17, 7.20, 7:24). Además, da dos ejemplos de cómo esto se debe implementar. Primero, en 7.18, Pablo dice que si alguien es judío creyente en Cristo, circuncidado, por supuesto, que mantenga esa identidad. Pero si alguien es un creyente no judío y, por lo tanto, no circuncidado (es decir, un gentil o griego), no necesita ser circuncidado —argumento que Pablo desarrolló de lleno en su carta a los Gálatas. Para Pablo, la comunidad de fe se identifica por su fe en Cristo, no por la circuncisión. La circuncisión, un rito de iniciación en el judaísmo, viene a ser algo relativo —si la tienes, bien; y si no, también (7.19). Para Pablo esto fue importante para su identidad como judío; pero no lo es ahora para su identidad como creyente en Cristo. Tampoco espera que sea importante para los nuevos creyentes en sus iglesias, especialmente los no judíos.

Segundo, Pablo da el ejemplo del estado de esclavitud (7.21-23). Este ejemplo tiene implicaciones serias en cuanto a lo que Pablo pensaba sobre la esclavitud. Sin embargo, lo que Pablo dice aquí en este contexto es limitado. Ciertamente, espera que los no esclavos mantengan su libertad. Y los esclavos también han de continuar como esclavos —excepto si pueden conseguir su libertad legal, algo no muy fácil en el mundo antiguo, pero a veces posible, entonces pueden hacerlo. «¿Fuiste llamado siendo esclavo? No te preocupes, aunque si tienes oportunidad de hacerte libre, aprovéchala» (7.23). Aparentemente, en las iglesias paulinas bastantes esclavos aceptaron el mensaje del evangelio que Pablo predicaba («¿Fuiste llamado siendo esclavo?»). Quizás, algunos esclavos vinieron porque sus amos se hicieron cristianos; quizás otros vinieron por su cuenta. En ambos casos, Pablo les dice que sea cual sea su estado, sigan en la fe. El estado social no debe impactar su lugar en la fe evangélica. Sin embargo, Pablo hace una aclaración, y reconoce que a nadie le gustaba el estado de la esclavitud, aunque era una institución bastante demarcada en el Imperio Romano. Nada ni nadie la iba a abolir. Sin embargo, Pablo dice, si la oportunidad para la libertad se le ofrece a un esclavo creyente, que la aproveche. Aun así, metafóricamente hablando, en el evangelio, aun el esclavo legal se debe sentir persona libre en Cristo; y el hombre o la mujer legalmente libres, no bajo el yugo de la esclavitud legal, deben reconocer su esclavitud, o sentido de responsabilidad, a la obra cristiana. «Porque el que en el Señor fue llamado siendo esclavo, liberto es del Señor; asimismo, el que fue llamado siendo libre, esclavo es de Cristo.» Más adelante en esta carta (9.19), Pablo usa esta metáfora de «esclavo» de Cristo con referencia a su propio ministerio.

Pablo hace su metáfora un poco más concreta, sin embargo, cuando se refiere al sacrificio de Cristo como pago suficiente, de tal manera que la esclavitud de un humano a otro no debe existir, por lo menos, en la mente de quien todavía es esclavo legal: «Por precio fuisteis comprados; no os hagáis esclavos de los hombres» (7.23). Esto es una postura bastante radical en un mundo social y económico que dependía tanto de la esclavitud. Sin embargo, Pablo, pensando escatológicamente, como veremos más adelante, cree que el sacrificio de Cristo hizo libre al humano y, por lo tanto, aunque existe la esclavitud en su mundo, nadie, en Cristo, es esclavo de otro humano. Somos «esclavos de Cristo».

Así, Pablo llama a los miembros de su iglesia a mantenerse en el estado donde se encuentran en ese momento histórico (7.24) —sea estado político, económico, social o matrimonial— porque, veremos en el próximo pasaje, Pablo espera que la segunda venida de Cristo cambie la historia para siempre.

### El estado de soltería y las mujeres prometidas: 7.25-40

La discusión general sobre el valor de que cada cual continúe en su estado presente toma un giro más concreto para los corintios con el pasaje complejo de 7.25-40. Aquí, Pablo habla acerca de vírgenes prometidas en matrimonio —tema que introduce con la frase «En cuanto a las vírgenes» (7.25a). La pregunta trata del valor del matrimonio para solteras comprometidas, ya que Cristo viene pronto. Las dudas quizás surgen por las mismas razones que las de las esposas que se negaban a tocar cuerpo de hombre (7.1ss), es decir, surgen de una visión errónea del matrimonio y de las relaciones sexuales. La respuesta de Pablo es semejante a la que dio cuando se le preguntó sobre la abstinencia en el matrimonio: «... a causa de las dificultades del tiempo presente: que hará bien el hombre en quedarse como está» (7.26). Pablo ve, en este contexto, la segunda venida de Cristo (en griego, la *parousia*) como una crisis inminente. Pablo cree que hay urgencia dado que la venida de Cristo será pronto. En 1 Ts 4.17, Pablo escribe sobre «cuando seremos levantados». Él se incluye en ese «día del Señor». Cristo regresará a buscar a su iglesia, y Pablo cree que será tan pronto que él todavía estará vivo cuando ocurra. Por eso, habla de la venida de Cristo como una crisis. Hay una urgencia y, por eso, es mejor mantener el estatus social y matrimonial en su lugar, porque el tiempo es corto y pronto todo eso ya no va contar.

Pablo ve también la necesidad del servicio en la misión evangélica y para ese servicio, es mejor mantener toda la libertad posible: «Pero los que se casan tendrán aflicción de la carne, y yo os la quisiera evitar. Pero esto digo, hermanos: que el tiempo es corto» (7.28b-29a). Hay en Corinto vírgenes comprometidas para casarse, y la pregunta se le hace a Pablo si deben casarse o seguir solteras. Pablo dice que, dada la urgencia de la segunda venida de Cristo y las responsabilidades en el matrimonio, tanto del hombre con su esposa, como de la esposa para con su marido, es mejor que los creyentes solteros no se casen. Además, esto les daría más libertad para servir mejor a la iglesia y a la causa del evangelio:

Quisiera, pues, que estuvierais sin congoja. El soltero se preocupa por las cosas del Señor, de cómo agradar al Señor; pero el casado se preocupa por las cosas del mundo, de cómo agradar a su mujer. Hay asimismo diferencia entre la casada y la doncella. La doncella se preocupa por las cosas del Señor, para ser santa tanto en cuerpo como en espíritu; pero la casada se preocupa por las cosas del mundo, de cómo agradar a su marido. (7.32-34)

Pablo quizás exagera las dificultades para señalar, claramente, que en el matrimonio cada uno se preocupa por el otro, y ambos tienen menos tiempo para Dios. Así son las cosas seculares (en el «mundo»). Con esto, Pablo no quiere decir que el matrimonio sea malo, sino sencillamente que los solteros tienen más tiempo que los casados para dedicar a la obra del Señor.

Sin embargo, una vez más (como en 7.8-10), Pablo afirma que el casarse no es malo y que la mayoría de las personas deben casarse, aun en medio de la crisis y urgencia de la segunda venida. No todos pueden mantenerse célibes y trabajar en la misión evangélica como él: «Pero si alguno piensa que es impropio que a su hija virgen se le pase la edad, y que es necesario casarla, haga lo que quiera, no peca: que se case» (7:36). El padre de familia entregaba a su hija en matrimonio después de hacer arreglos (el «compromiso») con la familia del varón. Algunas solteras o «vírgenes» de la iglesia en Corinto quizás querrían mantenerse libres para la obra del evangelio. Pablo afirma que pueden casarse, que pueden ser entregadas por sus padres al compromiso ya hecho, si es, por ejemplo, que la familia necesita la ayuda financiera que tal matrimonio traería al hogar. «Que se casen», dice Pablo. Pero sigue afirmando que el estado de ser soltero o soltera es mejor para el bien del evangelio hasta que Cristo regrese: «De manera que el que la da en casamiento hace bien, pero el que no la da en casamiento hace mejor» (7.38).

Ése es el mensaje básico de 7.25-40, pero Pablo hace algunas declaraciones un poco difíciles que vale la pena aclarar un poco más. Primero, Pablo dice que no tiene una palabra directa de las tradiciones de Jesús a la cual acudir para la autoridad sobre este tema en particular. Jesús no habla sobre todas las cosas habidas y por haber: «En cuanto a las vírgenes no tengo mandamiento del Señor, pero doy mi parecer como quien ha alcanzado misericordia del Señor para ser digno de confianza.» Como hizo más arriba en el asunto de los divorcios, Pablo afirma su propia autoridad. Por su experiencia de la «misericordia» de Dios, él ha alcanzado cierta autoridad para que su «parecer», su opinión sobre la base de su estudio de la Escritura y de su experiencia de Dios, deba crear confianza dentro de sus iglesias sobre sus enseñanzas. Aquí enseña, como hemos visto, que es mejor para la obra del Señor que estas vírgenes en Corinto se mantengan solteras. Pero, si las necesidades de la familia o las necesidades físicas no les permiten quedarse solteras, que se casen, dice Pablo. Él afirma su autoridad sobre esta enseñanza con las palabras al final del pasaje: «Pero, a mi juicio, más dichosa será si se queda así; y pienso que también yo tengo el Espíritu de Dios» (7.40). La presencia del Espíritu de Dios en su vida también le da autoridad a Pablo para proclamar esta enseñanza sobre el casamiento, a la luz de la segunda venida de Cristo.

Segundo, puesto «que el tiempo es corto», Pablo hace una declaración que suena un poco contradictoria frente al deseo de mantener los matrimonios juntos: «Resta, pues, que los que tienen esposa sean como si no la tuvieran» (7.29b). Sin embargo, el contexto de esta declaración es netamente escatológico. Porque Cristo viene pronto, todas las áreas de nuestra vida, dice Pablo, tienen que ponerse en su propio lugar; todo lo otro tiene menos prioridad. Por lo tanto, «los que lloran, como si no lloraran; los que se alegran, como si no se alegraran; los que compran, como si no poseyeran, y los que disfrutan de este mundo, como si no lo disfrutaran, porque la apariencia de este mundo es pasajera» (7.30-31). Los últimos días ya están entre nosotros, dice Pablo. Pronto Jesús vendrá de nuevo a la tierra y el matrimonio y el estado de soltero, las alegrías de esta vida y las tristezas, las posesiones y la pobreza, todo esto pasará. Esmerarse por uno u otro de estos asuntos, más allá de cumplir con los deberes básicos en cada área, va más allá de la fe cristiana que ve este mundo como algo pasajero dada la intervención divina en Cristo Jesús.

Pablo les da otro consejo autoritativo a las mujeres casadas y viudas en Corinto: «La mujer casada está ligada a su marido por la ley mientras él vive; pero si su marido muere, queda libre para casarse con quien quiera, con tal que sea en el Señor» (7.39). De nuevo, como al principio del capítulo 7, Pablo no quiere separación de matrimonios, especialmente, por causas teológicas o espirituales. La mujer debe quedarse con su marido. Aparentemente, algunas mujeres en Corinto estaban iniciando divorcios por las razones que ya vimos en 7.1-16: intereses espirituales, las relaciones de sus maridos con prostitutas o los maridos no creyentes. Aunque existan todas estas razones, Pablo procura la unidad y no la separación en los matrimonios cristianos. Sin embargo, habrá viudas en la comunidad, mujeres cuyos maridos han muerto. Para éstas, casarse de nuevo es posible, siempre y cuando, dice Pablo, sea dentro de la comunidad de fe. Como Pablo implica en 7.12-16, un hogar cristiano tiene siempre posibilidades salvíficas para toda persona que se relaciona con él.

En todo esto, finalmente, Pablo procura el bienestar de la comunidad entera en Corinto, y en todas sus iglesias: «Esto lo digo para vuestro provecho; no para tenderos lazo, sino para lo honesto y decente, y para que sin impedimento os acerquéis al Señor» (7.35). Pablo no quiere complicarles la vida a los miembros de la iglesia en Corinto —ni a los matrimonios ni a las personas comprometidas al matrimonio. En realidad, quiere simplificarla para aquellas personas solteras que quieran hacer más por la obra del evangelio en Corinto. Si se mantienen solteras, cuando sea posible, podrán hacer ese trabajo mejor. Y, también, Pablo quiere simplificar la vida de los matrimonios, especialmente, de las mujeres en esos matrimonios. Para Pablo, la espiritualidad se puede y se debe cumplir sin rompimiento de relaciones matrimoniales. Por supuesto, ningún hombre en la iglesia tiene derecho de tomar su libertad en Cristo para llevar su cuerpo fuera de la cama matrimonial, aun si su esposa, por razones espirituales, aunque erróneas, se esté negando a tener relaciones sexuales con él. Pablo quiere consentimiento mutuo, no para ir con las prostitutas, sino para ejercer espiritualidad sin sexualidad —pero sólo por un tiempo. En sí la sexualidad debe ser una expresión profunda del amor entre esposa y esposo, no una realidad opuesta a la espiritualidad evangélica. Pablo no quiere tender más «lazos», pero sí quiere sinceridad y honestidad, y también acercamiento a Dios, en los matrimonios de los corintios.

## 1 Corintios 5–7 y la iglesia de hoy

Esta sección de nuestro comentario ha tratado varios asuntos complejos en la iglesia de los corintios, pero asuntos también entrelazados. 1 Corintios 5–7 trata de un hombre creyente que ha tomado a su madrastra como concubina, de varios varones de la iglesia que participan en la prostitución, y de varias mujeres que se niegan a tener relaciones sexuales con sus maridos, quizás porque ellos participan en la prostitución —o es como resultado de ese rechazo que ellos van a las prostitutas. Todos estos problemas en la iglesia se relacionan con la sexualidad y el matrimonio, pero además con error en cuanto al cuerpo humano en relación con la fe cristiana. Algunos en Corinto piensan que ya que estamos en la «gloria» (véase 4.8) y, por ende, lo que hacemos con nuestros cuerpos importa poco, aunque sea incesto, inmoralidad con prostitutas o, al otro extremo, una abstinencia que afecta negativamente las relaciones matrimoniales. El cuerpo humano también es redimido por Cristo, en sí le pertenece a Cristo. No podemos tratarlo como nos venga en gana.

Por otro lado, en este pasaje vemos que las actitudes erróneas respecto al cuerpo humano pueden ser una extensión no sólo de una «teología de gloria» en lugar de la buena y verdadera «teología de la cruz», sino también de la obra de quienes en la iglesia promueven esa teología. Éstos pueden ser los mismos que retan el liderazgo de Pablo en 1 Corintios 1-4. Estas personas —quizás líderes de la comunidad— ven el liderazgo cristiano como cuestión de triunfo y de gloria y no, como lo ve Pablo, como algo sacrificial y «cruciforme». Por eso, también en estos pasajes, Pablo trata el problema de las acciones de líderes pudientes en la iglesia que llevan casos legales contra sus hermanos menos pudientes ante los tribunales seculares de la ciudad. Tal actividad representa un fallo en el sentido básico de lo que es el evangelio de Jesucristo y la comunidad de fe.

En todo caso, Pablo tampoco pierde la oportunidad para recordarles a los corintios que la gloria no es completa todavía; que deben seguir esperando el retorno del Señor. Es más, se necesita hacer más trabajo en la obra, y se requieren más trabajadores y trabajadoras para ella. Por lo tanto, si las personas en la iglesia pueden permanecer solteras y de tal manera ser más libres para la obra, que así sea, dice Pablo. En fin, Pablo corrige los malos entendidos sobre la sexualidad, la relación de los creyentes con el mundo fuera de la iglesia y la urgencia del retorno del Señor. Y también sigue defendiendo sus derechos y autoridad para hacer estas correcciones.

Para la iglesia de hoy, 1 Corintios 5–7 nos reta a serio pensamiento sobre el papel del matrimonio y de la sexualidad hoy día. Nos hace pensar profundamente sobre el uso y abuso del cuerpo humano, que Pablo llama el «templo del Espíritu Santo» (6.19). El mundo grecorromano tenía sus costumbres y prácticas sexuales, que Pablo denuncia en estos pasajes, y nos toca a los creyentes de hoy evaluar bien las costumbres, filosofías y prácticas de nuestra sociedad en cuanto a la sexualidad y el matrimonio, en lo que ha habido profundos cambios últimamente. Los creyentes en Cristo hoy sostienen diferentes posiciones sobre temas como la homosexualidad, las relaciones sexuales fuera de matrimonio, el divorcio y la abstinencia de ciertas prácticas por razones espirituales y teológicas. Además, la urgencia que Pablo tenía en espera de la segunda venida de Cristo, no todo cristiano la tiene ahora, dos mil años después de que Pablo escribió sus cartas. Por lo tanto, una seria evaluación de todos estos asuntos se necesita en cada ámbito de la iglesia antes de decidir que una u otra parte de la iglesia tiene las interpretaciones correctas sobre el significado de la sexualidad, sobre el matrimonio y sobre la escatología para nuestros días, a la luz de la sabiduría paulina escrita hace dos mil años.

# El problema de la comida ofrecida a los ídolos: 1 Corintios 8.1–11.1

*Capítulo 3*

## Bosquejo del texto bíblico

Introducción en el problema: 8.1-3
Detalles del problema: 8.4-13
Pablo como ejemplo: 9.1-23
Una metáfora del mundo atlético: 9.24-27
Moisés e Israel como ejemplos: 10.1-13
Aplicación a la situación en Corinto: 10.14-23
Resumen y exhortación: 10.23–11.1

Al comienzo del capítulo 8 de 1 Corintios, Pablo continúa su respuesta a una serie de preguntas que los corintios le han hecho en la carta que le han escrito. Sus palabras, «En cuanto a [como en 7.1, 7.25] lo sacrificado a los ídolos [una sola palabra en griego: *eidolothuton*]», introducen el problema (8.1a). En lo que sigue, veremos cómo Pablo describe el problema y qué soluciones propone. Quiere corregir la actividad en Corinto de algunos creyentes con relación a cuán apropiado es comer alimentos que se han ofrecido antes a ídolos paganos.

## Introducción en el problema: 8.1-3

Después de presentar el asunto de los alimentos ofrecidos a los ídolos, Pablo repite una frase a la cual algunos en la congregación se han apegado (como en 6.12s): «Sabemos que todos tenemos el debido conocimiento [en griego, *gnosis*]» (8.1b). Vimos en los capítulos 1 al 4 que la *sofía* (sabiduría humana) vino a ser una palabra clave en la teología de algunos en Corinto. Así también, parece aquí que Pablo utiliza la palabra *gnosis* (conocimiento humano, véase también 1.5, 12.8) como una palabra favorita en Corinto, pero que refleja una actitud que él quiere corregir.

Como en la discusión sobre el cuerpo humano en el capítulo seis, Pablo aclara las limitaciones de un lema corintio: «El conocimiento envanece, pero el amor edifica» (8.1c). No todo «conocimiento» aprovecha, tal como el amor verdadero que siempre edifica. Si el conocimiento se usa para beneficio propio sin consideración de la comunidad, inclusive los hermanos y hermanas individuales de esa comunidad, entonces ese conocimiento «envanece» en vez de edificar, porque se enfoca en el «yo».

Por lo tanto, aun antes de describir el problema y ofrecer soluciones en detalle, en 8.2 y 3 Pablo se dirige directamente a la raíz del problema, es decir, a la confianza en la *gnosis*, el conocimiento humano. «Y si alguno se imagina que sabe [*egnokenai*] algo, aún no sabe nada como debería [*dei*] saberlo», es decir, tal persona no sabe cómo «es necesario saber». Pablo, a menudo, utiliza *dei*, un verbo en griego que significa «es necesario», con un sentido ético. Espera que los creyentes en Corinto, y dondequiera, practiquen su fe y su trato de otra gente de fe a base del conocimiento divino, y no solo del humano. Por eso, Pablo escribe: «Pero si alguno ama a Dios, es conocido por él» (8.3). ¿Qué mejor conocimiento que éste de que Dios nos conozca íntimamente y que nosotros conozcamos a Dios? En lo que sigue, Pablo da a entender que el conocimiento verdadero viene del Dios amoroso y, por lo tanto, se debe practicar con amor.

Parece que algunas personas en Corinto reclaman un conocimiento superior respecto al asunto de comer alimentos ofrecidos a los ídolos. En esta breve introducción (8.1-3), Pablo argumenta que tal conocimiento no es tan importante como adorar a Dios y "ser conocido" por Dios. Así, aclara el lema ofrecido por algunos en Corinto («todos tenemos el debido conocimiento») con una amonestación sobre el uso apropiado de tal lema.

## Detalles del problema: 8.4-13

En 8.4, Pablo trata directamente el tema: la idolatría relacionada con ciertas comidas y ciertos lugares donde comer. Recordamos que en 1 Co. 5.9, Pablo dice que en una carta previa, había denunciado la idolatría y la asociación con «idólatras». Quizás, alguien en Corinto cuestionó lo que Pablo había dicho en aquella otra carta, pues tales contactos sociales eran importantes para su estatus en la comunidad fuera de la iglesia. Pero para Pablo, las relaciones entre hermanos y hermanas en la comunidad de fe son más importantes.

Pablo continúa: «Acerca, pues, de los alimentos que se sacrifican a los ídolos, sabemos que un ídolo nada es en el mundo, y que no hay más que un Dios» (8.4). Quizás, los creyentes en Corinto están repitiendo lo que Pablo les enseñó al decir, por ejemplo, que «Hay un solo Dios» y que «un ídolo nada es en el mundo». Pablo no tiene problemas con estas declaraciones en sí mismas, sino con las interpretaciones que algunos en Corinto les dan. Pablo afirma estas verdades: «Aunque haya algunos que se llamen dioses, sea en el cielo o en la tierra (como hay muchos dioses y muchos señores), para nosotros, sin embargo, solo hay un Dios» (8.5-6a). Cita entonces lo que suena como una declaración de fe formal en el cristianismo primitivo: «[Creemos] en un solo Dios, el Padre, del cual proceden todas las cosas y para quien nosotros existimos; y un Señor, Jesucristo, por medio del cual han sido creadas todas las cosas y por quien nosotros también existimos» (8.6). Tal afirmación de fe en un solo Dios establece el trasfondo para la corrección que Pablo hará sobre la actitud indiferente hacia la idolatría que algunos creyentes en Corinto adoptan.

Primero, Pablo aclara que no todos tienen el «conocimiento» suficiente sobre el Dios único que sobrepasa el poder de cualquier ídolo o dios terrenal. Tales personas piensan que el comer carne ofrecida a los ídolos contradice la verdad del evangelio. Sus conciencias no están limpias al comer alimentos ofrecidos a los ídolos, dice Pablo: Pero no en todos hay este conocimiento, pues algunos, habituados hasta aquí a la idolatría, comen como si el alimento fuera sacrificado a ídolos, y su conciencia, que es débil, se contamina... (8.7). Por esta razón, Pablo les llama «débiles». Sin embargo, quizás éste es un término que pertenece a un grupo selecto en Corinto, que participa de estas comidas. Para este grupo, las quejas de sus hermanos y hermanas en la fe muestran una debilidad espiritual. Para Pablo, es una falta de conocimiento del poder de Dios sobre los ídolos: «y su conciencia, que es débil, se contamina». Parte del problema también es que estas personas «débiles», antes de su conversión a la fe cristiana, practicaban idolatría y, por lo tanto, ven mal el comer alimentos ofrecidos a los ídolos. Todavía «comen como si el alimento fuera sacrificado a ídolos». Por lo tanto, Pablo defiende a los creyentes «débiles» en este contexto. El que algunos miembros de la hermandad coman alimentos ofrecidos a los ídolos crea la posibilidad de destruir la fe de los hermanos y hermanas que se abstienen.

Para Pablo, ésta era una situación bastante seria; no era simplemente una cuestión de ofender a alguien. Los creyentes «débiles» se sentían culpables al comer carne ofrecida a los ídolos a causa de lo que significaba para sus vidas espirituales. Algunos eruditos sugieren que quizás estas personas eran pobres («débiles» económicamente). No comían carne excepto raras veces, durante fiestas religiosas, cuando la ciudad o algunos patronos ricos daban gratis la carne que sobraba de los sacrificios. Para estos hermanos y hermanas en la fe, el asunto, fuese espiritual o económico, no era de poca importancia.

Sin embargo, en el próximo versículo, Pablo afirma que comer alimentos ofrecidos a los ídolos no debe tener tanto impacto espiritual (véase 8.8). Pablo indica que el alimento [griego: *broma*] no nos recomienda ante Dios, ni nos distancia de Dios si no comemos: «si bien la vianda no nos hace más aceptos ante Dios, pues ni porque comamos seremos más, ni porque no comamos seremos menos» (8.8). Luego, Pablo concuerda en que el alimento es un asunto indiferente en cuanto a nuestra relación espiritual con Dios. Sin embargo, Pablo advierte sobre el otro lado de la moneda: «Pero procurad que esta libertad vuestra no venga a ser tropezadero para los débiles» (8.9). La palabra traducida «libertad» también significa «autoridad» o «derecho› (griego: *exousia*). Quizás, Pablo argumenta, algunos en Corinto tengan la libertad, y hasta el derecho, de comer lo que deseen, porque el alimento es algo indiferente en relación con nuestro estatus ante Dios. Sin embargo, hay veces que tal libertad o derecho puede ser de tropiezo a un hermano o hermana, de tal manera que esa otra persona caiga en pecado. Por lo tanto, Pablo advierte contra la participación en cenas públicas donde se comen alimentos ofrecidos a los ídolos:

> Porque si alguien te ve a ti, que tienes conocimiento, sentado a la mesa en un lugar dedicado a los ídolos, la conciencia de aquel, que es débil, ¿no será estimulada a comer de lo sacrificado a los ídolos? (8.10)

Más adelante (10.21, 25), Pablo hará una distinción entre las comidas privadas y estas cenas públicas donde mayormente las personas de alta clase comían, como era costumbre social, con sus propias clases económicas. Para Pablo, estas cenas hacían peligrar la fe de los más «débiles». Tan seria era esta posible pérdida de fe, que Pablo invoca el nombre y sacrificio de Cristo: «Y así, por tu conocimiento, se perderá el hermano débil por quien Cristo murió» (8.11). Nótese que la palabra clave con la que comienza el capítulo 8, «conocimiento», se ha convertido en algo negativo, algo que puede llevar a la perdición espiritual a un grupo de hermanos y hermanas en Cristo que no tienen el mismo «conocimiento» que los que comen con «libertad». Con esta lógica de argumento, Pablo convierte este «conocimiento» de la clase selecta entre los corintios cristianos en un pecado: «De esta manera, pues, pecando contra los hermanos e hiriendo su débil conciencia, contra Cristo pecáis» (8.12). Este conocimiento de que el comer es algo indiferente ante Dios no sólo se ha convertido en un pecado contra otros creyentes debido a su mal uso, sino que también se ha convertido en un pecado contra Cristo y su sacrificio en la cruz. De esta manera, Pablo defiende a los llamados «débiles» en Corinto y de nuevo trastorna los valores de los creyentes que se consideren a sí mismos como «sabios». Éstos son pecadores por su olvido de las sensibilidades y conciencia de sus hermanos y hermanas en Cristo. Pablo afirma que él mismo no trataría a sus hermanos de esta manera. Eso es ser escándalo —instrumento de apostasía— para la fe de tales personas: «Por lo cual, si la comida le es a mi hermano ocasión de caer [*skandalizei*], no comeré carne jamás, para no poner tropiezo [*skandaliso*] a mi hermano» (8.13). Al hablar de sí mismo, Pablo provee una transición al próximo capítulo de la carta, donde da ejemplos de cómo en su propia vida y ministerio él ha estado dispuesto a poner a un lado su *exousia* (autoridad, libertad, derechos) para el bienestar de sus hermanos y hermanos en Cristo.

## Pablo como ejemplo: 9.1-23

Pablo cita varios ejemplos en los próximos *dos* capítulos sobre la necesidad de poner aparte la *exousia* (derecho) personal para servir a Dios y a la comunidad. Estos ejemplos incluyen, primero, a Pablo mismo, (9.1-27) y luego a Moisés y al pueblo de Israel (10.1-13), para terminar con su aplicación a la situación de la iglesia en Corinto (10.14-22). Al final, cuando Pablo aplica los ejemplos, requiere que los creyentes en Corinto huyan del culto a los ídolos (10.14), no sólo a causa de cierta sensibilidad para con el «débil», sino también porque aun los creyentes que se consideran «fuertes» quizás también caigan en tentación (10.11-13) si participan de cenas en honor a los dioses de los templos paganos en Corinto. Pablo considera tales cenas incompatibles con el tomar parte de la cena del Señor (10.15-22). ¿Cómo llegamos desde la protección de los creyentes débiles en 1 Corintios 8 al pleno rechazo de las cenas públicas al final del capítulo 10? Una reconstrucción del argumento de los capítulos 9 y 10 se hace necesaria para responder a esta pregunta.

Primero, Pablo muestra de nuevo que parte del problema de toda la carta de 1 Corintios (y 2 Corintios también, como veremos más adelante) es el rechazo de su autoridad por parte de algunos creyentes en Corinto, especialmente por un grupo de líderes pudientes:

> ¿No soy apóstol? ¿No soy libre? ¿No he visto a Jesús el Señor nuestro? ¿No sois vosotros mi obra en el Señor? Si para otros no soy apóstol, para vosotros ciertamente lo soy, porque el sello de mi apostolado sois vosotros en el Señor. Contra los que me acusan, esta es mi defensa: . . . (1 Co 9.1-3).

No resulta claro de inmediato por qué Pablo comienza esta sección con una reafirmación de su autoridad apostólica cuando se supone que el tema es que él, y los demás apóstoles, son ejemplos de cómo hay que estar dispuesto a poner a un lado los derechos propios para el bienestar de la comunidad. No hay duda de que el cuestionamiento de su autoridad ha sido buena parte de sus problemas con algunas personas en Corinto (véase en particular 1 Co 1-4 y 2 Co 10-13 y el comentario sobre esos pasajes). Por ello, antes de discutir en detalle su ejemplo de sacrificio, Pablo reafirma su libertad y autoridad como apóstol.

¿Cuál es su «defensa», pues? Inicialmente, incluye tres elementos: «comer y beber» libremente (9.4); casarse o no casarse (9.5); trabajar por su comida y vivienda, o ser apoyado económicamente por aquellos a quienes sirve en el ministerio (9.6). Es interesante notar que Pablo dice muy poco sobre el primer punto (quizás, porque ya se ha discutido bastante sobre el tema de la comida en el capítulo 8); un poco más sobre el derecho a casarse, citando el ejemplo de los apóstoles que tienen sus cónyuges; pero mucho más sobre el asunto de los salarios para los apóstoles y quienes trabajan en el evangelio (9.6 al 18). Vemos en otros lugares de su correspondencia con la congregación en Corinto, que el hecho de que Pablo trabaje para su sostén, en vez de depender de las ofrendas de sus conversos, es un problema para algunos miembros de la iglesia de Corinto (véase 2 Co 11.7; también 1 Ts 2.9). Aquí, Pablo defiende el derecho de los apóstoles y obreros del evangelio a recibir apoyo financiero: «Así también ordenó el Señor a los que anuncian el evangelio, que vivan del evangelio» (9.14). Pablo cita varios ejemplos de esta práctica —soldados, agricultores, pastores de rebaños. Hay beneficio económico para toda persona que trabaja (9.7). Aun en la ley de Moisés, se enseña que el buey que trilla el grano tiene derecho a comer del fruto de su trabajo (9.8-9, citando Dt 25.4). Pablo afirma que esto no es sólo una enseñanza espiritual, sino también material. Como dice en otro contexto: «El que es enseñado con la palabra, haga partícipe de toda cosa buena al que lo instruye» (Gl 6.6).

Por eso, Pablo afirma su derecho a recibir el «fruto» de su trabajo entre sus iglesias: «Si nosotros sembramos entre vosotros lo espiritual, ¿será mucho pedir que cosechemos de vosotros lo material?» (1 Co 9.11). Otros apóstoles han recibido este beneficio. ¿Por qué no Pablo? (9.12) Sin embargo, Pablo no lo hace. Hasta ahora, en este pasaje, Pablo ha estado defendiendo su derecho a recibir apoyo material de sus iglesias, para explicar, entonces, en lo que sigue, por qué *no* lo hace. En otras palabras, la fuerza del argumento es que él sí es un apóstol como los demás aunque, a diferencia a ellos, no recibe ayuda financiera, especialmente, de la iglesia en Corinto. Veremos más adelante en forma más clara (en 2 Co 10-13) que esta postura les crea problemas a algunas personas pudientes en Corinto, que quieren apoyar a *su* apóstol, y así establecer una relación como de patrono a cliente. Tales relaciones patronales aumentaban el estatus social del patrono en el mundo secular. Sin embargo, Pablo no acepta ningún estatus de «cliente» para su apostolado en Corinto. Prefiere trabajar humildemente ("con sus manos", véase 1 Ts 2.9), en vez de recibir apoyo material de los creyentes prestigiosos en la sociedad de Corinto. Pablo sí recibe ofrendas de otras iglesias (por ejemplo, los filipenses, véase Flp 4.10-20), pero no de los corintios (porque un grupo élite de la iglesia interpreta mal la ofrenda) ni de los tesalonicenses (porque son muy pobres, véase 1 Ts 2.9-12; 2 Co 8.1-6). Aquí, en 1 Co 9.12-18, explica, en parte, su razonamiento.

Pablo pasa entonces a explicar por qué no acepta recompensa (9.12-18). La razón por la cual Pablo rehúsa aprovechar sus derechos económicos como apóstol en Corinto es que procura lo mejor para el testimonio del evangelio en esa ciudad: «No hemos hecho uso de este derecho, sino que lo soportamos todo por no poner ningún obstáculo al evangelio de Cristo» (9.12b). En algunos contextos de su misión, aceptar salario no ha sido beneficioso para el testimonio del evangelio. Pablo se siente orgulloso por esta postura suya: «Prefiero morir, antes que nadie me prive de esta mi gloria» (9.15b). Esto no quiere decir que tal deba ser la posición de todo apóstol o ministro del Señor. Pablo afirma cuán correcto y apropiado es el dicho evangélico «el obrero es digno de su salario» (Lc 10.7). Él ofrece sus propios proverbios sobre este tema, con alusión a las tradiciones sacerdotales en el templo de Israel: «¿No sabéis que los que trabajan en las cosas sagradas comen del templo, y que los que sirven al altar, del altar participan? Así también ordenó el Señor a los que anuncian el evangelio, que vivan del evangelio» (9.13-14; véase Lv 6.6, 26; Dt 18.1-3). Sin embargo, rehusar apoyo financiero de sus iglesias (aunque no de todas ellas) era para Pablo señal de su compromiso con el evangelio y con el pueblo de Dios. De esta manera, quiere dar ejemplo a sus lectores de cómo ellos y ellas también deben echar a un lado sus derechos de comer libremente, para así dar buen testimonio del evangelio en el contexto de la ciudad de Corinto.

Para Pablo, era también cuestión de su llamado. Su orgullo o «gloria» era poder ofrecer el evangelio gratuitamente; pero ya sea gratis o con salario, *necesita* predicar el evangelio: «Si anuncio el evangelio, no tengo por qué gloriarme, porque me es impuesta necesidad; y, ¡ay de mí, si no anunciara el evangelio!» (9.16). Con alusiones a los profetas antiguos que sentían la obligación divina de cumplir con el llamado de Dios sobre sus vidas, Pablo afirma que el evangelio es primordial en su vida —más que la comida, el matrimonio, el salario y hasta sus derechos como apóstol. Aunque se sienta libre de recibir pago por su trabajo, no lo hace, porque su llamado es otro. La «necesidad» u obligación divina en Pablo estriba en predicar sin esperar recompensa económica. Por eso, aunque sea de «mala voluntad», eso es, sin deseo personal de hacerlo (que es lo que algunas personas en Corinto quieren aplicar a la situación de la comida ofrecida a los ídolos), Pablo siente que «la comisión me ha sido encomendada» (9.17). La palabra «comisión» en griego es *oikonomia*, de donde viene nuestra palabra «economía», pero también la palabra «mayordomía». Pablo ve su llamado, su misión y su predicación del evangelio de Jesucristo como una mayordomía a Dios y al pueblo de Dios. Él es «mayordomo» o administrador de la misión de Dios, inclusive las congregaciones que Pablo ha fundado. Estas asambleas las administra por «encomienda» de Dios, y su recompensa por este trabajo divino es hacerlo sin carga económica para esas iglesias, «para no abusar de mi derecho en el evangelio» (9.18). Así, Pablo regresa al tema de los derechos y muestra su disposición —más bien su obligación— de no imponer sus derechos personales, ni siquiera sus derechos de apóstol, en una situación que demanda dejar a un lado los derechos propios, por el bien del evangelio. ¿Por qué aquellas personas que comen alimentos ofrecidos a los ídolos no podrán hacer lo mismo? Esa pregunta es la implicación de este largo discurso de Pablo.

El evangelismo de Pablo es pragmático, como vemos en Co 9.19-23. Hay una base misional por la que Pablo está dispuesto abandonar sus derechos por el bienestar de la comunidad evangélica. Él lo expresa haciendo contraste entre su libertad y la necesidad de «ganar» diferentes tipos de gente para el evangelio: «Por lo cual, siendo libre de todos, me he hecho siervo de todos para ganar al mayor número» (1 Co 9.19). Pablo da a entender que se siente libre de usar su libertad para este propósito evangelizador. Por lo tanto, se hace «siervo» (griego: *edoulosa*, hacerse esclavo) de todos para ganar a más. En otras palabras, Pablo se comporta como Jesús, de quien Pablo escribe en otra carta como tomando «forma de siervo [gr. *doulos*]» para servir a la humanidad (Flp 2.7). En lo que sigue, Pablo da tres ejemplos de grupos a quienes él sirve poniéndose en sus zapatos culturales y sociales a fin de ganárselos para el evangelio.

Primero, están los judíos, el grupo religioso y cultural más cercano a Pablo mismo: «Me he hecho a los judíos como judío, para ganar a los judíos» (9.20a). Si Pablo es judío, como lo es, ¿por qué dice que se comporta como judío entre judíos? Tiene en mente a los judíos que no son creyentes en Cristo, «a los que están sujetos a la Ley (aunque yo no esté sujeto a la Ley) como sujeto a la Ley, para ganar a los que están sujetos a la Ley» (9.19b). Pablo está dispuesto a someterse a la dieta judía, visitar la sinagoga, hacer las oraciones, todo lo que la ley judaica pide, con el fin de poder convivir con sus hermanos y hermanas judíos que no creen en Cristo, para traerles el evangelio de Cristo. Esto no contradice lo que él mismo enseña, específicamente, en sus cartas a Galatas y a Romanos, que, para su salvación, no está «sujeto a la Ley». Simplemente, practica la ley cuando es necesario para entrar en convivencia con sus compatriotas no creyentes, a fin de que ellos aprendan del cumplimiento de la Ley en Cristo. Vemos en el libro de Hechos, que Pablo consistentemente visita primero la sinagoga cuando llega a una ciudad durante sus viajes misioneros. Cuando regresa a Jerusalén por última vez en Hechos, lleva a cabo varios ritos y votos en el templo (Hch 21.17-26). En ningún momento deja que estos cumplimientos de la Ley sean substitutos de la obra redentora de Cristo. Son, más bien, vínculos de identificación con su pueblo natal y avenidas para la evangelización de ese mismo pueblo.

Segundo, Pablo escribe sobre quienes «no tienen Ley», o sea, los no judíos —los gentiles— diciendo que «a los que están sin Ley, [me he hecho] como si yo estuviera sin Ley (aunque yo no estoy sin ley de Dios, sino bajo la ley de Cristo), para ganar a los que están sin Ley» (9.21). Cuando está entre gentiles se preocupa menos por los ritos y expectativas de su fe natal —el judaísmo— y está dispuesto a adaptarse —sin pecar— a las costumbres, comida, lenguaje y cultura en general, de los varios grupos no judíos a través de Asia y Europa. Estos diferentes grupos nacionales, étnicos y religiosos no están sujetos a los detalles de la Ley de Moisés, aunque Pablo sí entiende que en esa ley judaica hay unos principios básicos del comportamiento moral que son universales. Los llama «la ley de Cristo». En su carta a los Gálatas, Pablo da un buen ejemplo de lo que significa «la ley de Cristo»: «Hermanos, si alguno fuere sorprendido en alguna falta, vosotros sois espirituales, restauradle con espíritu de mansedumbre, considerándote a ti mismo, no sea que tú también seas tentado. Sobrellevad los unos las cargas de los otros, y cumplid así la ley de Cristo» (Gl 6.1-2). Es con ese mismo espíritu de restauración, mansedumbre y apoyo moral, que Pablo busca la reconciliación entre los creyentes supuestamente «fuertes» y los «débiles» en 1 Co 8 al 10 (véase Ro 14.1-6, donde hay una exhortación semejante para los creyentes judíos y gentiles en Roma).

Pablo se dirige de nuevo al tema que comienza esta sección de los capítulos 8 al 10 cuando da su tercer ejemplo de cómo se ajusta al contexto de los varios grupos que él quiere traer al evangelio de Jesucristo: «Me he hecho débil a los débiles, para ganar a los débiles» (9.22a). Esta palabra, «débil» (gr. *asthenes*), tiene significado socioeconómico y no sólo espiritual, como algunos en Corinto piensan (véase 8.9-13). Los «débiles» son creyentes pobres de la comunidad que no creen que deban comer de las carnes ofrecidas a los ídolos y a los que algunos miembros pudientes consideran, por lo tanto, «débiles». Sin embargo, Pablo afirma que para ganar a personas «débiles» para el evangelio, ha estado dispuesto a vivir y trabajar entre ellas. Los pobres también son sus hermanos y hermanas en Cristo, al igual que los «fuertes». Pablo da a entender que los que se consideran fuertes espiritualmente deben considerar a sus hermanos y hermanas supuestamente débiles con más cuidado. De nuevo, Pablo mismo se esmera en la salvación de personas supuestamente débiles, pero cuyo estatus como débiles viene de su situación socioeconómica, y no de la fe cristiana. Un buen ejemplo de su preocupación por tales personas es el hecho de que Pablo, como hemos visto en 9.6, 12, 15, 18, prefiere hacer trabajo manual, el cual no se considera socialmente enaltecedor, para el bienestar del evangelio entre las comunidades pobres. Pablo se hace «débil» con pueblos «débiles» a fin de ganarlos para Cristo. Su implicación es que los creyentes supuestamente especiales de Corinto, que aman tanto su libertad de comer las delicias del templo pagano, deben refrenarse a favor de sus hermanos y hermanas «débiles» —o sea, menos pudientes, más bien que débiles espirituales.

Pablo ofrece un resumen de su evangelismo pragmático: «A todos me he hecho de todo, para que de todos modos salve a algunos. Y esto hago por causa del evangelio, para hacerme copartícipe de él» (9.22b-23). Pablo toma en serio su misión de tal modo que sacrifica asuntos personales de cultura, costumbre, y hasta estatus social, para alcanzar a toda persona que pueda. De esta manera, se hace «copartícipe» del evangelio, una frase curiosa, aunque netamente paulina. En su carta a los filipenses, Pablo les dice que «en la defensa y confirmación del evangelio todos vosotros sois participantes conmigo [*synkoinônous*] de la gracia» (Flp 1.7). «Participantes conmigo» (gr. *synkoinônous*) es la misma palabra traducida como «copartícipe» en 1 Co. 9.23. En su carta a Filemón, Pablo da gracias a Dios por la «participación» (gr. *koinonia*) de la fe de Filemón en el evangelio (Flm 6). Es más, Pablo afirma más adelante en esa carta, breve pero poderosa, que si Filemón verdaderamente es «compañero» (gr. *koinônos*) de Pablo, o sea, «copartícipe» en el evangelio, tratará a Onésimo, un esclavo escapado, como hermano en Cristo (Flm 17, véase 16). Pablo tenía sus «socios» en el evangelio. Es más, dependía de ellos y de ellas para el buen desarrollo de su misión. Pablo mismo se hacía «copartícipe» de la obra del evangelio cuando ajustaba su estilo de vida para el bien de aquellas personas a quienes Dios estaba llamando a unirse a Pablo como participantes del evangelio de Cristo. Sean judíos, gentiles, pobres o ricos, hombres o mujeres, Pablo quiere ganarlos a todos para Cristo. Su evangelización, por lo tanto, es flexible y pragmática. Y de igual modo Pablo espera que los creyentes en general, especialmente las personas supuestamente más maduras en el evangelio, se comporten con los creyentes más nuevos y con quienes todavía no han abrazado la fe.

## Una metáfora del mundo atlético: 9.24-27

Ser copartícipes de la obra del evangelio era asunto serio, y hasta que Cristo venga, sigue siendo un asunto de largo plazo y arduo trabajo. Para terminar esta serie de ejemplos personales de cómo comportarse en el asunto de comer alimentos ofrecidos a los ídolos, Pablo introduce una metáfora del mundo del atleta, algo muy conocido en Corinto —donde se llevaban a cabo varios juegos atléticos en los años cuando no existían los juegos olímpicos de Atenas, ciudad que quedaba hacia el nordeste de Corinto, en la misma provincia griega de Acaya. (Macedonia era la otra provincia de Grecia antigua, hacia el norte de Acaya, e incluía las ciudades de Filipos y Tesalónica.)

Pablo quiere que él y sus feligreses participen de las bendiciones del evangelio. Por lo tanto, quiere que todos los creyentes «corran bien la carrera». Participar en fiestas dedicadas a ídolos, y herir las sensibilidades espirituales de los hermanos y hermanas en Cristo por comer de esa manera, no conviene —no es compatible con correr una buena carrera espiritual, dice Pablo. Pablo no quiere que sólo una persona gane el premio de la carrera espiritual, sino que todo creyente, al correr bien, reciba el premio de la vida eterna. Por lo tanto, de igual manera que un atleta, que participa de una carrera en un estadio, se abstiene de varias comidas para poder ganar, se dedica a la práctica y al ejercicio y, en general, controla sus apetitos y actividades sociales para «recibir una corona», aunque «corruptible» (porque era una corona de hojas y flores), cuánto más una persona creyente en Cristo, que quiere obtener una corona «incorruptible», se abstiene de todo lo que sea necesario para asegurarse ese premio eterno (9.25).

Pablo se aplica estos principios a sí mismo como manera de provocar actitudes similares entre los creyentes en Corinto. Continúa la analogía de la preparación ardua de un atleta para su carrera —o para su pelea, si es un boxeador:

> Así que yo de esta manera corro, no como a la ventura; de esta manera peleo, no como quien golpea el aire; sino que golpeo mi cuerpo y lo pongo en servidumbre, no sea que, habiendo sido heraldo para otros, yo mismo venga a ser eliminado. (9.26-27)

Primero, un corredor no corre sin propósito o meta; tiene un plan en mente y sabe la dirección a hacia dónde correr —«no como a la ventura». Segundo, cambiando la metáfora a otro tipo de evento atlético, Pablo habla del boxeo, donde tampoco el boxeador pelea sin pensar, «golpeado el aire». Es más, el boxeador primero «golpea» su propio cuerpo; lo pone en «servidumbre» en preparación para su pelea. De nuevo, como un corredor, el boxeador, si quiere ganar, tiene que sacrificar tiempo al ejercicio y llevar una buena dieta a fin de ponerse en buena forma para su encuentro con otro atleta que también quiere ganar. Pablo aplica esto a su propia vida: si él no se prohíbe ciertos beneficios y derechos en su caminar con Dios, corre peligro de no terminar bien su carrera espiritual. Por eso en otra carta paulina leemos, quizás como eco de este pasaje en 1 Corintios: «He peleado la buena batalla, he acabado la carrera, he guardado la fe» (2 Timoteo 4.7).

Como una advertencia fuerte a sus lectores de caminar cuidadosamente en su fe, inclusive, en este caso, de comer alimentos ofrecidos a los ídolos, Pablo hace hincapié sobre el peligro escatológico que hay hasta para él: «No sea que, habiendo sido heraldo para otros, yo mismo venga a ser eliminado» (9.27b). Pablo escribe que practica la autodisciplina en asuntos personales para asegurar su salvación final, porque siempre hay el peligro, parece creer, de no llegar al final de carrera con victoria. Algo —una falta de preparación— le puede causar una caída. Pablo no se limita en este pasaje a aplicar estas verdades a su propia vida, sino que reta a sus lectores en Corinto para que también sean advertidos con este consejo. Con un próximo ejemplo, éste tomado de la vida del pueblo de Israel, Pablo les aplica esto específicamente a sus feligreses en Corinto, antes de unas exhortaciones finales y más directas en cuanto al problema corriente de participar de cenas dedicadas a los ídolos.

## Moisés e Israel como ejemplos: 10.1-13

Pablo exhorta a los creyentes en Corinto mediante el ejemplo de sus antepasados espirituales —el pueblo de Israel: «No quiero, hermanos, que ignoréis que nuestros padres estuvieron todos bajo la nube, y todos pasaron el mar» (10.1). Aunque la mayoría de los corintios cristianos quizá eran gentiles, no hay duda de que para Pablo son parte del plan divino de Dios para la salvación de la humanidad, que se lleva a cabo en primer lugar a través de Israel. Por lo tanto, los israelitas son los «padres» (como dice el texto griego literalmente) en la fe de los creyentes en Corinto, o sea, sus antepasados. Luego sigue una serie de analogías entre los israelitas y sus hijos e hijas espirituales. De igual manera que los seguidores de Cristo en Corinto pasaron y siguen pasando por varios ritos y sacramentos de acercamiento a Dios —el bautismo, la Santa Cena, etc.—, así también el pueblo de Israel tuvo sus experiencias (véase 10.2-4). Cuando Dios les liberó de la esclavitud de Egipto pasaron por el desierto durante su peregrinaje con la ayuda de una nube divina como guía. Antes de eso, Dios les permitió escapar de Egipto y su ejército cuando abrió el Mar Rojo. Por lo tanto, «todos pasaron el mar». Pablo interpreta estas experiencias como un bautismo: «Todos, en unión con Moisés, fueron bautizados en la nube y en el mar.» (10.2). Igual que los creyentes en Corinto fueron bautizados en Cristo, el pueblo de Israel pasó por sus «aguas bautismales» junto a Moisés, su libertador.

Además del rito del bautismo, Pablo hace referencia al sacramento de la Santa Cena cuando recuerda el alimento que Dios proveyó para el pueblo en el desierto: «Todos comieron el mismo alimento espiritual y todos bebieron la misma bebida espiritual, porque bebían de la roca espiritual que los seguía» (10.3-4). Todas estas alusiones vienen de alguna referencia del Antiguo Testamento, sea el libro de Éxodo, Números o Deuteronomio. El alimento espiritual, es decir, milagroso o sobrenatural, se refiere al maná que bajó de los cielos (Ex 16.4, 35). Aquí se compara el maná con el pan de la Cena del Señor. La «bebida espiritual» también se refiere a un milagro que ocurrió en el éxodo, cuando Moisés, al principio del peregrinaje (Ex 17.6) y luego al final (Nm 20.8-11), golpea una peña (llamada la «peña de Horeb» en Éxodo) y de ella fluye agua para saciar la sed del pueblo. Pablo compara esa agua con el vino de la Cena del Señor. Es más, Pablo identifica esa peña milagrosa que dio agua de vida al pueblo de Israel con Cristo como la «roca» que da agua de vida a sus seguidores. Luego, tanto Israel como los creyentes en Corinto tenían y tienen el bautismo y el alimento espiritual suficientes para asegurar su salvación y liberación.

Sin embargo, dice Pablo, todo esto se puede perder si el pueblo de Dios, tanto Israel como la iglesia en Corinto, no se cuida. Pablo da el ejemplo del pueblo de Israel del cual muchos no llegaron a la tierra prometida luego de su liberación de Egipto. «Pero de la mayoría de ellos no se agradó Dios, por lo cual quedaron tendidos en el desierto» (10.5). Eso mismo les puede pasar a miembros de la iglesia en Corinto, o aun al mismo Pablo. Por lo tanto, el ejemplo de Israel es un «aviso» para que «no codiciemos cosas malas, como ellos codiciaron» (10.6). Pablo procede a dar cuatro ejemplos de «codicias» que tuvo Israel en el desierto: la idolatría, la inmoralidad sexual, la falta de fe en Dios, por la que «tentaron» a Dios, y la murmuración (10.7-10). Cada falta se refiere a eventos o prácticas de Israel durante su peregrinaje, y todas tuvieron sus consecuencias negativas. Pablo ofrece una cita directa sobre la idolatría de Israel y de esa manera demuestra la seriedad del problema en el contexto de la iglesia en Corinto, donde algunas personas participan en cenas en templos paganos: «Ni seáis idólatras, como algunos de ellos, según está escrito: "Se sentó el pueblo a comer y a beber, y se levantó a juzgar"» (10.7, citando Éxodo 32.6, cuando Aarón les hizo un becerro de oro a los israelitas para su adoración y fiesta). El contexto de la adoración, la idolatría, y la comida y bebida de Israel se acerca mucho al contexto de Corinto y el problema de las cenas ofrecidas a los ídolos. Pablo está en contra de las prácticas semejantes entre creyentes en Corinto, comparándolas a las experiencias de Israel.

Segundo, Pablo recuerda la inmoralidad sexual entre el pueblo de Israel, haciendo referencia al incidente de Números 25.1-18, cuando murieron 24.000 por estar «fornicando con las hijas de Moab» y participar en sacrificios a los dioses de ese pueblo. Con tales acciones de algunos en Israel, encendieron «el furor de Dios» y hubo castigo de muerte (Nm 25.1-3). Pablo, por alguna razón, cita una tradición donde el número era de 23.000 muertos, pero no hay duda de que es el mismo incidente. El incidente es instructivo para Pablo, en este caso, porque conecta la inmoralidad sexual con la idolatría. Aunque él nunca lo dice directamente, puede ser que los fornicarios de 1 Corintios 5 y 6 también participen de las cenas idólatras que Pablo rechaza en los capítulos 8 al 10.

Tercero, Pablo hace referencia a cómo el pueblo pone a Dios a prueba. Esto puede referirse a un sinnúmero de incidentes en la vida de Israel, pero al mencionar serpientes, no cabe duda de que Pablo tiene en mente Números 21.4-9, donde el pueblo se cansa de su marcha y de su dieta, y lamenta haber dejado Egipto. De esta manera, ponen a Dios a prueba. Demuestran su falta de fe y esperanza y, por lo tanto, Dios les castiga enviando serpientes. Mueren muchas personas del pueblo de Israel. Esta prueba y su consecuencia causan arrepentimiento de parte del pueblo, y parece que Pablo quiere advertir a los creyentes en Corinto que sus prácticas de idolatría e inmoralidad ponen a Dios a prueba. Como el pueblo de Israel, el pueblo creyente de Corinto necesita arrepentirse, o vendrá destrucción de una forma u otra.

El último ejemplo —la murmuración (10.10)— también es más general y aparece repetidamente a través de la vida de Israel en el desierto (véase Ex 16.7; 17.3; Nm 11.1; 14.27, 29; 16.41; 17.5). La referencia al «destructor» no está muy clara, pero algunos eruditos piensan que se refiere al castigo a la primera generación de Israel de no entrar en la tierra prometida por su murmuración y falta de fe (Nm 14.20-35). También está la idea de la «mortandad» que vino sobre el pueblo después de la rebelión de Coré (Nm 16), cuando también hubo «murmuración». En todo caso, Pablo le está advirtiendo a su iglesia en Corinto que no puede asegurar su salvación sin cuidar de su fe y relación con Dios.

> Todas estas cosas les acontecieron como ejemplo, y están escritas para amonestarnos a nosotros, que vivimos en estos tiempos finales. Así que el que piensa estar firme, mire que no caiga. (1 Co 10.11-12)

Por lo tanto, las escrituras de Israel se convierten, para Pablo, en un ejemplo de instrucción moral para su congregación. Segundo, para Pablo los tiempos suyos y de sus iglesias son los «tiempos finales». Hace todas estas amonestaciones en un contexto escatológico. Por eso, lo que parece algo indiferente —si se comen alimentos ofrecidos a los ídolos, o no—

puede tener serias consecuencias para algunos hermanos y hermanas en la fe. Y más allá de eso, como Pablo escribirá más directamente, luego en este capítulo 10, comer comidas ofrecidas alimentos ofrecidos a los ídolos en fiestas paganas, definitivamente pone en peligro la relación con Dios de los creyentes en Corinto. Es idolatría, tal como la practicaron sus antepasados en la fe en la historia de Israel.

Pero Pablo termina esta sección con una palabra positiva (10.13). La tentación hacia el mal es algo muy humano. Sin embargo, «fiel es Dios, que no os dejará ser probados más de lo que podéis resistir» (10.13). En otras palabras, hay «salida» o escape de la tentación hacia la idolatría para los creyentes en Corinto, si siguen las instrucciones que el y dará en lo que sigue. Quienes tienen fe sí podrán «soportar» las presiones del medio ambiente, aunque siempre está la tentación de ir a los templos paganos como si fuera una visita a un hogar familiar. No es lo mismo, dice Pablo y quiere aclararlo en el próximo pasaje.

## Aplicación a la situación en Corinto: 10.14-22

Como en 1 Co 6.18 («Huid de la fornicación»), donde después de montar un argumento lógico y bíblico, Pablo concluye con una amonestación clara sobre la necesidad de huir de la prostitución y ofrece una advertencia semejante aquí en 10.14, al terminar su argumento bíblico de 10.1-13: «Por tanto, amados míos, huid de la idolatría.» Ya hemos visto en 10.1-13 que para Pablo hay un vínculo entre estas dos —la idolatría y la inmoralidad sexual. Aquí Pablo se concentra en la necesidad de no ir a los templos paganos para participar en cenas dedicadas a dioses paganos, porque tal actividad, aunque los creyentes supuestamente «fuertes» no lo piensen así, es idolatría. Es más, Pablo les pide a estos llamados «fuertes» que usen su sensatez y su buen juicio para ver si lo que Pablo dice tiene sentido (10.15). De esta manera, Pablo alude a destrezas que estos «fuertes» de Corinto admiran, es decir, la «sabiduría» (1.18-2.5) y el «juicio» (4.3-5). Y amonesta a sus lectores para que las usen en forma correcta.

Primero, la lógica de las comidas rituales, tanto cristianas como judías, debe informar el intelecto y juicio de los «fuertes» que participan en comidas rituales dedicadas a los dioses de Grecia y de Roma. Al escribir sobre la comida ritual cristiana, Pablo hace hincapié sobre la unidad del cuerpo de Cristo, que esta cena representa:

> La copa de bendición que bendecimos, ¿no es la comunión de la sangre de Cristo? El pan que partimos, ¿no es la comunión del cuerpo de Cristo? Siendo uno solo el pan, nosotros, con ser muchos, somos un cuerpo, pues todos participamos de aquel mismo pan. (10.16-17)

La palabra «comunión» (gr. *koinonia*), para Pablo, tiene el significado de la asociación o compañerismo de un grupo, o de la participación de ese grupo en algo que tiene en común. Más adelante, Pablo hablará con lujo de detalles sobre la importancia de la unidad en la práctica de la Santa Cena (11.17-34). Aquí, se refiere a los elementos como una «copa de bendición», como la bendición que se daba al beber una copa de vino, al finalizar la cena de pascua en el judaísmo —práctica que Jesús emuló en su última cena con los discípulos (Lc 22.17 y paralelos en Mc 13 y Mt 26). La iglesia primitiva desarrolló la idea de que participar de esta copa es hacerse partícipe de Cristo en su muerte (con derramamiento de sangre). También el pan simboliza participación en la muerte de Cristo. Pero como es una sola muerte, y uno solo, por ende, el pan, entonces los creyentes que participan de este pan y esta copa son también uno solo. Es más, Pablo extiende la metáfora del cuerpo de Cristo, simbolizado por el pan, al pueblo que, juntamente, come de ese pan, el cuerpo de Cristo. Ese pueblo también es un cuerpo, y es un cuerpo único y unido. Pablo quiere que todo el pueblo creyente en Corinto entienda su unidad como pueblo, y su participación unida en el cuerpo de Cristo, o sea, en el sacrificio de ese cuerpo y en la sangre de su muerte. El rito de una comida pascual, la de Cristo con sus discípulos, y ahora con sus seguidores dondequiera que estén, es símbolo de esa muerte. Aun Israel, en sus sacrificios rituales a Jehová, Dios, mostró unidad como pueblo. Refiriéndose a cómo los sacerdotes se unían entre sí y con Dios en el culto de los sacrificios (véase Lv 7.6, 15), Pablo dice: «Mirad a Israel según la carne: los que comen de los sacrificios, ¿no son partícipes del altar?» (10.18).

Con todo esto, Pablo quiere enseñarles a sus feligreses en Corinto que la participación en cenas rituales, de cualquier religión, tenía que tomarse en serio. No era algo netamente social, sino asunto de la relación del practicante con su fe y su dios. En este caso, la participación en cenas junto a templos paganos, con carnes dedicadas a sus dioses, no concordaba con la cena dedicada a Cristo, junto con otros creyentes en Corinto, y aun a través del mundo cristiano. Por ello, Pablo lo describe en términos exclusivos: «No podéis beber la copa del Señor y la copa de los demonios; no podéis participar de la mesa del Señor y de la mesa de los demonios» (10.21). Quería prohibir la participación de algunas personas cristianas en Corinto —gente supuestamente «fuerte» en la fe— en cenas públicas dedicadas a dioses paganos. Quizás, algunas de estas personas se preguntaban: «¿Qué [dices], pues, [Pablo]? ¿Que el ídolo es algo, o que es algo lo que se sacrifica a los ídolos?» (10.19). Aquí vemos la idea de que el ídolo no tiene poder, y ni siquiera existe, que es lo que Pablo aparenta afirmar al comienzo de este argumento: «Sabemos que un ídolo nada es en el mundo, y que no hay más que un Dios» (8.4). Sin embargo, hay una diferencia grande entre comer privadamente comida sacrificada a los ídolos y hacerlo en público (8.10), especialmente, en una cena ritual dedicada a ese ídolo. En tal contexto, el ídolo, aunque no es el Dios de Israel y de los creyentes en Cristo (véase 8.5-6), se convierte en «demonio» —un espíritu maligno que puede destruir la fe del creyente en Cristo:

> Antes digo que aquello que los gentiles sacrifican, a los demonios lo sacrifican y no a Dios; y no quiero que vosotros os hagáis partícipes con los demonios. (10.20)

Para Pablo, participar en la cena ritual de otro pueblo, que adora a otro dios, crea otro tipo de comunidad espiritual, una comunidad de espíritus malignos —«demonios»— para los seguidores de Cristo, quienes pertenecen a la comunidad espiritual que es el cuerpo de Cristo. Aun cuando los creyentes se unen para celebrar la cena del Señor, a veces, lo que comen no es la cena del Señor, precisamente, por su falta de unidad (véase 11.17-22). Como resultado, incurren en la ira de Dios, comen «indignamente» (11.27, 29), y traen juicio sobre sí mismos, con enfermedad y aun muerte (11.30). Cuánto más sería de juicio, enfermedad y muerte, la participación en una cena pagana, donde los únicos espíritus presentes desde la perspectiva cristiana son «demonios». Por lo tanto, Pablo prohíbe tal participación, recordando lo que Israel le hizo a Dios en el desierto y en muchos otros momentos cuando faltó la lealtad del pueblo: «¿O provocaremos a celos al Señor?» (10.22a; véase Ex 20.5; Dt 32.21). También Pablo reta directamente a los que procuran tal participación porque se creen suficientemente fuertes: «¿Somos acaso más fuertes que [Dios]?» (10.22b).

Pero, una vez más, ¿no es verdad, que, a diferencia de los creyentes débiles que no debieran comer alimentos ofrecidos a los ídolos, Pablo piensa que los creyentes «fuertes» sí pueden comer tales comidas porque son suficientemente maduros, espiritualmente hablando? Son los «débiles» quienes tienen sus problemas con esto (véase 8.7-8). Pero además de lo que Pablo ya ha dicho sobre no usar la «libertad» en forma que cause la caída espiritual de la persona «débil», Pablo ofrece otras guías en lo que sigue.

## Resumen y exhortación: 10.23–11.1

Es importante notar que los problemas discutidos y resueltos en la mente de Pablo en el pasaje de 10.1-22, no se resumen necesariamente en 10.23–11.1. Pablo regresa al problema del capítulo 8.1-13, el tema especifico de comprar y comer comidas ofrecidas a los ídolos. Pero ahora se trata de comidas en la privacidad del hogar, no de las cenas públicas de grupos selectos en los recintos de los templos paganos. En 10.1-22, Pablo da razones bíblicas y lógicas de por qué los creyentes en Cristo, de cualquier clase social, deben evitar participar en cenas en honor a dioses paganos. Aquí, en 10.23–11.1, él regresa al tema general de si un creyente puede comer de la carne que sobraba de estas cenas o de los sacrificios ofrecidos a dioses. Pablo da varias guías en repuesta a esta problemática, en resumen de lo que ya argumentó en 8.1-13 y en recordatorio de su flexibilidad en estos asuntos, como vimos en 9.1-27.

Primero, Pablo cita y corrige la actitud de algunos corintios: «Todo me es lícito, pero no todo conviene; todo me es lícito, pero no todo edifica» (10.23). Pablo argumentó de la misma manera en el asunto de los hombres de la iglesia que se unían a prostitutas (6.12). Allí, Pablo corrigió una actitud que supone que la persona creyente es libre de hacer lo que desee, especialmente en asuntos corporales, como la comida y el sexo. Aquí, Pablo aplica la misma corrección al mismo dicho —«todo me es lícito»— al asunto de comer comidas ofrecidas a los ídolos. Regresa al principio que enseñó en el capítulo 8: «Nadie busque su propio bien, sino el del otro.» Aunque uno puede tener derecho a comer estas comidas, cuando el bienestar espiritual de otro hermano o hermana está en juego, un creyente, con verdadera sabiduría y madurez («fuerte»), no lo hace.

Sin embargo, el punto aquí, a diferencia de 10.1-21, donde Pablo prohíbe participar en cenas ofrecidas a los ídolos, es que en la privacidad de su hogar, la persona de fe, si tiene la conciencia limpia en estos asuntos de comer o no comer, puede comprar y comer tales alimentos: «De todo lo que se vende en la carnicería, comed, sin preguntar nada por motivos de conciencia, porque del Señor es la tierra y todo cuanto en ella hay» (10.25-26, citando Sal 24.1; 50.12). Aun si un incrédulo invita al creyente a cenar y ofrece tales comidas en el menú, el creyente puede participar. Sin embargo, Pablo hace otra excepción a este principio de libertad y flexibilidad:

> Pero si alguien os dice: «Esto fue sacrificado a los ídolos», no lo comáis, por causa de aquel que lo declaró y por motivos de conciencia (10.28a).

Pablo aclara que es la conciencia del huésped lo que le preocupa, aun si no es creyente. De esta manera, Pablo indica que hasta los paganos entendían la dificultad de religiones monoteístas como el judaísmo y el movimiento de Jesús. No podían confesar fe en un solo Dios y comer comidas ofrendadas a otros dioses. Sin embargo, para Pablo, no había tales problemas para los creyentes en Cristo, porque «del Señor es la tierra y cuanto en ella hay» (10.28b), siempre y cuando fuese asunto de comidas privadas.

Puede ser, sin embargo, que algún creyente, quizás alguno de entre los hermanos o hermanas considerados personas «fuertes» en Corinto, proteste y diga: «Pues ¿por qué se ha de juzgar mi libertad por la conciencia de otro? Y si yo con agradecimiento participo, ¿por qué he de ser censurado por aquello por lo cual doy gracias?» (10.29b-30). Esto es algo que aun nos preguntamos hoy día respecto a un sinnúmero de asuntos que un creyente individual puede considerar no pecaminosos. Sin embargo, Pablo afirma a través de todos estos capítulos, 8 al 10, la unidad de la comunidad cristiana y la necesidad de velar los unos por los otros. Por lo tanto, hace énfasis en dos principios básicos como guía en asuntos donde hay duda sobre si son pecado o no: (1) «Si, pues, coméis o bebéis o hacéis otra cosa, hacedlo todo para la gloria de Dios» (10.31). Poner a Dios en primer lugar nos ayuda en tomar decisiones sobre cómo servir mejor a Dios y a su comunidad, aun en asuntos tan sencillos como qué y cuándo comer o no comer, y con quién y dónde. (2) «No seáis tropiezo ni a judíos ni a gentiles ni a la iglesia de Dios» (10.32). Como creyentes, no somos individuos a solas, sino parte de una comunidad. También hay quienes no conocen a Dios que nos están velando como ejemplos del Dios que servimos. Por lo tanto, dar gloria y dar gracias a Dios, y atender la necesidad de nuestros prójimos, fuera y dentro de la iglesia, son las prioridades que deben regir nuestras decisiones en el diario vivir. Éstas son enseñanzas básicas que Pablo quería dejar a su iglesia en Corinto y que todavía son válidas para nosotros y nosotras hoy.

Por último, Pablo les recuerda a sus feligreses en Corinto que él mismo es ejemplo de estas actitudes básicas de la fe cristiana: «Del mismo modo, también yo en todas las cosas agrado a todos, no procurando mi propio beneficio sino el de muchos, para que sean salvos» (10.33). De esta manera, resume su argumento de 1 Corintios 9. Y, aunque en varias versiones de la Biblia se separa el versículo 10.33 del 11.1, probablemente lo que Pablo dice en 11.1 constituye las últimas palabras de toda esta sección que comienza con el 8.1: «Sed imitadores míos, así como yo lo soy de Cristo» (11.1) —exhortación que Pablo usa otras veces en sus cartas cuando quiere presentar su vida como un buen ejemplo de ética cristiana (véase 1 Co 4.16; Flp 3.17). En este caso, imitar a Pablo es un modo de dar gloria a Dios y de cuidar del bienestar de los hermanos y hermanas de la comunidad de fe. Ser «imitador» de Pablo es ser también imitador de Cristo mismo.

## Resumen y conclusión

En esta sección hemos visto una respuesta cuidadosa a un problema práctico, pero complejo, en la vida de la iglesia de Corinto. Para algunas personas en esa iglesia, el problema era sencillo. Su libertad en Cristo les permitía comer alimentos que incluían carnes ofrecidas como sacrificios a los ídolos paganos. Para otras personas en la comunidad, tales prácticas representan un problema, dada su nueva fe en Cristo. Estas personas, llamadas «débiles» por quienes se sentían libres en comer tales alimentos, se preguntaban ¿Cómo podemos confesar la fe en Dios y comer comida dedicada a los ídolos, acerca de los cuales hemos aprendido que son «falsos dioses»? Para los creyentes que se autodenominan fuertes en la fe, la preocupación de sus hermanos y hermanas indica falta de fe y, por lo tanto, debilidad espiritual.

Pablo ve el problema como algo mucho más complejo. Es verdad que, si damos gracias a Dios por la comida y nuestras conciencias están limpias (Ro 14.6), no hay por qué no comer. Sin embargo, dice Pablo, hay que pensar también en quien pueda ser herido espiritualmente por el uso de esta libertad nuestra. Tenemos que evitar, en cuanto sea posible, herir la conciencia de nuestros hermanos y hermanas, y aun de los que están fuera de la comunidad de fe. Cristo mismo así lo haría. Hay momentos claros cuando tenemos que evitar comer comida ofrecida a los ídolos, dice Pablo, y eso es en el instante mismo en que tales prácticas se convierten en ritos en honor a dioses paganos. Los creyentes, dice Pablo, ya tienen su comida ritual donde celebran la presencia misma de Cristo. Participar en cenas en los templos paganos no es apropiado, aun cuando para algunos miembros selectos y prestigiosos sea sencillamente una práctica social. Para Pablo, son tiempos rituales que no convienen a los creyentes en Cristo, quienes participan de una cena ritual en celebración, con copa y pan, del Cristo que sirven en espíritu y en verdad.

Estas lecciones de cuándo y cómo comemos o, de algún otro modo, representamos bien al Cristo que servimos, siguen siendo un reto para los creyentes de hoy.

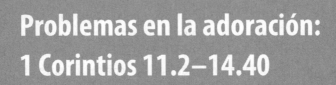

# Problemas en la adoración:
# 1 Corintios 11.2–14.40

*Capítulo 4*

## Bosquejo del texto bíblico

Las mujeres y el uso del velo: 11.2-16
Abusos en la Cena del Señor: 11.17-34
Diversidad de los dones del Espíritu: 12.1-31
El amor como modo de manejar los dones: 13.1-13
El orden en el uso de los dones: 14.1-40

Con esta sección entramos a lo que quizá es más conocido y controversial, no solamente en 1 Corintios, sino también en toda la literatura paulina: 1 Corintios 11.2–14.40. Aquí Pablo discute varios problemas que aparecen en la adoración de la iglesia de Corinto. Pablo se refiere en 11.18 a «cuando os reunís como iglesia», y esta frase se puede aplicar a todo lo que Pablo discute en esta larga sección. Específicamente, hay tres asuntos que Pablo trata en una forma bastante detenida. Primero, ¿deben las mujeres de la iglesia usar velos o cubrirse la cabeza durante la adoración, especialmente cuando participan de algún ministerio público (oración, profecía) (1 Co 11.2-16)? Segundo, Pablo trata un problema de abuso en la cena del Señor (11.17-34), específicamente, «Cuando, pues, os reunís vosotros, eso no es comer la cena del Señor. Al comer, cada uno se adelanta a tomar su propia cena; y mientras uno tiene hambre, otro se embriaga» (11.20-21). Es decir, que la división social que hemos visto en otras áreas de la vida de esta iglesia se demuestra de nuevo en un asunto bien importante para Pablo, la cena ritual en honor a Jesucristo. Ya él ha escrito cuán importante es la Santa Cena para establecer la relación del creyente con Dios, de modo que la persona de fe no puede participar de la Cena del Señor y de cenas dedicadas a los ídolos (10.14-22). Pero, aparentemente, hasta en la participación de la cena cristiana hay problemas y, en esencia, la cuestión gira en torno a la misma división, o algo semejante, pues quienes tienen recursos para participar en cenas paganas también los tienen para celebrar sus propias cenas para los seguidores de Jesús. Pero en esas cenas algunas personas comen mejor que otras. Para Pablo, la cena del Señor es para traer unidad, no división.

Por último, en la práctica de la adoración cristiana primitiva, los creyentes empleaban dones espirituales, o habilidades que proceden de la presencia del Espíritu de Dios. Entre estos dones, aparentemente, se practica el don de adorar a Dios con lenguaje espontáneo o extático, o sea el don de hablar en lenguas. Algunos pensaban que este don en particular era superior a otros. En 1 Corintios 12.1—14.40, Pablo trata de corregir tales actitudes con una enseñanza sobre la importancia de todo don que cualquier creyente pueda recibir y emplear para la edificación de toda la iglesia. Ningún don es más importante que otro, porque todo creyente es miembro del «cuerpo de Cristo». Y más importante que todos los dones es el amor, que debe ser guía en el uso de los dones (1 Co 13). Por lo tanto, 1 Corintios 11–14, con la discusión de los velos, las lenguas, los dones, el orden en la adoración (14.1-40 en particular), la unidad y el amor, entre otros temas, abre la puerta a buena parte del pensamiento paulino y de las prácticas litúrgicas del cristianismo primitivo.

## Las mujeres y el uso del velo: 1 Co 11.2-16

### Introducción: 11.2

Pablo introduce este pasaje con una palabra de alabanza para sus feligreses en Corinto porque han mantenido las tradiciones que él les enseñó (11.2). Quizás, ésta sea una afirmación que ellos mismos han hecho a Pablo en la carta que le dirigieron (véase 1 Co 7.1 para la referencia a una carta previa de los corintios a Pablo). Pablo da gracias por esa afirmación, pero ahora necesita corregir unas cuantas cosas que ha escuchado a través de un informe personal por medio de visitantes de Corinto, quizás Cloe o Estéfanas (1.10, 16; 16.15-18). Según esos informes, hay en Corinto prácticas de adoración que *no* están tan bien.

No es hasta 11.5 que el problema básico se describe: «Pero toda mujer que ora o profetiza con la cabeza descubierta, deshonra su cabeza.» Algunas mujeres participan en la adoración pública de la congregación, y la conclusión del pasaje es que tales mujeres deben tener la cabeza cubierta. Nos preguntamos entonces: ¿por qué tal resolución de parte de Pablo? Pablo presenta dos tipos de argumento para llegar a su conclusión: el orden de la creación (11.3-12) y las costumbres de su día (11.13-15).

### *El orden de la creación y los velos en la adoración: 11.3-12*

Pablo comienza con un razonamiento teológico enfocado en las relaciones entre el hombre, la mujer y Dios establecidas en la creación: «Pero quiero que sepáis que Cristo es la cabeza de todo varón, y el varón es la cabeza de la mujer, y Dios es la cabeza de Cristo» (11.3). Nueve veces Pablo menciona la palabra «cabeza» (gr. *kephale*) en este pasaje. En vez de cabeza como «gerente», «director» o «autoridad», muchos eruditos sugieren que probablemente en este contexto significa «fuente», o sea, «fuente de la vida». Tal significado figurativo de la palabra «cabeza» se escoge como un juego de palabras con la cabeza física, la cual lleva los velos que Pablo pide para esta situación.

Sobre la base de este orden de la creación, Pablo dice que el «varón que ora o profetiza con la cabeza cubierta, deshonra su cabeza», pero la «mujer que ora o profetiza con la cabeza descubierta, deshonra su cabeza» (11.4-5). La alternativa a no cubrirse la cabeza para participar activamente en la adoración, es que una mujer se corte el cabello. Como era vergonzoso en la cultura antigua que una mujer se afeitara la cabeza («se rapara») o se cortara el cabello (11.6), resultaba lógico que lo mejor era cubrirse con un velo cuando una oraba o profetizaba en la adoración. Pero esto no resuelve la pregunta principal que nos hacemos: ¿De dónde viene la vergüenza en el cubrirse o no los cabellos, según el género de uno?

Pablo argumenta que el orden de la creación establece distinciones de género: «El varón no debe cubrirse la cabeza, pues él es imagen y gloria de Dios; pero la mujer es gloria del varón» (11.7). Esto es un argumento antiguo en el judaísmo que Pablo usa en este contexto para resolver un desacuerdo sobre el uso de velos de las mujeres en la adoración cristiana. En la historia sobre la creación, en Génesis, «el varón no procede de la mujer, sino la mujer del varón» (11.8). Esto es una alusión a la segunda historia de la creación en Génesis 2 cuando, si entendemos *kephale* como «fuente» y no como «cabeza», vemos cómo el hombre era la fuente de donde la mujer vino, pues la mujer fue hecha de la costilla del varón (véase Gn 2.21-22). Además, ya que en el pensamiento antiguo el origen de algo determina su propósito, Pablo declara que «tampoco el varón fue creado por causa de la mujer, sino la mujer por causa del varón» (11.9), de nuevo citando a Génesis donde se dice que la mujer fue creada como «ayuda idónea» del hombre (Gn 2.18-25). Por lo tanto, Pablo arguye que un hombre no debe cubrirse la cabeza en la adoración divina, pues eso cubriría la gloria de Cristo que se ve en el hombre como primera creación de Dios. Sin embargo, la mujer, creada después del hombre, refleja la creación del hombre, no a Cristo directamente; luego, debe cubrirse la cabeza. De esa manera, no llama la atención sobre sí misma como criatura en la presencia del Creador, como lo haría una mujer con la cabeza descubierta durante el culto.

La lógica es problemática desde nuestra perspectiva moderna, pues disminuye el lugar de la mujer en la creación. La lógica del argumento no es netamente paulina, sino refleja más bien la aplicación de una interpretación bíblica del orden de la creación que circulaba entre algunos pensadores judíos para mantener las distinciones de géneros. El argumento dice que el hombre no debe cubrirse porque de esa forma no cubre la gloria de Dios que él refleja como creación directa de Dios. La mujer debe cubrirse el cabello para así no atraer atención a su gloria, la cual es el cabello, ya que ella no es creación directa de Dios, sino indirecta a partir de la costilla del hombre.

Parece que Pablo entiende muy bien que este recuento de la creación, basado en Génesis 2.18-25, deja fuera el primer recuento en Génesis 1.26-30, donde ambos, el hombre y la mujer, son hechos a imagen de Dios. Por lo tanto, Pablo incluye, como un paréntesis, las palabras de 11.11-12:

> Pero en el Señor, ni el varón es sin la mujer ni la mujer sin el varón, porque, así como la mujer procede del varón, también el varón nace de la mujer; pero todo procede de Dios.

Esto le da un tono de mutualidad a la relación entre el hombre y la mujer: ambos se necesitan mutuamente, y ambos de igual manera se relacionan con Dios. En esto, Pablo va más allá de su argumento para defender el uso de velos por parte de las mujeres en la iglesia.

Sin embargo, muchos intérpretes de este pasaje enfocan la atención en la afirmación, *antes* de este paréntesis, sobre la mutualidad, donde Pablo dice que «la mujer debe tener señal de autoridad sobre su cabeza, por causa de los ángeles» (11.10). En otras palabras, en esta teología de la creación, propuesta por algunos interpretes del judaísmo antiguo, y algunos lectores cristianos de este pasaje hoy, se supone que las mujeres usan velos como señal de la autoridad del hombre, como primero de la creación, y para dar honra y gloria a Dios. En el caso de las creyentes en Cristo, dice Pablo, esta gloria se ofrece en el nombre de Cristo Jesús y, por lo tanto, la mujer no debe llamar la atención sobre sí misma con prácticas deshonrosas dentro de esa cultura, tal como llevar la cabeza descubierta. Además, en esta teología los ángeles son llamados a guardar el orden de la creación y las distinciones de género que hay en tal orden. Por eso Pablo afirma que aun los ángeles celestiales se honran cuando las mujeres llevan velos en la adoración (véase 1 Ti 5.21, que da un ejemplo del papel de los ángeles en la creación). La práctica de que las mujeres se cubrieran la cabeza en la adoración era una costumbre bastante establecida en el judaísmo, y menos común en el mundo gentil, aunque sí se practicaba en algunos ámbitos, especialmente en los templos paganos, donde las mujeres que los visitaban usaban sus velos.

### La cultura y el orden en la adoración: 11.13-16

Muchas personas entre los corintios cristianos son de origen gentil y, por tanto, careciendo del trasfondo de los judíos, no entienden o no están de acuerdo con las referencias bíblicas. Por ello, Pablo presenta un argumento sobre la base de su experiencia y de las costumbres de entonces: Juzgad vosotros mismos: ¿es propio que la mujer ore a Dios sin cubrirse la cabeza? La naturaleza misma ¿no os enseña que al varón le es deshonroso dejarse crecer el cabello? Por el contrario, a la mujer dejarse crecer el cabello le es honroso, porque en lugar de velo le es dado el cabello (1 Co 11.13-15).

Génesis 2 afirma que la creación es la fuente de las distinciones sexuales, y ahora Pablo discute estas distinciones en términos de convenciones sociales. Las respuestas que se les dé a preguntas sobre lo que es «propio» y lo que es «natural» dependen muchas veces de lo que es aceptable en una u otra cultura y contexto social. Entre los griegos, como entre los judíos, se pensaba que el varón podía cortarse el cabello, y que dejarlo crecer demasiado largo era «deshonroso». Sin embargo, entre las mujeres, era honroso dejar crecer el cabello, porque se creía que ésa era su gloria —o sea, que el cabello largo traía honor a una mujer. Dado que la costumbre sociocultural reconocía el cabello como honroso para una mujer, era también la costumbre, tanto en las prácticas religiosas de los judíos como en las de los gentiles, que las mujeres que participaran en el culto llevaran velos, de modo que el honor se le diese a Dios o a los dioses, y no a la mujer con su cabello. Quizás, también Pablo tiene en mente a las sacerdotisas que caían en éxtasis en los templos paganos, dejándose el cabello suelto (véase 11.5: «la cabeza descubierta» —en griego, *akatakalupto*: «descubierta» o «sin velo»). Para Pablo, el peligro de deshonrar a Dios en la adoración y trastornar las distinciones de género establecidas por el orden de la creación, eran problemas considerables.

Sin embargo, más serio todavía eran el desacuerdo y falta de unidad que Pablo veía en la iglesia de Corinto sobre estos asuntos que él consideraba de poca consecuencia, comparados con el de mantener la paz y la unidad en la iglesia, especialmente en cuestiones de adoración. La adoración apropiada a Dios y la unidad de la asamblea —especialmente «cuando os reunís» para adorar a Dios como iglesia— era más importante que el uso de los velos. Por lo tanto, Pablo pide que las mujeres que oran o profetizan en el culto público de la iglesia cristiana usen velos, como se acostumbraba en la cultura religiosa tanto judía como gentil. No les pide que *cesen* de orar o profetizar públicamente, pero que sí usen los velos de costumbre durante ese tiempo de participación en la adoración pública. De otra manera, sin esta intervención y decisión por parte de Pablo, no cesarían en Corinto las discusiones y pleitos sobre este aspecto de la adoración. Por lo tanto, Pablo termina su argumento y petición con estas palabras retadoras: «Con todo, si alguno quiere discutir, sepa que ni nosotros ni las iglesias de Dios tenemos tal costumbre» (11.16). Ni la costumbre de no usar velos en público de parte de las mujeres, ni la costumbre de discutir sobre el asunto, son cosas que Pablo practica en otras de sus iglesias. Tampoco debe ser así en Corinto.

### *Implicaciones para hoy*

Este pasaje tiene tres enseñanzas básicas. Primero, está la importancia de la adoración en la iglesia y la necesidad de hacer todo cuanto se pueda para adorar a Dios lo mejor posible. La unidad en la adoración tiene prioridad sobre los cabellos y los velos. Segundo, este pasaje muestra que las iglesias primitivas, inclusive las iglesias paulinas, ofrecían oportunidad para que las mujeres creyentes participaran en la adoración, en maneras públicas tales como la oración y la predicación, exhortación o revelación, de alguna verdad nueva (todas posibles interpretaciones del término «profecía»). La única limitación que Pablo estipula, por razón de mantener las distinciones de género establecidas por el orden de la creación, el de la naturaleza (cabello largo para mujeres) y la costumbre (las mujeres han de orar con la cabeza cubierta), era que las mujeres debían usar velos cuando participaran activamente en la adoración pública de la iglesia. Tercero, es importante notar que Pablo reconoce la necesidad de entender bien la cultura y costumbres propias, cómo la fe causa impacto sobre esa cultura y cómo la cultura lo causa sobre la fe —y también cómo distinguir entre los asuntos verdaderamente importantes y los que no lo son, cuando la cultura y la fe aparentan estar en conflicto. Algunos asuntos —por ejemplo, la unidad en la adoración y la participación de todos, varones y mujeres— son más importantes que otros, por ejemplo, el uso de velos de las mujeres en el culto, como se acostumbraba en el mundo antiguo.

Sin embargo, este pasaje *no* enseña que las mujeres siempre deben usar velos en la adoración. Esto era una costumbre antigua, y sigue siéndolo entre muchos grupos hoy día, inclusive en el Levante. Pero estas palabras de Pablo se limitan a la situación de sus días, y su propósito era establecer la paz, la unidad y el orden en los cultos cristianos. Tampoco este pasaje enseña que haya que ponerle límites —aparte del uso de velos como costumbre de aquel entonces— al ministerio de las mujeres. Pueden, dice Pablo, orar y profetizar en público. Lo único que se les pide es que se cubran la cabeza. En el próximo pasaje, Pablo enfatiza todavía más la importancia de la unidad cuando la comunidad se une en adoración a Dios —inclusive en la Santa Comunión, la cena dedicada a Cristo Jesús.

## Abusos en la Cena del Señor: 11.17-34

### *El problema se plantea: 11.17-20*

Pablo continúa con más instrucciones sobre lo que ha de hacerse cuando la iglesia está reunida: «Cuando os reunís como iglesia, oigo que hay entre vosotros divisiones» (11.18a). El problema de divisiones es algo que Pablo ha tratado al comienzo de esta carta (véase 1.10ss).

Aquí el asunto es más especifico y quizás, para Pablo, aun más serio que la división entre los líderes (1.10—4.21). Se trata, como mencionamos arriba, de la cena ritual que simboliza la muerte sacrificial de Cristo Jesús: «Cuando, pues, os reunís vosotros, eso no es comer la cena del Señor» (11.20). Aunque la iglesia sí celebra la cena del Señor, Pablo dice que la celebra de tal forma que en su efecto «no es comer la cena del Señor». La razón de tal evaluación de la Cena celebrada por la iglesia de Corinto son las divisiones que allí existen: «Al comer, cada uno se adelanta a tomar su propia cena; y mientras uno tiene hambre, otro se embriaga» (11.21).

Antes de profundizar más sobre la naturaleza de estas divisiones en la Cena del Señor, es importante notar de nuevo la alabanza que los corintios aparentemente se dan a sí mismos. En 11.2, Pablo les encomia por sus buenas actitudes y prácticas respecto a las enseñanzas que él les dejó, pero luego corrige sus actitudes respecto al velo de las mujeres en la adoración (11.3-16). Aquí en 11.17, Pablo *no* los alaba, precisamente porque estos abusos en la Cena del Señor son mucho más serios que la cuestión del uso del velo de las mujeres, «porque no os congregáis para lo mejor, sino para lo peor» (11.17).

Segundo, aunque denunció antes las divisiones entre líderes (1.10—4.21) y aquí denunciará las divisiones en la Cena del Señor (11.22), Pablo también afirma que tales divisiones son parte de lo que se espera en «los últimos días»:

> . . . oigo que hay entre vosotros divisiones; y en parte lo creo. Es preciso que entre vosotros haya divisiones, para que se pongan de manifiesto entre vosotros los que son aprobados. (11.18-19)

Resulta obvio en sus argumentos contra las divisiones y a favor de la unidad a través de toda esta carta, que Pablo no gusta de los desacuerdos entre creyentes sobre asuntos teológicos y especialmente sobre prácticas morales. Son un peligro para el bienestar y buen testimonio del evangelio, especialmente ante los no creyentes. Sin embargo, en 11.18-19 parece que Pablo entiende que la división es inevitable, pues tiene un papel importante para determinar no sólo quién será «aprobado» por Dios en el juicio final, sino también quién es verdadero creyente.

Por lo tanto, Pablo hace aquí lo que no hace en 1:10ss: afirma la naturaleza escatológica de estas divisiones. Pablo está convencido de que hay una necesidad divina —«es preciso» o «es necesario»— que las divisiones acompañen el fin, tal como Jesús enseñó según los Evangelios (véase, por ejemplo, Mc 13 y Mt 24 y 25). Las divisiones son parte necesaria, aunque no buena, del proceso divino de probar y discernir (el significado amplio de la palabra favorita de Pablo «aprobar» [en griego, *dokimazo*], que incluye la idea de «probar para aprobar») la verdadera fidelidad a Dios. Dios utiliza las divisiones (y otros problemas semejantes creados por los humanos) para probar y aprobar a quienes son creyentes fieles y auténticos, y que, de esa manera, escaparán el juicio final (véase también más adelante 11.28-32, un pasaje repleto de lenguaje escatológico y del tema del juicio).

### Algunos detalles del problema: 11.21-22

¿Cómo es posible que algunos creyentes se adelanten al comer la Cena del Señor, dejando hambrientos a otros hermanos y hermanas? Y, ¿cómo es posible que tales creyentes que se adelantan a los demás y que hemos de asumir son pudientes, pues parecen actuar como anfitriones de las reuniones, hasta se embriaguen en un culto al Señor (véase 11.21)? Por todo eso es que Pablo dice «no es» la Cena del Señor lo que comen (11.20). Son como las fiestas que los miembros elitistas de la ciudad de Corinto están acostumbrados a celebrar en sus hogares, invitando a otros como ellos. Ahora, esos mismos creyentes elitistas, quienes, probablemente a causa del tamaño de sus casas, son anfitriones en las reuniones de cristianos en Corintio y, antes que toda la comunidad esté presente —especialmente los de clase obrera, los pobres, y los esclavos— celebran lo que acostumbran: cenas lujosas, con bebidas que embriagan a algunos de ellos. Luego, cuando el resto de la comunidad cristiana está presente, hacen la ceremonia de la Santa Cena, y todo lo que les toca a los miembros marginados de la comunidad es el pan y el vino de la Cena ceremonial en nombre de Cristo.

Para Pablo, tal división sobre la base del estado social no se puede tolerar en la iglesia del Señor, especialmente en la celebración de la Cena del Señor. Pablo se pregunta: ¿Cómo puede haber glotonería y borracheras de un lado, y hambre y pobreza por el otro, en la reunión misma de lo que debe considerarse una sola comunidad de fe? Pablo dice que los hogares privados pueden usarse para cenas sociales entre los más pudientes, si es necesario: «Pues qué, ¿no tenéis casas en que comáis y bebáis?» (11.22a). Pero fuera de eso, y especialmente cuando la familia de Dios se reúne en adoración a su Dios bajo la autoridad de Cristo Jesús, Pablo les dice a esos miembros elitistas que «menospreciáis a la iglesia de Dios» (11.22b) con sus prácticas de cenas lujosas antes de que participen los otros miembros más pobres de la comunidad —«los que no tienen nada». Al faltarles respeto y no rendir honor, no sólo a Cristo, sino a todos sus hijos e hijas, inclusive a los más pobres de la comunidad, los anfitriones de estos hogares de reunión, probablemente las personas más pudientes de la iglesia, «avergonzáis a los que no tienen nada» (11.22b). Para estos pudientes, Pablo no tiene ninguna palabra de alabanza o aprecio (11.22c). Esto termina en ser un reto bastante fuerte para las personas más ricas de la comunidad de fe, acostumbradas como están, a ser apoyadas en todas sus decisiones, tanto económicas como religiosas. No obstante, a través de esta carta, Pablo ha estado retando a los más pudientes de esta comunidad, llamándoles a que no dependan de su estado socioeconómico para establecer su estado espiritual. Pablo afirma esta enseñanza como parte de un rito espiritual muy importante para la fe cristiana desde sus primeros días: la Cena del Señor.

### *Las palabras de institución: 11.23-26*

Para demostrar la seriedad del asunto, Pablo cita las palabras de institución de la Cena del Señor. Estas palabras, con algún ajuste contextual, las vemos incluidas en los Evangelios Sinópticos (Mt 26.26-29; Mr 14.22-25; Lc 22.14-20). Esos Evangelios fueron escritos años después de estas palabras de Pablo. No hay duda, dada la forma paralela los pasajes en los Evangelios, que las palabras eran parte ya de la ceremonia de la Santa Cena cuando Pablo las cita. Jesús mismo dijo algo similar en su última cena con sus discípulos, y las palabras formaron una tradición de «institución», o sea, de establecer un rito de comer como memorial del sacrificio de Jesús para la humanidad. Tal sacrificio fue para todos y todas sin acepción de personas (como Pablo enseña en Romanos 2.11, 3.22-23, 10.12-13). Los creyentes de Corinto que crean división en medio de la cena, en vez de unidad, contradicen el sentido de la cena, ya que el sacrificio de Cristo es para todos y todas, sin acepción de personas. Al celebrar una cena con prácticas exclusivistas, abusan de la cena y corren el riesgo de traer juicio sobre sí mismos. Por eso Pablo cita las palabras rituales en este contexto.

Vale la pena notar aquí algunos detalles de cómo Pablo cita las palabras. Primero, nótese su énfasis en recibir y transmitir («enseñar») estas palabras. En griego la palabra «recibir» tiene el significado de pasar una tradición de una generación a otra. Pablo recibe para transmitir lo que ya para su época —poco más de dos décadas después de que Jesús vivió en la tierra— se había convertido en una tradición: la Santa Cena y las palabras de institución. Dos décadas después de Pablo, todavía la está citando, más o menos en la misma forma, otro grupo de creyentes, los lectores del Evangelio según Marcos. Luego las citan Mateo y Lucas, también con pocos cambios. Pablo les deja saber a los corintios que la cena dedicada a Jesús es algo sagrado a lo que se asocian palabras sagradas, solemnes y duraderas.

Segundo, las palabras hacen hincapié sobre la cena como un memorial de la muerte de Jesús. El pan representa el cuerpo entregado a una muerte de sacrificio: «esto es mi cuerpo que por vosotros es partido; haced esto en memoria de mí» (11.24). Entre los evangelistas, solo Lucas 22.20 incluye la idea de la cena como un recordatorio o memorial. Y este recordatorio se hace repetidamente como un «anuncio» a largo plazo, «hasta que él venga» (1 Co 11.26). El drama de la cena «habla»; es un anuncio del significado de la muerte de Jesús. Por lo tanto, no se debe tomar levemente, como cualquier cena social que se celebra para anunciar los logros económicos de una familia, pues se trata de un sacrificio con implicaciones universales.

Por último, vale notar que la copa representa un «nuevo pacto» a través del derramamiento de sangre —como la muerte de un cordero en el sistema de sacrificios del judaísmo antiguo. De nuevo, solo Lucas y Pablo hablan de un *nuevo* pacto; los otros Evangelios (Marcos y Mateo) hablan del pacto que crea la sangre de Jesús, pero no necesariamente de algo nuevo, sino en continuidad con el pacto antiguo de Dios con Israel. En otros pasajes, Pablo describe la continuidad entre Israel y las comunidades cristianas (véase por ejemplo Romanos 9 al 11), pero aquí Pablo, como Lucas, enfatiza la novedad de lo que Cristo ha hecho con su entrega a la muerte por la humanidad. Sin embargo, aunque los Evangelios enfatizan que la sangre fue derramada «por muchos» (Mc 14.24, Mt 26.28; véase Lc 22.20: «para ti»), Pablo enfoca la atención sobre la memoria creada por el hecho de beber la copa que representa la sangre (1 Co 11.25).

No obstante estas distinciones, Pablo enfatiza elementos consistentes en la celebración de la cena: el pan, la copa, la muerte de Jesús, el recordatorio de esa muerte, representado por comer el pan y beber de la copa, y el contexto escatológico en el cual se hace la celebración, esto es, que se participa continuamente en el memorial, hasta el regreso de Cristo: «Así pues, todas las veces que comáis este pan y bebáis esta copa, la muerte del Señor anunciáis hasta que él venga» (11.26). De esta manera, Pablo trata de despejar cualquier duda sobre la importancia de la Cena del Señor y subraya su solemnidad, la cual se intensifica aun más en el próximo pasaje.

### Aplicación de las palabras de institución a la situación en Corinto: 11.27-32

Pablo le añade todavía más a la seriedad con la cual se debe participar de la Cena del Señor, con este pasaje repleto de lenguaje jurídico. Doce veces en este pasaje de 1 Corintios 11.27-34, Pablo emplea lenguaje e imágenes de prueba, juicio, condenación o castigo. Declara que la manera en que los creyentes en Corinto comen la Cena del Señor, con una división entre ricos y pobres, es «indigna» (11.27, 29) del Señor de la Cena —la división social le quita el debido valor a la Cena. Es como si esas personas mismas que causan la división fuesen «culpables» de la muerte de Jesucristo (11.27b).

Por lo tanto, es necesario un cuidadoso inventario o «prueba» de las motivaciones que uno tiene al participar de la Cena (11.28). De esa manera evita «juicio» (gr. *krima*) sobre sí mismo (11.29b). Hay que «discernir» (gr. *diakrinon*, hacer buen juicio) para entonces comer debidamente (11.29a). La falta de buen juicio o discernimiento puede ser la causa de algunas enfermedades o aun muertes entre los creyentes en Corinto, dice Pablo (11.30). Por lo tanto, el juicio final, escatológico, ya se está demostrando en la iglesia en Corinto, aun entre creyentes, pero no en la manera que muchos en Corinto esperan, con prepotencia y gloria (véase 1 Co 4.8). Hay enfermedad y muerte por la falta de atención a una práctica correcta, saludable y unida de la Cena del Señor. Este «juicio» presente que anticipa el juicio final (gr. *ekrinometha*), se puede evitar con una autodisciplina de juicio personal correcto (gr. *diekrinomen*) (11.31). Nótese, en particular, cómo Pablo enfatiza el «discernimiento del cuerpo» como clave para un juicio sin culpabilidad. Aquí, Pablo hace un juego de palabras con el «cuerpo» de Cristo y el «cuerpo» de la iglesia. Algunos en Corinto, los más pudientes, no han discernido bien de quiénes se compone el cuerpo, o sea, la iglesia de Cristo —de todos y todas sin importar su estatus social en la sociedad de fuera de la iglesia. Por lo tanto, han fallado en su «juicio» o «discernimiento» (gr. *diakrinon*) y, de esa manera, han adelantado el juicio escatológico (gr. *krima*) y su efecto en su vida en el presente. Nótese cuántas variantes de la palabra «juicio» Pablo usa en este pasaje. Un buen juicio, (determinación, discernimiento) de parte de los creyentes en el ahora, impacta positivamente su futuro en la escatología divina. Pero Pablo añade que lo opuesto es verdad también: un mal juicio, una mala determinación en la práctica de la fe, puede traer consigo un juicio final negativo.

Sin embargo, Dios es misericordioso y a falta de ese buen discernimiento entre los creyentes ha provisto un juicio presente (gr. *krinomenoi)* que castiga, pero en forma de enseñanza o advertencia (gr. *paideuometha,* de la misma raíz de donde viene nuestra palabra «pedagogía»), para que los culpables de este mal juicio o discernimiento no experimenten condenación en el juicio final, junto «con el mundo» (11.32). No hay duda de que Pablo ve en sus palabras de este pasaje la advertencia divina, necesaria en esta situación donde se practica incorrectamente la Cena del Señor.

### Conclusión de la advertencia sobre la Santa Cena: 11.33-34

Pablo da sus últimas instrucciones sobre el asunto: «Así que, hermanos míos, cuando os reunáis a comer, esperaos unos a otros. Si alguno tiene hambre, que coma en su casa, para que no os reunáis para condenación» (11.33-34). De nuevo les recuerda que esto es cuestión de la iglesia en reunión, especialmente, en reunión para celebrar la Cena del Señor. Los creyentes pudientes no se deben adelantar con sus cenas particulares para sus clases sociales. Éstas se pueden hacer en sus hogares, cuando no es ocasión de la reunión de toda la asamblea. En tales casos, se trata de un evento social y no, necesariamente, de la reunión de la iglesia del Señor. Juntar la comida social con la comida espiritual de la Santa Cena, y excluir de esta última a las clases sociales más bajas de la comunidad, es digno de «condenación», o sea, trae juicio y castigo escatológico sobre los culpables —y los trae en el presente. «¡Que coman en sus hogares!», dice Pablo. La iglesia del Señor es para comer cenas que incluyan a todos los creyentes, hombres y mujeres. Pablo termina diciendo que dará instrucciones más específicas sobre este asunto cuando haga presencia entre ellos. El tema era complejo y serio, y era necesario dar más instrucciones en persona.

### Enseñanzas para hoy

La importancia de la Santa Cena en la práctica del creyente y la iglesia resuena en este pasaje. Sin embargo, la naturaleza de la iglesia, como una comunidad que acepta e involucra a personas de todas las clases sociales, también se enfatiza. El llamado a «discernir el cuerpo» para practicar la Cena del Señor correctamente es una advertencia de la importancia del sentido de unidad y apertura que debe haber en la asamblea. El llamado no se hace en un espíritu de juicio que cierre las puertas a quienes participen en la iglesia y en la Cena del Señor. Lo que Pablo procura en este pasaje es la inclusión de todos, especialmente, en la práctica de la mesa del Señor. A veces, la práctica «indigna» excluye a algunas personas de la cena, cuando Pablo enfatiza la necesidad de incluir a todas las personas, inclusive las *non gratas*, tales como los pobres de la ciudad de Corinto.

Es importante notar, también, que este pasaje contiene el más antiguo texto que tenemos de las palabras de institución de la Cena del Señor. Su formalidad y dignidad sobresalen y, en este caso, sirven de ayuda teológica para corregir unas prácticas morales y sociales incorrectas e injustas en Corinto. El hecho de que hoy tantas iglesias cristianas citan estas mismas palabras de 1 Corintios 11.23-26 en sus ceremonias eucarísticas atestigua su importancia. El pasaje también apunta a la creencia en el retorno de Jesús y en un juicio final como elementos básicos de la escatología paulina: «Así pues, todas las veces que comáis este pan y bebáis esta copa, la muerte del Señor anunciáis hasta que él venga» (11.26).

## Diversidad de los dones del Espíritu: 12.1-31

### Introducción

En vez de analizar cada detalle, nuestro propósito en esta sección será trazar el pensamiento de Pablo en 1 Corintios 12.1—14.40, donde discute en general varios dones disponibles en la iglesia para el bienestar de la iglesia. Específicamente, Pablo busca resolver el énfasis de algunos en Corinto en uno sólo de esos dones, el de hablar en otras lenguas.

Como nuestro resumen al final de esta sección explicará, una vez más Pablo procura el orden en la adoración de la congregación corintia, pues sus cultos están fuera de lugar a causa del énfasis en un don, y porque quienes lo practican lo colocan por encima de otros dones y se colocan a sí mismos por encima de otras personas de igual o hasta más importancia para la iglesia como un todo.

### Los dones en Pablo y el criterio cristológico: 12.1-3

Son pocos los otros pasajes en la literatura paulina sobre los dones espirituales de que Dios ha dotado a su iglesia y a los creyentes: Romanos 12.6-8 y Efesios 4.1-16. El tema también aparece en una carta no paulina, 1 Pedro 4.10-11. El pasaje que ahora estudiamos, 1 Co 12, con dos listas de dones, y con guías sobre cómo usar los dones correctamente, es más extenso que todos esos otros.

Pablo incluye un contexto cristológico para el buen discernimiento en el uso de esos dones: «Por tanto, os hago saber que nadie que hable por el Espíritu de Dios dice de Jesús: "¡Sea anatema!", como tampoco nadie puede exclamar: "¡Jesús es el Señor!", sino por el Espíritu Santo» (1 Co 12.3). Cualquier don que se use en la obra de la iglesia, tanto en la adoración como en el diario vivir, debe demostrar el señorío de Jesús el Cristo. Aquí, Pablo centra su atención en los dones del hablar: el «que hable por el Espíritu» dice que Jesús es el Señor en todo lo que esa persona proclama. Aunque otros dones se discuten en este pasaje, hay que repetir que el don de hablar en lenguas es el tema principal. No importa el poder o habilidad espiritual que el don de lenguas muestre, si no se proclama el señorío de Cristo, no se está usando apropiadamente. Es como cuando los creyentes eran paganos y visitaban sus templos y a sus dioses. Aunque estuviesen conmovidos o inspirados como participantes, estaban tratando sólo con «ídolos mudos» (12.2). Si lo que se habla no produce testimonio de Jesús, es mejor permanecer callado, porque en tal caso, el Espíritu de Dios no está presente.

### Diversidad de dones: 12.4-11

Con este principio cristológico establecido como criterio que muestra que una experiencia religiosa se puede discernir como sinceramente cristiana (12.2-3), Pablo entra a la extensa discusión sobre los dones espirituales en el contexto de la adoración congregacional. En general, lo que sigue contiene lo que se llama en la retórica literaria un quiasmo de tipo A, B, A'. (Un quiasmo es una estructura concéntrica en la que el meollo de la cuestión, o el punto que se quiere subrayar, se encuentra en el centro, y alrededor de él hay elementos paralelos y correspondientes entre sí, cada uno después del centro en paralelo con cada uno antes del centro. Por ejemplo, en un quiasmo de estructura A, B, C, B', A', el punto que se quiere subrayar es C. El primer elemento del pasaje, A, es paralelo al último, A'; y B es paralelo a B'. Luego, un quiasmo de tipo A, B, A' es el más sencillo de todos.)

En el quiasmo de este pasaje, vemos: A, los dones espirituales (12.4-30); B, el motivo apropiado para la manifestación de los dones, el amor (12.31-14); A', de nuevo el tema de los dones espirituales (14.1b-40). Aun dentro de cada una de estas secciones del quiasmo, la estructura literaria que Pablo utiliza es un quiasmo también, por ejemplo, en el capítulo 12: (A) la variedad de dones (12.4-11); (B) la unidad del cuerpo (12.12-27); y (A') la variedad de dones (12.28-30). La porción del quiasmo que estudiamos ahora es la primera (12.4-11), que es paralela a la tercera (12.28-30).

Lo que le da unidad al pensamiento de 12.4-11 es la idea de que «el mismo Espíritu» (véase 12.4, 11) otorga la variedad de dones que existen en la iglesia. En sí, la persona del Espíritu domina en este párrafo y lo liga con 12.1-3. El tema de 12.4-11 es la variedad de dones. Comparando este pasaje con el de Romanos 12.6-8, donde la lista de dones es diferente, resulta claro que para Pablo los «dones espirituales» incluyen tanto los sobrenaturales como los naturales. Aquí, en 1 Corintios, habla de «dones» (12.4), «ministerios» (o «servicios») (12.5) y «actividades» (u «obras») (12.6). Más adelante, habla no sólo de dones de sanidad, milagros y lenguas, sino también de sabiduría, conocimiento y fe. En la lista al final del capítulo 12, incluye la administración y la ayuda en general como parte de los dones que el Espíritu le da al liderato de una congregación (12.28). En Romanos 12, Pablo incluye los dones del servicio, la enseñanza, la exhortación, la contribución económica y la misericordia, entre otros (Ro 12.6-8). En todo esto, Pablo quiere dar una visión más amplia de lo que es un don espiritual. Parece que en Corinto el enfoque estaba en los dones más poderosos y sobresalientes, especialmente, el don de lenguas, que Pablo pone último en las dos listas de este capítulo 12, de 1 Corintios.

Por eso Pablo también enfatiza la diversidad de los dones y el bienestar de la comunidad en su uso. Aunque hay diversidad en los dones, es un solo Dios quien los da, aunque ese Dios se manifieste como Espíritu y Señor (véase 12.4-6). Hasta el Dios único se manifiesta en diversidad. Aunque Pablo nunca usa la palabra «Trinidad», sí habla en varias ocasiones de Dios el Padre, del Señor Jesucristo, y de la obra del Espíritu Santo (véase, por ejemplo, 1 Ts 1.1-10, donde también habla de Jesús como el Hijo que vendrá del cielo en los últimos días). Aquí, en 1 Corintios, el mismo Dios, Señor y Espíritu, inspira la manifestación de los dones en todo creyente, en servicio y acción, para el bienestar de la iglesia como colectividad. A través de todo este pasaje, Pablo enfatiza la «edificación» de la iglesia como el propósito primordial de los dones. Esta idea se ve claramente en 12.7: «Pero a cada uno le es dada la manifestación del Espíritu para el bien de todos.»

Con estas expectativas —la diversidad de dones, por el poder de un solo Dios, para encaminar a toda la comunidad— Pablo da ejemplos de algunos de esos dones que se manifiestan en la iglesia a través de la obra de Dios Espíritu:

> A uno es dada por el Espíritu palabra de sabiduría; a otro, palabra de conocimiento según el mismo Espíritu; a otro, fe por el mismo Espíritu; y a otro, dones de sanidades por el mismo Espíritu. A otro, el hacer milagros; a otro, profecía; a otro, discernimiento de espíritus; a otro, diversos géneros de lenguas, y a otro, interpretación de lenguas. (12.8-10)

En esta lista, que tiene como propósito disminuir la importancia que se le da al don de lenguas, Pablo empieza con dones que, por otras partes de esta carta, sabemos que les resultaban agradables a los creyentes en Corinto —la sabiduría (1.18-31) y el conocimiento (8.1-13). Pablo afirma que el Espíritu sí dota a creyentes individuales de palabras sabias e inteligentes que compartir para el bienestar de la comunidad. También afirma que, como en el ministerio de Jesús y aun en el de él mismo, un creyente puede tener fe que se demuestre en sanidades y en milagros. En sí, cada sanidad es una manifestación del don (regalo) de Dios (son «dones de sanidad»). Pero también hay dones orales, y no sólo físicos. La profecía, como Pablo aclarará en 1 Corintios 14, es muy importante en este particular, porque representa la proclamación del mensaje de Dios en forma inteligible para todo miembro de la iglesia. A veces, dice Pablo, necesitamos creyentes dotados con la habilidad de determinar el espíritu de una profecía, para saber si es verídica o no. Finalmente, está el don de hablar en lenguas no inteligibles, sobre el que Pablo dirá más en 1 Corintios 14. Éste es más bien un regalo de oración privada, cuando la inteligibilidad no es tan importante como en contextos públicos de adoración y predicación (que es lo que «profecía» quiere decir). Para mostrar que la importancia que se le da al don de lenguas tiene que disminuir en Corinto, Pablo añade otro don: el de hacer el idioma extático inteligible en una reunión pública. El don que algunas personas en la iglesia de Corinto consideran supremo necesita la ayuda de otro don, y ambos aparecen como últimos en la lista de dones intelectuales, físicos y verbales.

Lo que gobierna el uso de estos dones es que vienen del Espíritu de Dios, y sólo ese Espíritu determina a quién se le otorgarán, cuándo y cómo: «Pero todas estas cosas las hace uno y el mismo Espíritu, repartiendo a cada uno en particular como él quiere» (12.11). Nótese que Pablo dice en este pasaje que el Espíritu reparte dones, uno a este creyente y otro a esta otra creyente. Nadie en Corinto puede decir que posee uno u otro don más que algún otro creyente. De nuevo, el Espíritu determina quién, cuándo y cuál. Lo que Pablo quiere fomentar es la humildad de todo corintio dotado de algún don espiritual, algunos de ellos abiertamente poderosos, y no que tales dones coloquen a algún creyente por encima de otros. Si es manifestación del Espíritu, ¿quién se puede gloriar? (un tema importante desde el comienzo de la carta; véase 1 Co 1.26-31). En el próximo pasaje, Pablo se dirige más específicamente al tema de la importancia de todo creyente en el uso de los dones espirituales.

### Importancia de todo don: 12.12-26

En esta sección del argumento, Pablo se centra en la unidad orgánica de la comunidad cristiana. Hace uso de la metáfora del «cuerpo» (gr. *soma*), utilizada extensamente en la antigüedad como una analogía para un cuerpo político o del gobierno y todos sus miembros (12.12). El cuerpo también es símbolo de la unidad orgánica de la iglesia, aun con su multiplicidad. Esa multiplicidad, sin embargo, también apunta hacia la importancia de la igualdad entre los varios miembros de la comunidad, de igual modo que en el cuerpo humano, o en un cuerpo político en la sociedad —aunque en el Imperio Romano no se pensaba de ese modo. La diversidad de habilidades humanas redundaba en beneficio del imperio (el «cuerpo» político), pero no todos eran de igual importancia en tal imperio. Pablo, en la segunda parte de este pasaje, argumenta que hay variedad de personas, y de dones en estas personas, pero todos y todas son importantes para que la comunidad —el «cuerpo»— funcione bien (12.14-20). Así es el cuerpo humano, y así debe ser en un cuerpo político, o cualquier organización. Y así debe ser en la iglesia, el cuerpo de Cristo: «así también Cristo» (12.12c).

Pablo da una razón teológica para esta unidad corporal: «Porque por un solo Espíritu fuimos todos bautizados en un cuerpo, tanto judíos como griegos, tanto esclavos como libres; y a todos se nos dio a beber de un mismo Espíritu» (1 Co 12.13). En Gálatas 3.28, Pablo habla de la unidad que el bautismo en agua trae a los diferentes miembros de la comunidad (eslavo y libre, mujer y hombre, judío y gentil). Aquí cita dos de esos pares (judío y gentil, esclavo y libre). ¿Qué pasó con lo del hombre y la mujer? Quizás, los problemas que ya hemos visto acerca de las mujeres en Corinto —problemas matrimoniales (7.1-40), y problemas en la adoración (11.2-16 y más adelante en 14.37-40)— sean la causa por la que Pablo, en este contexto presente, limite sus referencias sobre la igualdad entre mujeres y hombres —lo cual es lamentable en la historia de la interpretación del papel de las mujeres en la iglesia cristiana.

Sin embargo, Pablo sí habla positivamente de la igualdad entre los miembros y los dones en la iglesia del Señor, el cuerpo de Cristo. En primer lugar, todos beben de un mismo Espíritu, como en la Cena del Señor. Segundo, son muchos los miembros, como en el cuerpo físico (12.14). Tercero, estos miembros son interdependientes, como el pie con la mano, y la oreja con el ojo (12.15-16). Si no hubiera ojo o pies, y todo el cuerpo se compusiera de oreja y mano, no funcionaría bien. De igual manera, dice Pablo, la iglesia necesita que cada miembro ejerza su don según la necesidad del cuerpo como un todo, porque esto es la voluntad de Dios, quien creó no sólo el cuerpo humano, sino también su iglesia (12.17-19). Por esto mismo, dice Pablo, es que los miembros son muchos, para que haya suficientes dones a favor del bienestar de la comunidad: «Pero ahora son muchos los miembros, aunque el cuerpo es uno solo» (12.20).

Además de la unidad, diversidad e interdependencia, Pablo enfatiza la importancia de todo miembro, de cualquier clase social: «Ni el ojo puede decir a la mano: "No te necesito", ni tampoco la cabeza a los pies: "No tengo necesidad de vosotros"» (12.21). Aun «los miembros del cuerpo que parecen más débiles, son los más necesarios» (12.22). Esto es una referencia tanto a la división entre ricos y pobres en la Santa Cena, como al enaltecimiento del don de lenguas por encima de cualquier otro don: «y a aquellos miembros del cuerpo que nos parecen menos dignos, los vestimos más dignamente; y los que en nosotros son menos decorosos, se tratan con más decoro» (12.23). Pablo hace la analogía con el cuidado que les damos a las partes privadas del cuerpo. Aunque son «menos decorosas», o sea, tienen menos honor o apariencia agradable, las vestimos mejor y más —«se tratan con más decoro». De esa manera, dice Pablo, tratamos mejor a los supuestamente más débiles miembros del cuerpo. De la misma manera, en la iglesia debemos tratar con honor a los más pobres y a quienes ejercen ministerios, aparentemente, menos poderosos, porque todos son de igual importancia en la obra del «cuerpo de Cristo»: «Pero Dios ordenó el cuerpo dando más abundante honor al que menos tenía, para que no haya divisiones en el cuerpo, sino que todos los miembros se preocupen los unos por los otros» (12.24b-25).

Esta visión de igualdad e interdependencia se dirige al tema del uso del don de lenguas como don primordial en la obra de la iglesia, pero también responde a las divisiones socioeconómicas y teológicas en Corinto. Tales divisiones causan el maltrato de un grupo de creyentes, usualmente, los más pobres o «débiles» de la comunidad, en asuntos sociales como el comer juntos (1 Co 8–10; 11.17-34), asuntos rituales como la Santa Cena (11.17-34) y asuntos de adoración y del uso de los dones espirituales (12 al 14). Aquí, Pablo contrarresta estas tendencias con argumentos que culminan con las siguientes palabras: «De manera que si un miembro padece, todos los miembros se duelen con él, y si un miembro recibe honra, todos los miembros con él se gozan» (12.26). En último análisis, para Pablo, la interdependencia y la eliminación de la división social es asunto de cuidado pastoral en la iglesia del Señor. Por eso, se dirige principalmente a los dones más bien pastorales y de liderato en su próxima lista de dones espirituales.

### Otra lista de dones: 12.27-31

Pablo comienza este párrafo con un resumen sobre la unidad e interdependencia que acaba de defender: «Vosotros, pues, sois el cuerpo de Cristo y miembros cada uno en particular» (12.27). De nuevo, aunque cada uno tiene diferentes dones que ofrecer, todos son un sólo cuerpo u organismo, que le pertenece a Cristo y funciona unido a favor del mensaje y misión de Cristo en la tierra. Por lo tanto, Pablo repite la idea de diferentes habilidades disponibles en ese organismo llamado iglesia o cuerpo de Cristo. En esta ocasión trata principalmente de dones de liderato y de servicio, disponibles en la iglesia:

> Y a unos puso Dios en la iglesia, primeramente apóstoles; luego, profetas; lo tercero, maestros; luego, los que hacen milagros; después, los que sanan; los que ayudan; los que administran; los que tienen don de lenguas. (12.28)

De nuevo, el don de hablar en otras lenguas aparece al final de la lista. Resulta claro que Pablo quiere enfatizar los dones que ayudan y edifican a la mayoría de la iglesia, y no sólo a algunas personas en la comunidad.

Además, en este contexto, Pablo quiere enfatizar la importancia del liderato de mantener cierto orden en la iglesia, especialmente en la conducta durante la adoración en común. Por lo tanto, Pablo afirma que «Dios puso» a algunos como apóstoles, profetas y maestros, en ese orden de importancia. Es significativo que Pablo comience la lista con los apóstoles y termine con el don de lenguas, porque, de esa manera, afirma su autoridad como apóstol para refrenar el abuso del don de lenguas. Apóstoles, en el contexto de las cartas paulinas, son aquellos que abren nuevos campos de presencia evangélica y establecen nuevas asambleas que representen correctamente ese evangelio de Jesucristo. No se refiere solo a los doce discípulos originales, como en los Evangelios Sinópticos, o en Hechos, donde Pablo no se nombra como uno de los apóstoles en el sentido de que caminara con Jesús en la tierra. Para Pablo, un apóstol es un misionero a campos nuevos donde el evangelio no ha llegado, o un «mensajero» de una región del evangelio a otra, en caso de personas como Epafrodito (Flp 2.25) y de unos mensajeros suyos, enviados de Éfeso a Corinto (2 Co 8.23). En sí, la palabra «apóstol» significa «enviado». Hay otros apóstoles, por supuesto, en el cristianismo antiguo, pero Pablo es el apóstol de sus iglesias, y por eso las defiende tan arduamente en sus cartas y, como veremos en 2 Corintios en particular, defiende su autoridad apostólica contra otros que pretenden ejercer autoridad en comunidades paulinas.

Un profeta es uno que aclara la voluntad de Dios para el pueblo de Dios. Por eso está ligado al don de enseñanza. Su tarea principal no es predecir el futuro, como a veces pensamos hoy, sino determinar el «así dice el Señor» para la comunidad de fe en el presente (aunque sí a la luz del futuro escatológico). Para Pablo, éste es un don de suma importancia y más adelante (capítulo 14) veremos cómo enfatiza el papel primordial del profeta en la adoración (véase en particular 14.1-5). Hoy diríamos que el profeta o la profetisa son, más bien, predicadores en la iglesia, siempre y cuando tal portavoz hable en conformidad con la voluntad de Dios para el pueblo de Dios. Los maestros y maestras enseñan la palabra de Dios. En la carta paulina a la asamblea de Éfeso, el papel del pastor de una iglesia se conecta con el ministerio de enseñanza (véase Ef 4.11).

Pablo repite que hay dones de milagros y sanidad dentro de la iglesia —dones ejercidos por varios individuos— pero aquí también añade dos dones nuevos, y los coloca después de los más famosos y visibles dones de milagros y de sanidad, aunque antes del don de lenguas, quizás, el más respetado en Corinto. Con esto, Pablo envía otro mensaje. No sólo los apóstoles, profetas y maestros son más importantes que el hablar en lenguas, sino que los dones de ayuda y de administración tienen un valor semejante a los milagros y sanidades —y, ciertamente, más importantes que las lenguas para el bienestar de la iglesia. ¿A qué se refieren estos dones de ayuda y administración?

El primero, el don de ayuda, lo tienen aquellos individuos que sirven a miembros de la iglesia en sus necesidades físicas y económicas; que están disponibles para ayudar al necesitado, dentro o fuera de la iglesia, en cualquier momento, y para cualquiera que esté en dificultades. Tales «ayudas» son impulsadas por el Espíritu Santo, de igual modo que lo son los dones más visibles de sanidad, milagros y de hablar y adorar en lenguas extranjeras. De igual manera, la administración tiene que ver con dar dirección a la iglesia, no en una forma jerárquica, sino también en forma de servicio. Ésta es la tarea, una vez más, de aquellas personas dotadas por el Espíritu de habilidades de organización y administración. No son ellos y ellas los únicos líderes, porque están también los apóstoles, profetas y maestros. Pero, ciertamente, su habilidad de proveer dirección como a un barco en el mar (el significado original de la palabra en griego para «administración», *kybernesis*) contribuye de igual manera al bienestar de la iglesia. No hay duda de que Pablo quiere apoyar no sólo su ministerio en Corinto (como apóstol), sino también a aquellos profetas, maestros, ayudantes y administradores, que son indispensables para el bienestar de la iglesia, hablen lenguas o no. En este pasaje, Pablo proyecta un liderato plural para la iglesia. No todo descansa sobre los hombros de una persona sola.

Por eso, Pablo termina esta parte de su argumento con una serie de preguntas que, de nuevo, señalan la importancia de que toda persona dotada por el Espíritu Santo de una u otra, entre varias habilidades, provea ayuda espiritual y administrativa para la iglesia: «¿Son todos apóstoles? ¿Son todos profetas? ¿Son todos maestros? ¿Hacen todos milagros? ¿Tienen todos dones de sanidad? ¿Hablan todos lenguas? ¿Interpretan todos?» (12.29-30). Las preguntas retóricas (la respuesta a todas es «¡No!») repiten los papeles ya indicados en esta lista (apóstoles, profetas, maestros) y tres dones sobrenaturales que aparecen en ambas listas (milagros, sanidades, lenguas). Las preguntas añaden el último don de la primera lista en 12.10, el de interpretar lenguas. Siempre en estas dos listas hay algo que disminuye la importancia del don de lenguas. En la primera lista está el don de interpretar lenguas, porque las lenguas solas no edifican a la iglesia como un todo. En la segunda lista están los dones de ayuda y administración, que no son dones sobrenaturales, como los milagros, sanidades y lenguas, pero que Pablo incluye junto a los milagros y sanidades, y los coloca antes de las lenguas. Aquí, en esta serie de preguntas, una vez más, la interpretación de lenguas concluye la lista, y el don de lenguas es el penúltimo. No es más (ni menos) importante que los otros dones o habilidades, pero necesita interpretación inteligible (tema al cual Pablo regresa en el capítulo 14), para completarse y ser complementario a los otros dones que edifican a la iglesia en su totalidad.

Sin embargo, aunque a través de este capítulo 12 Pablo procura demostrar la igualdad e interdependencia de todos los dones espirituales disponibles en la iglesia del Señor, termina esta sección con una exhortación que suena un poco contradictoria: «Procurad, sin embargo, los dones mejores» (12.31a). De inmediato, Pablo explica que quiere señalar «un camino mucho más excelente» (12.31b), y lo hace en el famoso capítulo sobre la importancia de practicar, sobre todo, el amor en el uso de los dones (13.1-13). Sin embargo, en el capítulo 14, Pablo sí da muestras de que considera los dones «inteligibles», tales como la profecía, de mucho mayor utilidad para el crecimiento espiritual de la iglesia que los dones no inteligibles, como el de orar y adorar en lenguas «angélicas» (véase 13.1). Por lo tanto, quizás Pablo sí piensa que hay «dones mejores», aunque aquí en el capítulo 12 enfatiza la importancia de todos los dones. Regresaremos a esta cuestión luego de mirar el «poema del amor» en el capítulo 13.

## El amor como modo de manejar los dones: 13.1-13

La estructura del capítulo 13 muestra que tiene un fundamento poético. Lo vemos primero en la estructura quiasma de A, B, A': (A) la superioridad del amor (13.1-3); (B) la naturaleza del amor (13.4-7); y (A') la superioridad del amor (13.8-13). En segundo lugar, el primer pasaje (13.1-3) está organizado alrededor de una triple repetición del estribillo, «Si yo tuviere [alguno de los dones], pero no tengo amor, soy nada». De esta manera, Pablo señala cuán incompletas son las lenguas, la profecía, la fe y el sacrificio personal cuando no tienen el amor como motivo. Luego, en el segundo pasaje (13.4-7), Pablo caracteriza el amor en tres maneras: (1) lo que el amor es, con dos descripciones positivas (el amor es paciente y amable, 13.4a); (2) lo que el amor no es, con ocho datos negativos («el amor no tiene envidia; el amor no es jactancioso, no se envanece, no hace nada indebido, no busca lo suyo, no se irrita, no guarda rencor; no se goza de la injusticia», 13.4b-6a); y (3) lo que el amor hace, con cinco actividades u actitudes positivas («se goza de la verdad, ... sufre, ... cree, ... espera, ... soporta» (13.6b-7). Estas últimas cuatro actividades positivas incluyen un sentido de compromiso total cuando se ama: «*Todo* lo sufre, *todo* lo cree, *todo* lo espera, *todo* lo soporta» (13.7).

Y, por último, Pablo ofrece un resumen del tema de la superioridad del amor, acentuando su permanencia en el contexto escatológico (13.8-13). El amor nunca tendrá fin, mientras que las profecías, las lenguas y el conocimiento cesarán (13.8). Pablo hablará positivamente de la profecía más adelante, en el capítulo 14, y ya ha notando las limitaciones del conocimiento humano en los capítulos 8 al 10, y de las lenguas en el 12. Así, demuestra la superioridad del amor sobre estas otras cosas, puesto que el amor permanece en el *escaton* (los días finales cuando todo será nuevo). Además del amor, la fe y la esperanza también tienen permanencia, dice Pablo (13.13a), mientras que la profecía, las lenguas, y el conocimiento, o sea los dones primordiales según piensan muchos en Corinto, especialmente el don de hablar en otras lenguas, terminarán (13.8, 9). Pablo agrupa la fe, la esperanza y el amor, a través de sus cartas, como virtudes básicas de la fe cristiana (véase Ro 5.1-5; Col 1.4-5; 1 Ts 1.3; 5.8; 2 Ts 1.3-4). Sin embargo, aquí, después de invocar estas virtudes básicas, el amor tiene superioridad sobre ellas: «Ahora permanecen la fe, la esperanza y el amor, estos tres; pero el mayor de ellos es el amor» (13.13). Para Pablo en este contexto, sólo el amor puede resolver las divisiones y conflictos que existen en Corinto sobre el uso de los dones, especialmente dones visibles como hablar en lenguas angélicas. El amor trae moderación porque procura el bienestar de la comunidad en su totalidad.

En todo esto, aunque hay esta estructura poética, no hay duda de que es Pablo quien construye el pasaje de esta manera. No es un poema ajeno sobre el amor que Pablo haya incluido en su argumento, como muchos han pensado. Son muchas las referencias al contexto inmediato —el contraste del amor con las lenguas y profecías, y la referencia a un amor que sufre en medio del conflicto y del desacuerdo, la falta de jactancia en el amor— que aluden a problemas que hemos visto a través de 1 Corintios, especialmente en los últimos cinco capítulos que hemos estudiado (8 al 12). Y, sobre todo, el contexto escatológico de las últimas palabras de la descripción del amor, en 13.9-13, es netamente paulino cuando escribe sobre «lo perfecto» que vendrá (13.10). Las metáforas y retórica resuenan en términos literarios, pero la teología paulina sobre el fin resulta clara:

> Cuando yo era niño, hablaba como niño, pensaba como niño, juzgaba como niño; pero cuando ya fui hombre, dejé lo que era de niño. Ahora vemos por espejo, oscuramente; pero entonces veremos cara a cara. Ahora conozco en parte, pero entonces conoceré como fui conocido. (13.11-12)

La analogía al crecimiento humano como el paso de la niñez a la madurez pone los dones espirituales en su lugar apropiado en términos escatológicos —no se comparan a la madurez de cuando regrese Cristo y se cumpla el reino de Dios. La metáfora del espejo indica lo mismo: el espejo es transitorio y obscuro comparado a lo claro que lo veremos todo en el *escaton*. El conocimiento presente, algo que muchos en Corinto valoran, es incompleto si se le compara a todo lo que entenderemos cuando Cristo venga. Pablo habla un lenguaje poético, pero con una teología explícitamente suya, y con un estilo que veremos, otra vez, en el capítulo 15, donde de nuevo su tema es la escatología.

En conclusión, el gran poema de amor, aunque se usa en bodas hoy día y en discusiones filosóficas sobre el amor, cabe bien en el contexto de este argumento largo sobre el abuso de los dones espirituales. Los dones terminarán en la segunda venida de Cristo —«cuando venga lo perfecto», 13.10. Pero el amor permanece, aun por encima de todas las virtudes cristianas que Pablo premia, como la fe y la esperanza. El amor, por lo tanto, es supremo como el motivo más excelente para la manifestación y práctica correcta de los dones. Pero hay más enseñanza práctica que Pablo quiere dar sobre el uso de esos dones en la adoración congregacional, y a esas guías se dirige en el próximo pasaje.

## El orden en el uso de los dones: 14.1-40

Después de discutir la importancia de todos los dones (12.4-30) y de enfatizar el amor como motivo apropiado en el uso de estos (12.31–13.13), Pablo regresa al tema de los dones y se enfoca en el don más problemático en Corinto, el de hablar en otras lenguas. Empieza con una transición del tema del amor al tema de los dones: «Seguid el amor y procurad los dones espirituales, pero sobre todo que profeticéis» (14.1a). Pablo comienza un cuidadoso argumento para mostrar por qué, aunque él sí acepta el hablar en lenguas extrañas como un don espiritual, la profecía en momentos de adoración congregacional tiene más valor.

En este argumento hay dos secciones principales, con resumen y argumentos secundarios. Primero, en 14.1b-19, Pablo ofrece su tesis sobre la necesidad de que haya interpretación de lenguas en tiempos de adoración o de no tener las lenguas como parte de esa adoración, en dos partes. Luego, en 14.20-36, describe dos afirmaciones de parte de los corintios, seguidas por sus respuestas. Por último, en 14.37-40, ofrece un resumen de toda la sección mayor de los capítulos 12 al 14.

### Una tesis paulina sobre las lenguas y su interpretación: 14.1b-19
La tesis se formula en 14.1b-5, con los siguientes puntos: (1) En el culto público, la profecía es preferible a las lenguas (14.1b, 5a, b); (2) esto es

cierto, a menos que las lenguas se interpreten (14.5b); (3) la prueba más importante del buen uso de un don como el de las lenguas es si hay beneficio para la iglesia (14.5b : «para que la iglesia reciba edificación»; compárese con 12.7, donde Pablo apunta hacia «el bien común» como propósito de los dones). Además, hay dos grupos de argumentos que sostienen esta tesis. Primero, las lenguas sin interpretación no benefician a la iglesia cuando está reunida en adoración (14.6). Pablo aplica este principio a su propia experiencia: «Ahora pues, hermanos, si yo voy a vosotros hablando en lenguas, ¿qué os aprovechará, si no os hablo con revelación, con conocimiento, con profecía o con doctrina?» En su propio ministerio, Pablo prefiere revelar una verdad nueva a sus feligreses, o llevar un nuevo conocimiento, una nueva palabra profética o una enseñanza teológica. Repetidamente arguye en este pasaje que las lenguas son adoración privada que edifica al individuo, pero no a la comunidad, a menos que haya una interpretación del mensaje que se presenta en lenguas.

Por lo tanto, Pablo ofrece unas analogías de instrumentos musicales. Si los instrumentos, aunque no tengan vida, hacen sonidos inteligibles, ¿cuánto más los creyentes con sus mensajes públicos? (14.7-9). Hablando más concretamente de los idiomas del mundo, Pablo dice que tales idiomas necesitan que la audiencia los entienda para tener significado. De la misma manera, quienes hablan en lenguas espirituales en Corinto también deben ser entendidos por la congregación (14.10-12a). Si no, tales oradores serán como extranjeros a su audiencia y la gente que escucha el mensaje también será extranjera para los oradores. En la iglesia, Pablo no quiere que los hermanos y hermanas sean como «extranjeros» entre sí a causa del uso de los dones espirituales. Pablo procura lo opuesto en el uso de los dones: la unidad y edificación de toda la comunidad y también de cada individuo en la asamblea. Por lo tanto, repite su lema principal a través de este argumento: «Así pues, ya que anheláis los dones espirituales, procurad abundar en aquellos que sirvan para la edificación de la iglesia» (14.12). Pablo pide que los creyentes en Corinto practiquen una espiritualidad que resulte en la edificación de la asamblea como colectividad del Señor, no sólo de cada persona como individuo.

En 14.13-19, Pablo ofrece un segundo grupo de argumentos que sostienen la necesidad de la interpretación de lenguas en el culto público, si es que se van usar; pero ahora lo hace en una forma más directa:

«Por lo tanto, el que habla en lengua extraña, pida en oración poder interpretarla» (14.13). Esta exhortación es seguida por tres argumentos:

(1) Ya que las lenguas no son producidas por la mente del creyente, sino por la obra del Espíritu en esa persona, las lenguas no comunican, con entendimiento, a otros miembros de la iglesia. Sólo el individuo que las habla se beneficia en su espíritu (14.14, 15). De esta manera, Pablo enseña la naturaleza privada del don de lenguas, que más bien es una oración privada entre el espíritu del individuo y el Espíritu de Dios (véase lo que Pablo dice sobre esta experiencia en Ro 8.16, 26-27, donde el Espíritu de Dios «gime» con nuestro espíritu humano a favor de nuestras necesidades). En contraste, la adoración pública requiere que se haga interpretación, presentación del mensaje en un lenguaje inteligible, para que la comunidad aproveche el mensaje que las lenguas comunican.

(2) Por lo tanto, las lenguas sin interpretación no permiten que la otra persona, quien no participa de las lenguas de uno y, por ello, es «ajena» a las lenguas (gr., *idiotes*, traducido como «simple oyente» en la Reina Valera 1995), diga «Amén» («así sea») a lo que se dice (14.16-17). No entiende la lengua, y la comprensión con la mente («entendimiento», vv. 15-16) es clave para Pablo en la adoración congregacional.

(3) Por último, el ejemplo apostólico del mismo Pablo deberá tomarse en consideración. Pablo dice que él mismo habla abundantemente en lenguas, pero prefiere hablar algún mensaje inteligible, aunque sea breve, para la comunidad cuando se reúne como iglesia (14.18-19). Luego, parece que Pablo practicaba el don de lenguas, por lo menos en oración privada. Sin embargo, en este contexto quiere subrayar la importancia de la comprensión para la congregación entera. Su meta primordial es la edificación de la comunidad, no algún progreso espiritual personal que la oración en lenguas pueda traer. Las lenguas sin interpretación son inferiores a la profecía como vehículo para la edificación de la iglesia.

### Un último argumento contra las lenguas sin interpretación: 14.20-26

Un argumento final de Pablo acerca del asunto de las lenguas y su interpretación, una de sus últimas exhortaciones al respecto, parece girar en torno a algunas afirmaciones hechas por los mismos corintios sobre el don de lenguas (14.20-25). Éste es un pasaje difícil porque la cita que se hace del profeta Isaías (14.21) y la interpretación del mismo (14.22) parecen contradecir la enseñanza de Pablo a través de todo el capítulo 14, inclusive en el mismo contexto en 14.23-25. Si la cita viene de parte de otros en refutación a la posición de Pablo, quizás tenga más sentido.

El párrafo comienza con una amonestación apostólica acerca de ser maduros: «Hermanos, no seáis niños en el modo de pensar, sino sed niños en cuanto a la malicia y maduros en cuanto al modo de pensar» (14.20). Pablo quiere madurez en este asunto del uso de los dones espirituales para que beneficien a la gran mayoría de la comunidad de fe. Por lo tanto, refuta la interpretación de lo que aparenta ser una cita bíblica por quienes defienden el uso público del don de lenguas en Corinto: «En la Ley está escrito: "En otras lenguas y con otros labios hablaré a este pueblo; y ni aun así me oirán, dice el Señor"» (14.21, citando a Isaías 28.11). En el contexto de Isaías, ni la amenaza de las lenguas extranjeras de los asirios causó arrepentimiento de parte del pueblo de Israel. Por lo tanto, algunos en Corinto concluyen, «las lenguas son por señal, no a los creyentes, sino a los incrédulos» (14.22a), porque esa escritura («la Ley») enseña que los que no creían se quedaron así (incrédulos) aun con la amenaza divina de juicio por medio de enemigos de lengua extraña. Las lenguas fueron, para ellos, señal de juicio a causa de su incredulidad. Sin embargo, contradiciendo lo que Pablo quiere enfatizar sobre los dones más importantes para el bienestar de toda la iglesia, algunas personas en Corinto aparentan concluir de este pasaje en Isaías que «la profecía, no [es señal] a los incrédulos, sino a los creyentes» (14.22b).

Pablo no tiene dificultades con la palabra de juicio para los incrédulos, que presenta el pasaje en Isaías, pero sí rechaza la interpretación que algunas personas en Corinto le dan al pasaje, en esta situación del uso de lenguas en la adoración pública de la asamblea cristiana. Pablo refuta el uso de las lenguas como afirmación de la incredulidad de los de afuera, y de la profecía como medio de ministerio únicamente a los de adentro. Posiblemente, describe la realidad de los cultos cristianos en Corinto cuando escribe: «Si, pues, toda la iglesia se reúne en un lugar, y todos hablan en lenguas, y entran indoctos o incrédulos, ¿no dirán que estáis locos?» (14.23). Los de fuera de la comunidad quizás identificarían este «culto en lenguas» con las experiencias extáticas de algunos cultos paganos. Por lo tanto, Pablo afirma el papel evangelizador de la profecía, esto es, de la predicación de la palabra y la voluntad de Dios en reuniones públicas de la comunidad cristiana:

Pero si todos profetizan, y entra algún incrédulo o indocto, por todos es convencido, por todos es juzgado; lo oculto de su corazón se hace manifiesto; y así, postrándose sobre el rostro, adorará a Dios, declarando que verdaderamente Dios está entre vosotros. (14.24-25)

La profecía o predicación inteligible tiene mucha más efectividad para alcanzar al no creyente que cualquier mensaje en lenguas angélicas o extrañas, concluye Pablo. Por lo tanto, en el próximo pasaje, da algunas instrucciones específicas sobre cómo conducir un servicio cristiano en Corinto.

### *Instrucciones para el orden en la adoración: 14.26-33*

Primero, el principio de la pluralidad de dones que se pueden ejercer en la adoración se repite aquí, en la discusión sobre el orden en un servicio cristiano: «Cuando os reunís, cada uno de vosotros tiene salmo, tiene doctrina, tiene lengua, tiene revelación, tiene interpretación» (14.26b). Aunque esta lista de dones es distinta a las dos listas de dones (12.8-11; 12.28-30), todavía hay el mismo sentido de la diversidad de dones y la importancia de cada uno, sean cánticos, enseñanzas, mensaje en lenguas, una revelación espontánea o la interpretación (o explicación) de un mensaje en lenguas o de una revelación especial. Todos estos son importantes y todos se pueden ejercer en un culto de adoración («cuando os reunís»). Segundo, además de diversidad, el apóstol repite su expectativa de que estos dones de adoración se ejerzan a favor de la edificación de la comunidad entera: «Hágase todo para edificación» (14.26c). Éste ha sido su lema principal a través de esta sección —los capítulos 12 al 14.

Tercero, y éste será el enfoque de estas instrucciones, Pablo pide orden en el uso de estos dones de adoración, especialmente las lenguas, con lo que comienza su exhortación: «Si alguien habla en lengua extraña, que sean dos o a lo más tres, y por turno; y que uno interprete» (14.27). De nuevo repite la indicación anterior (14.2, 5, 13), que las lenguas sin interpretación no benefician a la asamblea, sino sólo al individuo que las habla. Aquí, Pablo reafirma esa posición, ahora en el contexto específico del orden necesario en un culto cristiano. Si se habla en lenguaje extático, debe ser uno por uno, y con interpretación al final de la serie de mensajes en lenguas. Fuera de una explicación inteligible del mensaje en lenguas espirituales, quien las hable debe mantener silencio. Como antes, Pablo afirma la naturaleza mayormente privada del don de lenguas (14.28, véase 14.2, 4, 14, 15, 18-19).

Sin embargo, Pablo también da instrucciones para el uso apropiado de las profecías, los mensajes netamente inteligibles, pues estos también necesitan su orden. «Asimismo, los profetas hablen dos o tres, y los demás juzguen lo que ellos dicen» (14.29). Los creyentes que hablan en lenguas necesitan sus intérpretes; los profetas, de la misma manera, necesitan que los miembros de la asamblea («los demás») juzguen lo que se ha dicho. Asumimos que el criterio para su juicio es, una vez más, la edificación de la comunidad de fe: ¿cuán edificante es esta profecía para la iglesia en su totalidad? Al comienzo del párrafo (14.26), Pablo incluye la «revelación», algo previamente oculto, pero ahora revelado para el entendimiento de toda persona en la iglesia, como uno de los dones, ofrecido en un culto al Señor, junto al salmo, la enseñanza, y aun lenguas interpretadas. La revelación es más bien uno de los tipos de profecía ofrecidos en el culto. Por lo tanto, también tiene su orden (14.30). El que comparte primero su revelación, debe guardar silencio cuando otra persona en el culto presenta su revelación o profecía. Estas dos —la revelación y la profecía— son casi intercambiables en este contexto. El texto que le sigue comprueba esto cuando el apóstol de nuevo habla en términos de la profecía: «Podéis profetizar todos, uno por uno, para que todos aprendan y todos sean exhortados» (14.31). Pablo enfatiza el orden de «uno por uno» con el propósito de que la iglesia así aprenda y sea exhortada, o sea, edificada a través del aprendizaje de nuevas verdades en el evangelio de Jesucristo.

A estas instrucciones básicas sobre el uso ordenado de los dones espirituales en la adoración congregacional, Pablo añade tres principios universales. Primero, que «los espíritus de los profetas están sujetos a los profetas» (14.32). En otras palabras, aunque a veces el don de hablar en lenguas y aun el don de profecía se ofrecen en forma extática, como en cultos paganos, Pablo afirma que en el ámbito cristiano, el ámbito del Espíritu, Dios usa sus instrumentos humanos sin que estos pierdan el control de sus sentidos, como a veces sucedía en los ritos de algunas religiones grecorromanas. Por lo tanto, se pueden poner de pie, o sentarse, pueden callar cuando otra persona tiene un mensaje que ofrecer, y pueden esperar su turno para hablar. De esta manera, el espíritu humano trabaja en conjunto con el Espíritu de Dios.

Segundo, Pablo explica por qué este orden es importante en la adoración congregacional: «Pues Dios no es Dios de confusión, sino de paz» (14.33a). No cabe duda de que algunas personas en Corinto, quizás muchas (pero no todas, porque entonces Pablo no hubiese oído las quejas), estaban de acuerdo con una adoración donde todos hablaban a la vez, donde los cánticos y lenguas, las profecías y revelaciones, las oraciones y lecturas, etc., venían de un lado y otro en la asamblea, sin ton ni son. Algunos creyentes pensaban que quizás esto era parte de la emoción cristiana y de la libertad del Espíritu. Para Pablo, en esa forma de adorar, Dios no obra de la mejor manera posible para el bienestar de toda la comunidad y, por lo tanto, exhorta a los corintios a buscar la paz y no la confusión, mediante la práctica de un orden donde se alterna entre el silencio y las manifestaciones de dones, uno por uno. La importancia de esta forma de adoración era tan importante para Pablo, que repite la exhortación al terminar la sección en 14.40: «hágase todo decentemente y con orden».

Pero antes de eso hay un tercer principio universal que Pablo quiere compartir. Afirma que estas enseñanzas sobre el orden necesario en la adoración no son sólo para la iglesia de Corinto, sino para «todas las iglesias de los santos» (14.33b). Ahora, debemos aclarar que la mayoría de las versiones de la Biblia incluyen esta frase en 14.33b, como el comienzo de 14.34, «vuestras mujeres callen en las congregaciones». De esta forma, el pasaje de 14.34-36 se vuelve una continuación de las instrucciones sobre el orden en la iglesia y universaliza, por lo menos en las iglesias paulinas, el control sobre el ministerio de las mujeres: «Como en todas las iglesias de los santos, vuestras mujeres callen en las congregaciones, porque no les es permitido hablar, sino que deben estar sujetas, como también la Ley lo dice» (14.33b-34). Sin embargo, tal interpretación de este pasaje tiene varios problemas en el contexto de los capítulos 11 al 14, y también en el contexto de otras diversas referencias sobre mujeres líderes en las cartas paulinas. A esto se dirige nuestra próxima sección.

### El silencio de las mujeres: 14.34-36

Una interpretación de este pasaje es que Pablo añade el silencio de las mujeres al silencio de los creyentes que hablan lenguas y profecías (14.28, 30). Según esta interpretación, algunas mujeres de la iglesia —aparentemente casadas, pues el silencio que Pablo pide incluye que sus preguntas en la asamblea pública se las hagan privadamente a sus esposos en sus hogares— son estorbos en la conducta del culto por su participación desordenada. Por eso, Pablo ordena en tono fuerte: «Y si quieren aprender algo, pregunten en casa a sus maridos, porque es indecoroso que una mujer hable en la congregación» (14.35). Además, Pablo insinúa que estas mujeres participan en forma dominante sobre el resto de los participantes: «¿Acaso ha salido de vosotros la palabra de Dios, o sólo a vosotros ha llegado?» (14.36, si es este versículo parte de la exhortación contra las mujeres en 14.34-35, y no el resumen que le sigue en 14.37-40). Quizás, estas mujeres estén entre las personas que abusan del don de lenguas, de tal forma que exigen autoridad espiritual más allá de lo debido.

En todo caso, esta interpretación limita el papel por lo menos de algunas mujeres en el ministerio de la iglesia en Corinto. Además, si se añade la última frase de 14.33, «como en todas las iglesias de los santos», para dar comienzo al párrafo en 14.34 (como la mayoría de las versiones modernas han hecho), entonces, el pasaje suena como un principio universal que Pablo practica en todas sus iglesias —el silencio de mujeres casadas en el culto público. Sin embargo, ya hemos visto que en 11.2-16, Pablo permite la participación de mujeres, quizás aun casadas, en prácticas de oración y profecía (y sabemos por el resto del capítulo 14 cuán importante es la profecía para Pablo). En aquel otro pasaje, sólo pide que usen velos al practicar tales ministerios públicos. Luego, 14.34-35 parece contradecir a 11.2-16, a menos que, una vez más, la limitación sea para algunas mujeres casadas y sólo en Corinto, no «en todas las iglesias de los santos».

Sin embargo, también está el hecho de que en otras cartas paulinas vemos mujeres activas en el ministerio, tales como Evodia y Síntique en la iglesia de Filipos (Flp 4.2-3), cuya división como líderes hace peligrar la unidad de esa asamblea; Priscila que, junto a su compañero Aquila, estuvo en Éfeso instruyendo a Apolos (Hch 18.24-28) y luego en Roma, como una buena y conocida colaboradora de Pablo (Ro 16.3); Junias, posiblemente una apóstol (Ro 16.7) y Febe, líder de la iglesia en Cencrea, un pueblo cerca de Corinto, que, posiblemente, lleva consigo la carta de Pablo a los creyentes en Roma y es fiel patrocinadora de la misión paulina (Ro 16.1-2). Es difícil reconciliar el ministerio notable de estas mujeres en la misión paulina con las palabras de 1 Corintios 14.34-35.

Lo que es más, algunos manuscritos antiguos de 1 Corintios ponen 14.34-35 después de 14.40, lo que parece indicar que fue un apunte marginal al manuscrito original, que luego fue introducido en diferentes lugares por diversos copistas. Algunos eruditos que estudian el texto del Nuevo Testamento en griego concluyen, por lo tanto, que quizás este pasaje se añadió luego y se incluyó con el tiempo después de 14.33, para incluir una amonestación contra la participación pública de las mujeres en el culto cristiano, así como en contra de quienes hablaban en lenguas y en contra de los profetas desordenados. Es difícil comprobar esto con seguridad, pero explicaría las contradicciones del pasaje con mucho de lo que vemos en el resto de los escritos de Pablo, inclusive aquí en 7.1-4 (la mutualidad de esposos y esposas), y en 11.2-16 (la participación pública de las mujeres en la oración y la profecía).

### Una última exhortación: 14.37-40

Lo que Pablo dice en 14.36 («¿Acaso ha salido de vosotros la palabra de Dios, o solo a vosotros ha llegado?»), puede ser parte de lo que antecede, o también puede ser parte de la conclusión junto a la amonestación del 14.37: «Si alguno se cree profeta o espiritual, reconozca que lo que os escribo son mandamientos del Señor.» En ambos casos, Pablo establece su autoridad en la exhortación que ha dado sobre este tema del don de lenguas en la adoración. Ya que los corintios están enaltecidos con dones visibles como las lenguas y la profecía, Pablo les quiere recordar que no sólo ellos y ellas pueden recibir «palabra de Dios» a través de un mensaje en lenguas o de una revelación profética. Pablo también tiene palabra profética y, en este caso, la ha articulado en las palabras de los capítulos 12 al 14. Cualquiera que ignore estas amonestaciones de Pablo, merece ser ignorado, aunque ejerza dones proféticos de lenguas o revelaciones. El propósito central, que es procurar la unidad de la iglesia y su edificación colectiva, requiere atención a las palabras del Apóstol Pablo.

Pablo termina este resumen de todo su argumento en los capítulos 12 al 14 con estas palabras: «Así que, hermanos, procurad profetizar y no impidáis el hablar en lenguas; pero hágase todo decentemente y con orden» (14.39-40). Pablo no rechaza estos dones poderosos de hablar en lenguas extrañas y celestiales a través del Espíritu, ni el don que algunos hermanos y hermanas en la asamblea pueden tener, de aclarar la voluntad de Dios para la comunidad de fe —o sea, el don de la profecía. Lo que sí espera, como ha aclarado con lujo de detalles, especialmente en 14.1-33, es que éstos y todos los dones espirituales se practiquen con orden y para el bienestar de la comunidad entera, aun los de afuera, como consideración principal. Para Pablo, tal orden y preocupación por la comunidad serían sumamente decentes y honrosos. De una comunidad que, como la de Corinto, le da tanta importancia al honor, no se puede pedir menos.

## Los dones espirituales y la iglesia hoy

No cabe duda de que los capítulos 12 al 14, así como el 11, que también ofrece guías para la adoración comunitaria, son textos importantes para las comunidades cristianas de hoy, en su conducta de la adoración y en el modo en que se manifiestan y practican los dones espirituales. Sobre la base de un estudio cuidadoso de estos pasajes tan complejos, se pueden esbozar algunos principios básicos para la práctica de adoración de hoy: Primero, es difícil excluir y dividir cuando el Espíritu de Dios se mueve en forma auténtica. Los humanos querrán excluir, como algunos en Corinto y luego en la historia de la iglesia, han querido excluir a las mujeres (11.2-16; 14.34-35) y a los pobres (11.17-34); pero el Espíritu siempre procura unir, especialmente, cuando se practica el amor como motivo primordial en el uso de los dones espirituales (13.1-13). En la iglesia del Señor debe haber oportunidad para que todos y todas participen de una forma u otra en la adoración, especialmente porque el Espíritu reparte dones espirituales (12.1-30).

Estos dones son múltiples y diversos (12.4-11, 28-30; 14.26). Sin embargo, todos son importantes (12.12-27), siempre y cuando edifiquen a la iglesia, el cuerpo de Cristo, dondequiera que se encuentre, en su totalidad (12.7; 14.3-5, 12, 26). Por lo tanto, el orden en el uso de dones cuando la iglesia se reúne es de suma importancia (14.33, 40). Tal orden puede incluir un cántico, una enseñanza, una predicación, aun un mensaje en lenguas extrañas, siempre y cuando haya interpretación o explicación de ese mensaje o revelación misteriosa o nueva (14.26). El entendimiento y la claridad, para el crecimiento espiritual de todos y todas, son sumamente importantes en la adoración cristiana (14.1-19).

En el día de hoy, son pocas las iglesias, fuera del movimiento pentecostal o carismático, y aun dentro de él, que practican mensajes en formas extáticas como el hablar en otras lenguas. Como en el tiempo de Pablo, esto ha causado muchas controversias y divisiones. Sin embargo, la diversidad de dones existe no sólo en la iglesia local, sino también en la iglesia universal. Por tanto, habrá comunidades cristianas donde el uso de lenguas, siempre y cuando se sigan las instrucciones de Pablo en estos capítulos, pueda ser útil en la adoración, mientras que en otras no. ¿Por qué negarles esa oportunidad de diversidad, siempre y cuando la asamblea sea edificada como colectividad? La diversidad, unidad y edificación siguen siendo valores importantes en el uso de los dones espirituales en la iglesia de hoy.

Por último, vale la pena notar lo que aprendemos sobre el liderato cristiano en estos capítulos del 12 al 14. Contra viento y marea, y aun, quizás, contra el mismo Pablo, las mujeres ejercieron liderato en la adoración de las iglesias primitivas a través de la oración y la profecía. Cuando líderes elitistas erraron en su práctica de la Cena del Señor, Pablo defiende los derechos de los pobres, y con esa defensa enaltece la posibilidad del liderato de tales personas. Cuando el don de lenguas vino a ser una señal de autoridad, por encima de otros dones, Pablo expone la autoridad de otros dones, incluso el servicio, la administración, la enseñanza y la profecía inteligible (12.28-30). No hay duda de que también Pablo restablece su autoridad en estos puntos, como ha hecho a través de esta Primera Carta a los Corintios en varios asuntos, pero la importancia de los apóstoles (12.28) está precisamente en que velan por la edificación de todas sus asambleas, motivados por el amor que tienen por ellas como sus fundadores. Pablo espera y requiere que los dones espirituales produzcan líderes espirituales.

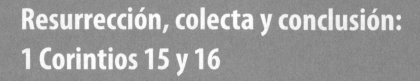

# Resurrección, colecta y conclusión: 1 Corintios 15 y 16

*Capítulo 5*

## Bosquejo del texto bíblico

La resurrección: 15.1-58
Conclusión: 16.1-24

## Introducción

Las últimas dos grandes secciones de 1 Corintios representan, primero, la introducción de un nuevo tema entre los varios problemas en la iglesia de Corinto. En este caso, el problema gira en torno a la naturaleza de la resurrección (1 Co 15.1-58). Después, Pablo ofrece sus últimas instrucciones a la iglesia, incluso instrucciones sobre la colecta para Jerusalén (16.1-4), sus planes de viaje y los de sus socios (16.5-12), y algunas exhortaciones y saludos finales (16.13-24), con unas palabras de recomendación a favor de Estéfanas y su familia (16.15-18), líderes claves en ausencia de Pablo.

Pablo presenta un argumento largo, complejo y, en algunas partes, bastante abstracto en respuesta a cierta confusión que hay entre algunas personas en Corinto. El problema en sí no se declara hasta 15.12, cuando Pablo escribe: «Pero si se predica que Cristo resucitó de los muertos, ¿cómo dicen algunos entre vosotros que no hay resurrección de muertos?» Pablo elabora la primera parte de este texto al comienzo de su argumento en 15.1-11, esto es, la afirmación que «Cristo resucitó de los muertos». Es la segunda parte —que algunos miembros de la congregación dicen «que

114

no hay resurrección de muertos»— lo que le preocupa. En lo que sigue, primero discutiremos las afirmaciones sobre la resurrección de Cristo que Pablo elabora en 15.1-11, y luego su defensa de la resurrección de los muertos en Cristo a partir de 15.12.

## La resurrección: 15.1-57

### Afirmación evangélica sobre la muerte y resurrección de Cristo: 15.1-11

Antes de entrar de lleno en el problema de que algunas personas de la iglesia no creen en la resurrección futura de los muertos en Cristo, Pablo aclara los elementos básicos del evangelio que él predica. Primero, les recuerda a sus lectores que recibieron la palabra predicada por él, perseveraron en ella y, si todavía la retienen, su salvación final está asegurada (15.1-2a). Pablo implica que todo esto peligra si dejan de creer en una u otra parte de esa predicación. Veremos que Pablo enseña más adelante en este pasaje que la fe de los creyentes es «en vano» si fallan en su fidelidad a la resurrección de Cristo *y* la resurrección de los muertos en Cristo. Pablo aquí introduce esta idea con una advertencia: «sois salvos, si no creísteis en vano» (15.2b). En otras palabras, «vuestra salvación final está asegurada si la fe con la que comenzasteis persevera». Esto incluye fe en la resurrección de los muertos en Cristo.

Segundo, Pablo desarrolla los principios de esa fe con una especie de credo tradicional, un credo que Pablo mismo quizá no compuso, pues dice: «os he enseñado lo que asimismo recibí» (15.3a) —la misma fórmula lingüística que usa para introducir las palabras de institución de la Santa Cena (véase 11.23). Son palabras y enseñanzas transmitidas de una generación de creyentes a otra. Es un credo o declaración de fe repetido por las iglesias primitivas, quizás en sus liturgias, porque tiene una estructura formal:

> Cristo murió por nuestros pecados, conforme a las Escrituras;
> Fue sepultado
> Resucitó al tercer día, conforme a las Escrituras;
> Y... apareció a Cefas, y después a los doce. (15.3b-5)

La muerte de uno en respuesta a la necesidad del perdón de pecados es elemento básico en el evangelio cristiano, dice Pablo, porque así se enseña en las Escrituras de Israel. Ésta es una perspectiva netamente judía de Pablo y de los primeros creyentes. La muerte de Cristo fue un sacrificio para el perdón de los pecados cometidos contra Dios. Esa muerte fue física y final, en términos humanos, porque hubo un sepulcro. El cuerpo fue enterrado. La humanidad de Cristo sufrió una muerte humana, pero también hubo una transformación de ese cuerpo muerto. Fue resucitado con una nueva forma, también en conformidad con las Escrituras de Israel. El judaísmo antiguo incluía una diversidad de opiniones acerca de la resurrección. Por ejemplo, los saduceos rechazaban toda resurrección, pero los fariseos —y Pablo era uno de ellos— sí creían en la posibilidad de la resurrección de los muertos. Un pasaje que apoyaba tal posibilidad en las Escrituras de Israel, que, ciertamente, Pablo conocía, era el Sal 16.10: «Pues tú no abandonarás mi alma en el Seol, ni permitirás a tu Santo ver corrupción». En todo caso, la resurrección de Cristo fue enseñanza básica de la fe cristiana primitiva, y las Escrituras cristianas —el Nuevo Testamento— están repletas de referencias a ella. Pablo aquí quiere recordarle esta enseñanza a su iglesia en Corinto.

Para ello, subraya también el hecho de que hubo testigos de esa resurrección. Quizás, los primeros testigos en la lista eran parte del credo básico: «apareció a Cefas, y después a los doce» (15.5). Pedro y los doce apóstoles que convivieron con Jesús en su vida terrenal fueron los primeros testigos según este credo. Sabemos, por supuesto, que en los cuatro Evangelios se afirma que las seguidoras de Jesús, María Magdalena y otras mujeres, se contaron entre los primeros testigos del Cristo resucitado (Mt 28.1; Mc 16.1; Lc 24.1, 10; Jn 20.1). Sin embargo, parece que la tradición que Pablo cita aquí ya se centraba en los primeros testigos varones, especialmente Pedro y los doce que los Evangelios Sinópticos llaman «apóstoles» (véase Mt 10.12; Mc 3.14; Lc 6.13).

Sin embargo, aunque Pablo introduce el credo, va más allá al indicar otros testigos, incluso quinientos hermanos y hermanas, Jacobo —o Santiago, el líder de la iglesia en Jerusalén y hermano carnal de Jesús (véase Hch 15.13; Gl 1.19)— y «todos los apóstoles» (15.6-7), lo cual es posiblemente una referencia a «apóstoles» o mensajeros más allá de los doce discípulos originales de Jesús (véase Ro 16.7, donde una mujer, Junia, es llamada «apóstol», así como 2 Co 8.23 y Flp 2.25, donde la palabra que se traduce como «mensajeros», en la mayoría de nuestras versiones, es «apóstoles» en el griego original).

Todo esto sirve de introducción al testigo principal que Pablo quiere presentar, él mismo: «Por último, como a un abortivo, se me apareció a mí» (15.8). De nuevo, como en 4.1-21 y 9.1-27, Pablo está defendiendo su autoridad apostólica. Aunque él no conoció a Jesús en su vida terrenal, como algunos de los testigos ya mencionados, sí tuvo una experiencia del Cristo resucitado, la cual se describe en varias maneras en el libro de Hechos (Hch 9.1-9; 22.1-11; 26.9-18) y Pablo mismo cuenta cómo sigue:

> Pero cuando agradó a Dios, que me apartó desde el vientre de mi madre y me llamó por su gracia, revelar a su Hijo en mí, para que yo lo predicara entre los gentiles. (Gl 1.15-16)

Aquí en 1 Corintios Pablo se declara «el más pequeño de los apóstoles» y hasta dice que no es «digno de ser llamado apóstol» a causa de su anterior persecución de la iglesia (véase Gl 1.13; Hechos 9.1-2; 22.4-5; 26.9-11). Pero a pesar de esas limitaciones y dudas iniciales, Pablo afirma su apostolado:

> Pero por la gracia de Dios soy lo que soy; y su gracia no ha sido en vano para conmigo, antes he trabajado más que todos ellos; aunque no yo, sino la gracia de Dios que está conmigo. (15.10)

Este énfasis sobre la gracia de Dios en su vida es importante para Pablo, no sólo para su llamado como apóstol a los gentiles (Gl 1.16; Ro 15.15-16), sino también para lo que sigue en su argumento a favor de la resurrección de los muertos. Es la gracia y el poder de Dios lo que hizo posible la resurrección de Cristo y lo que hará posible la resurrección de sus seguidores ya muertos. Por eso, Pablo está seguro de que esta enseñanza es clave en el evangelio que él predica: «Sea yo o sean ellos, así predicamos y así habéis creído» (15.11). Es la fe de sus feligreses en Corinto lo que le preocupa en 15.1-58. Pero aquí, en la defensa de su autoridad apostólica como testigo del Cristo resucitado, al igual que cualquier otro apóstol, prepara el contexto retórico para su defensa de la doctrina de la resurrección, parte integrante del evangelio, que Pablo predica a sus iglesias. Como apóstol que es, Pablo puede aclarar cualquier confusión que haya en Corinto sobre la resurrección de los creyentes muertos.

### Consecuencias de no creer en la resurrección de los muertos 15.12-19

Ya que el evangelio afirma tanto la resurrección de Cristo como la de los creyentes muertos con fe en ese Cristo, ¿cómo es posible (se pregunta

Pablo) que algunos cristianos en Corinto no crean en la resurrección de sus hermanos y hermanas fieles que han muerto? (15.12). En su iglesia de Tesalónica, los creyentes se preguntan qué pasará con sus hermanas y hermanos que han muerto en Cristo (1 Ts 4.13). En Tesalónica, el problema está en cierta confusión o ignorancia sobre esa resurrección (4.14-18). En Corinto, el problema es que algunas personas entienden la enseñanza, pero aparentemente la rechazan. Por eso es que Pablo entra en un argumento en defensa de su posición sobre la resurrección de los muertos.

Primero, describe las consecuencias de no creer en la resurrección de los creyentes que han muerto. Si tales personas no han de tener la experiencia de transformación de la muerte física a la vida eterna, entonces ¿cómo es posible que el mismo Cristo haya resucitado? (15.13). Quizás, haya algunas personas en Corinto que piensan que la resurrección de Cristo fue posible como un milagro de Dios, pero que eso no quiere decir que todo creyente muerto en Cristo también resucitará. Para Pablo, ambas resurrecciones —la de Cristo y la de los creyentes— son verdad. Más adelante, escribe que la resurrección de Cristo es las «primicias» de la resurrección de todo creyente que murió con fe en Cristo (15.20). Sin la resurrección de Cristo, no hay resurrección de los creyentes muertos en Cristo. Pero tampoco puede haber fe en la resurrección de Cristo si no creemos que ese evento tenga implicaciones para el destino de toda persona que cree en Jesucristo y muere con esa fe intacta. La implicación es entonces: ¿para qué murió y resucitó Cristo, si esto no asegura nuestra resurrección?

Pablo regresará a esa última pregunta más específicamente a partir de 15.20. Pero ahora lo hace dando por sentado que si los muertos en Cristo no resucitan, tampoco Cristo resucitó. Y «vana es entonces nuestra predicación y vana es también vuestra fe» (15.14). Pablo describe la situación en forma radical: hemos perdido el tiempo predicando el evangelio, dice él, porque Cristo no resucitó, y tampoco los creyentes muertos resucitarán. La fe que confesamos en Cristo es una pérdida de tiempo, porque ¿cómo vamos a servir a un Cristo muerto? En tal caso, los predicadores como Pablo, que proclaman a un Cristo resucitado, son realmente «falsos testigos», porque no es posible que Cristo resucitara si los creyentes no pueden resucitar (15.15). Por lo tanto, Pablo repite la implicación de no creer en la resurrección de los creyentes: «Si los muertos no resucitan, tampoco Cristo resucitó» (15.16). También repite la vanidad o vacío de una fe en un Cristo muerto (15.17a), pero añade un pensamiento nuevo en la lógica de su argumento: sin un Cristo resucitado, seguimos viviendo en pecado (15.17b). El perdón de pecados, que el evangelio promete porque Cristo murió y resucitó por quienes creen en él, no es posible sin la fe en un Cristo resucitado y en un pueblo creyente que un día resucitará. De la misma manera, los creyentes que murieron pensando que sus pecados habían sido perdonados «perecieron» porque creyeron en una falsedad: la resurrección de Cristo y la suya.

Por eso, Pablo termina esta parte de su argumento con lo que podría parecer un lamento: «Si solamente para esta vida esperamos en Cristo, somos los más dignos de lástima de todos los hombres» (15.19). De nuevo, Pablo describe la situación en la forma más negativa para enfatizar la seriedad del asunto. ¡Cuán terrible es morir pensado una cosa sobre el destino propio que no se logró! ¡Y cuán terrible será para los creyentes que todavía viven, como los de Corinto, si su fe en un Cristo resucitado resulta haber sido en vano tras todo ese tiempo, porque su pecado no ha sido perdonado por un Cristo vivo! Sea en la vida o en la muerte, esperar en Cristo resulta una lástima, porque si él no resucito de entre los muertos, tampoco los creyentes resucitarán. Sin embargo, algunos en Corinto aceptan la resurrección de Cristo, pero no la de los creyentes muertos en Cristo. Los tales se estarán preguntando, «¿por qué no se puede creer en un Cristo resucitado aunque no se crea en la resurrección de muertos?» Pablo responde a esa objeción en la próxima parte de su argumento.

### Cristo sí resucitó de entre los muertos: 15.20-28

En esta sección, Pablo argumenta en términos escatológicos. Hay que creer en la resurrección de los muertos en Cristo, porque la resurrección de Cristo, la cual todo creyente en Corinto afirma, es «primicias de los que murieron» (15.20). En otras palabras, así como el pueblo de Israel practicaba entregar los primeros frutos de su cosecha como ofrenda a Dios en gratitud por la garantía de una buena cosecha (Ex 23.19), así también la resurrección de Cristo asegura la resurrección de los muertos en Cristo en el día final. Por eso, si se cree en la resurrección de Cristo, también se debe creer en la resurrección de los muertos en Cristo. Lo primero, como el primer fruto de una cosecha, garantiza lo segundo.

Pablo ofrece una tipología bíblica para demostrar esta realidad. Hay tres lugares en sus cartas donde Pablo presenta a Adán como un «tipo» o figura de Cristo (Ro 5.12-21, 1 Co 15.45-49 y aquí en 15.21-22). La idea principal es que Adán, el primer humano, introdujo el pecado y, como consecuencia, la muerte. Cristo, el «segundo hombre» (15.47), con su sacrificio en la cruz, quita el pecado del mundo y, por ende, asegura vida eterna para la humanidad que lo acepta. Por lo tanto, Pablo concluye, «pues por cuanto la muerte entró por un hombre, también por un hombre la resurrección de los muertos» (15.21). De la misma manera en que Adán trajo muerte para la humanidad con sus acciones, Cristo trajo vida con las suyas —su vida, ministerio, muerte y resurrección. Pablo implica que tal teología bíblica demuestra que si aceptamos la resurrección de Cristo tenemos que aceptar la resurrección de quienes murieron con fe en Cristo, los cuales «serán vivificados» (15.22).

Esta resurrección, como la de Jesús, vendrá en el tiempo apropiado. Pablo ofrece una dimensión escatológica, quizás para amainar la prisa de algunas personas en Corinto que piensan que ya la gloria venidera se ha alcanzado y que quienes ahora viven en Cristo —y no los muertos— son los únicos que gozarán de esa gloria. Pablo les asegura que todo tiene «su debido orden» (15.23a). Anteriormente, pidió orden en el culto al Señor (14.40); aquí, se refiere al reloj de Dios en la historia sagrada:

> Cristo, las primicias; luego los que son de Cristo, en su venida. Luego el fin, cuando entregue el Reino al Dios y Padre, cuando haya suprimido todo dominio, toda autoridad y todo poder. (15.23b-24)

Los días finales en el reloj de Dios comienzan con la vida, muerte y resurrección de Cristo. Luego, cuando Cristo venga de nuevo, los muertos en Cristo serán resucitados. Y, después, viene el fin de la historia como la conocemos cuando Cristo le entregue de nuevo el Reino, ya consumado o restaurado, al Dios Creador del universo. Es en ese Reino que ahora otros dominios, tanto políticos como espirituales, piensan que tienen «toda autoridad y todo poder». Pero no es así, aunque así parezca. Cristo —su vida, sacrificio, resurrección y la entrega de las personas en fe a él— hace posible el retorno de la creación al Dios auténtico, el Dios verdadero, el Dios de toda autoridad y poder. Este retorno es lo que también se llama en la Biblia el «Reino de Dios». Estos versículos contienen un buen resumen de la escatología paulina.

Los creyentes en Corinto no deben adelantarse a este orden constituido por Dios porque, como dice Pablo en el próximo versículo: «Preciso es que [Cristo] reine hasta que haya puesto a todos sus enemigos debajo de sus pies» (15.25). La vida, muerte y resurrección de Cristo hacen posible el comienzo del fin del reinado de los enemigos de Dios. Como el salmista anunció:

Jehová dijo a mi Señor:
«Siéntate a mi diestra,
hasta que ponga a tus enemigos
por estrado de tus pies». (Sal 110.1)

Este Salmo de entronización o de ascensión al trono de un nuevo rey davídico se usa mucho en el Nuevo Testamento como un salmo mesiánico que predice el papel del Mesías (véase Mt 22.44; Mc 12.36; Lc 20.42-43; Hch 2.34-35; Ef 1.20-22; Col 3.1; Heb 1.13; 8.1; 10.12-13). Pablo y otros escritores del Nuevo Testamento ven a Cristo como el Rey que hace posible el retorno de la creación al Dios Creador del universo. Esto conlleva la salvación de toda la humanidad, viva y muerta, arrancándola de las manos de los poderes malignos. Y esos poderes incluyen no solamente poderes espirituales, sino también poderes terrenales como el Imperio Romano, que manejaba un «reino» maligno en los tiempos de Jesús y de Pablo. Ambos tipos de reinos malignos son temporeros y Dios los sujeta bajo los pies de su agente especial, Cristo Jesús. El último de estos poderes malignos es la muerte misma, «el postrer enemigo que será destruido» (15.26). Si aun la muerte Dios la sujeta «bajo los pies» del Cristo resucitado, precisamente porque resucitó de los muertos para mostrar el poder de Dios sobre la muerte, ¿cuánto más habrá también resurrección para los fieles muertos en Cristo?

Por lo tanto, en repuesta a la pregunta de por qué la resurrección de Cristo implica la resurrección de los muertos en Cristo, Pablo responde que con la vida, muerte y resurrección de Cristo comienza una restauración final de la historia, donde Cristo reina. La resurrección de Cristo es las primicias de la garantía que Dios da sobre el retorno de su reinado, sobre el retorno de Cristo para buscar a su iglesia, incluso a los muertos en Cristo, quienes resucitarán, y sobre la destrucción de todo poder y dominio falso, especialmente la muerte. Pablo termina con una afirmación de que, aunque Cristo es el agente terrenal que Dios usó para comenzar esta finalización de la historia y el Reinado final de Dios, es a Dios a quien en el último análisis hasta Cristo se sujeta:

Y cuando dice que todas las cosas han sido sujetadas a él [Cristo], claramente se exceptúa aquel [Dios] que sujetó a él [Cristo] todas las cosas. (15.27)

En este contexto, Pablo no lleva su cristología hasta el punto de darle igualdad a Cristo con Dios, el Padre. Pablo afirma que Dios usa al "Hijo", su agente especial en los últimos días, para sujetar «todas las cosas»; pero «también el Hijo mismo se sujetará al que le sujetó a él todas las cosas, para que Dios sea todo en todos» (15.28). Ya antes Pablo indicó la pertenencia de Cristo a Dios: «y vosotros sois de Cristo y Cristo es de Dios» (3.23). También, Pablo afirmó que «para nosotros, sin embargo, sólo hay un Dios, el Padre, del cual proceden todas las cosas y para quien nosotros existimos; y un Señor, Jesucristo, por medio del cual han sido creadas todas las cosas y por quien nosotros también existimos» (8.6). La meta de Pablo en estos pasajes del capítulo 15 es que aquellos corintios que están negando la posibilidad de la resurrección de los muertos en Cristo se den cuenta de la amplitud del impacto de la resurrección de Cristo sobre sus hermanos y hermanas muertos en Cristo, sobre la historia entera de la humanidad y sobre la muerte y los poderes malignos del mundo que bien conocen. Sin embargo, sobre todo esto está la mano soberana del Dios que envió a Cristo para comenzar el proceso de recoger «todas las cosas, para que Dios sea todo en todos». Los creyentes en Corinto, que celebran la vida resucitada en él ahora, de tal modo que rechazan la resurrección futura de sus hermanos y hermanas muertos en Cristo, tienen que sujetar su escatología prematura al reloj de Dios, que incluye una resurrección futura de los muertos en Cristo y una victoria final y definitiva sobre la muerte.

### La resurrección en la práctica de Pablo y los corintios: 15.29-34

1 Corintios 15.12-28 presenta un argumento a base de un razonamiento lógico a favor de la resurrección de los creyentes muertos en Cristo. En este próximo párrafo, Pablo ofrece otro breve argumento basándose en la *experiencia* —la de la iglesia en Corinto (15.29) y la de Pablo, apóstol de la iglesia (15.30-32). Además, Pablo termina el párrafo con unas palabras de exhortación directa a los corintios (15.33-34) —especialmente a quienes rechazan la posibilidad de la resurrección de quienes han muerto en Cristo.

Primero, Pablo hace una referencia extraña a una práctica oscura de parte de algunas personas en Corinto: «De otro modo, ¿qué harán los que se bautizan por los muertos, si de ninguna manera los muertos resucitan? ¿Por qué, pues, se bautizan por los muertos?» (15.29). De alguna forma u otra, parece que algunas personas en Corinto practicaban el bautismo vicario. Quizás, lo hacían a nombre de creyentes muertos que nunca se bautizaron, o con la idea de que un bautismo vicario por sus seres queridos podría asegurar su salvación final. El caso es que algunos creyentes en Corinto, aparentemente, se estaban bautizando a nombre de esos seres queridos, ya muertos. No hay evidencia de tal práctica en ningún otro lugar en toda la literatura cristiana antigua, tanto canónica como no, ni tampoco en las prácticas no cristianas de la época, aunque haya semejanzas con otros ritos vicarios.

En todo caso, lo más interesante es que Pablo no denuncia la práctica, sino que la usa como argumento a favor de su punto primordial. ¿Para qué bautizarse a nombre de los muertos si no hay resurrección futura? Aquí, Pablo continúa el tema de los creyentes que niegan una resurrección futura, cuestionando ahora la lógica de sus prácticas bautismales—en este caso de una especie de bautismo vicario, de un creyente en representación de otro que murió sin haber sido bautizado. Pablo se pregunta, ¿cuál es el uso de tales costumbres, si el futuro de tales muertos está en duda? Si no hay resurrección de los muertos en Cristo, lo único seguro es su muerte. Pablo no expresa acuerdo o desacuerdo con la práctica de tales bautismos, porque su interés aquí es enfocar el error de no creer en la resurrección de los muertos. Los corintios no están practicando lo que creen si se bautizan a nombre de los muertos, y al mismo tiempo no creen en la resurrección futura de esos muertos.

En segundo lugar, Pablo discute su propia experiencia como apóstol sufrido, en relación con la fe en la resurrección futura de los creyentes difuntos. Hemos visto ya su referencia a los sufrimientos de los apóstoles como parte de su argumento sobre un liderato evangélico genuino, contra la perspectiva triunfalista de algunos líderes en Corinto (véase 1 Co 4.8-13). Más adelante, en 2 Corintios, veremos que Pablo también describe los sufrimientos apostólicos para defender su apostolado y la naturaleza del ministerio cristiano en general (véase 2 Co 4.7-12; 6.3-10; 11.23-30). Aquí, describe las dificultades de su ministerio para argumentar que todo esto sería una pérdida de tiempo si no hay resurrección futura para los creyentes difuntos:

> ¿Y por qué nosotros nos exponemos a peligros a toda hora? Os aseguro, hermanos, por la gloria que de vosotros tengo en nuestro Señor Jesucristo, que cada día muero. (15.31-32)

En otro lugar, Pablo les escribe, específicamente, sobre los peligros que ha confrontado en su servicio a las iglesias: «en peligros de ríos, peligros de ladrones, peligros de los de mi nación, peligros de los gentiles, peligros en la ciudad, peligros en el desierto, peligros en el mar, peligros entre falsos hermanos» (2 Co 11.26). También describe cómo esto lo hace en continuidad con el espíritu de sacrificio del mismo Jesús:

> Dondequiera que vamos, llevamos siempre en el cuerpo la muerte de Jesús, para que también la vida de Jesús se manifieste en nuestros cuerpos, pues nosotros, que vivimos, siempre estamos entregados a la muerte por causa de Jesús, para que también la vida de Jesús se manifieste en nuestra carne mortal. De manera que la muerte actúa en nosotros, y en vosotros, la vida. (2 Co 4.10-12)

Pablo sufre, aun la muerte si es necesario, para que los creyentes de sus iglesias, incluso la de Corinto, conozcan de lleno a este Jesús a quien Pablo sirve. Por eso, como dice en 15.31, «cada día muere» a favor de su ministerio con los corintios. Aun en Éfeso, de donde escribe esta carta, confronta oposición a su ministerio: «como hombre batallé en Éfeso contra fieras» (15.32a).

Sin embargo, todo esto puede ser una pérdida de tiempo, esfuerzo y hasta la vida, si no hay resurrección futura de los muertos en Cristo: «¿De qué me sirve? Si los muertos no resucitan, "Comamos y bebamos, porque mañana moriremos"» (15.32b, citando un dicho popular que también se cita en Is 22.13 y Lc 12.19). Entre los griegos, los filósofos epicúreos pensaban que el mayor propósito de la vida era el placer. Para Pablo, sin un futuro asegurado más allá de la vida, con la victoria final sobre la muerte, ¿por qué no ser epicúreos? Sin embargo, Pablo cita otro dicho corriente (este del poeta griego Menandro): «Las malas conversaciones corrompen las buenas costumbres», para recordarles a sus feligreses en Corinto que hay otra alternativa: «No os engañéis… Velad debidamente y no pequéis… » (15.33a, 34a).

Para Pablo, estas enseñanzas erróneas, que rechazan la resurrección de los muertos en el futuro cuando Cristo regrese, son «malas conversaciones». Producen malas costumbres entre los creyentes en Corinto. Por eso, les insta a que no se dejen engañar, sino velen cuidadosamente por lo que creen, y no pequen poniendo en práctica falsas doctrinas. ¿En qué forma las «malas conversaciones» se convierten en «malas costumbres»? Pablo no lo especifica, pero el dicho epicúreo, «Comamos y bebamos, porque mañana moriremos», puede ser un ejemplo de los resultados de no creer en una resurrección futura —vivimos para el hoy sin preocuparnos de nuestro futuro. Para Pablo, la falta de ortodoxia —de enseñanzas correctas— resulta en la falta de orto-praxis, es decir, de buena y justa conducta delante de Dios con los hermanos y hermanas en la fe, y con el mundo en general. Otro resultado es la falta de conocimiento auténtico de Dios y de la vida en Dios. Recordemos que algunas personas en Corinto se creen «sabias» y piensan que conocen bien esta fe a la que Pablo les introdujo (véase 8.1-3). Pero ya Pablo les ha demostrado su verdadera falta de conocimiento (8.4-13). En el asunto de la resurrección futura de los muertos en Cristo, Pablo afirma de nuevo esa falta de conocimiento: «Porque algunos no conocen a Dios» (15.34b).

Esta también es una comunidad enamorada de la búsqueda del honor y el prestigio (véase, por ejemplo, 1 Co 4.6-8). Sin embargo, Pablo les demostró que Dios es quien le da de su gloria a la humanidad, aun a los más humildes de la comunidad (1 Co 1.26-31). Aquí, Pablo argumenta de nuevo que la falta de fe en una resurrección futura para todo creyente en Cristo trae deshonra, no honra: «Para vergüenza vuestra lo digo» (15.34c). Por lo tanto, con estas exhortaciones Pablo amonesta a sus feligreses en Corinto declarando que el rechazo de la enseñanza sobre la resurrección futura de los muertos en Cristo es asunto serio. No creerlo trae deshonra a la comunidad cristiana; y trae pecado, un poder que puede apoderarse de esa comunidad y no dejarla avanzar en la fe. La comunidad tendrá más preguntas sobre cómo es posible la resurrección de un cuerpo muerto, y a tales preguntas Pablo se dirige en el resto del capítulo (15.35-57). Pero hasta aquí, espera que sus lectores entiendan que no hay lugar para ceder terreno en esta enseñanza básica de la fe cristiana: Cristo resucitó y también un día los muertos en Cristo resucitarán.

### El modo de la resurrección de los muertos: 15.35-57

Uno de los problemas que Pablo confronta con los creyentes en Corinto es la filosofía griega que dice que en la muerte, el cuerpo físico y el alma se separan. El alma vive para siempre, pero no el cuerpo. Quizás, por eso, algunas personas de la iglesia en Corinto no aceptan la enseñanza de Pablo sobre la resurrección de los muertos. Aquí, Pablo responde más específicamente al dilema del cuerpo resucitado y cómo eso es posible: «¿Cómo resucitarán los muertos? ¿Con qué cuerpo vendrán?» (15.35).

La pregunta se hace en forma retórica usando el estilo de una «diatriba» donde el autor, en este caso Pablo, se imagina que un individuo le está haciendo esta pregunta, y no la iglesia entera —aunque la presentación que sigue es para que toda la iglesia entienda y se convenza (véase Ro 6 y 7, donde hay amplios ejemplos de este estilo en Pablo). Pablo quiere deshacer la idea que circula en Corinto de que los cuerpos humanos no puedan resucitar con nueva vida. Según Pablo, quien sostiene tal postura es «necio» (15.36a). Pablo ofrece varias analogías para demostrar el hecho de que «lo que tú siembras no vuelve a la vida si no muere antes» (15.36b).

Primero, Pablo ofrece analogías de la siembra (15.37-38). Cuando uno siembra, la semilla no es lo mismo que lo que se recoge cuando llega el tiempo de la cosecha. La semilla es «grano desnudo, sea de trigo o de otro grano» (15.37). Dios le da otro cuerpo a ese grano, y «cada semilla [tiene] su propio cuerpo» (15.38). Más adelante, después de presentar tres analogías, Pablo las aplica al tema de la resurrección: «Así también sucede con la resurrección de los muertos. Se siembra en corrupción, resucitará en incorrupción» (15.42). Una semilla se siembra («muere») y luego se cosecha («resucita») en una nueva forma. Con esto, Pablo empieza a responder a la pregunta, ¿«Con qué cuerpo vendrán» los muertos en Cristo al resucitar? Pablo explica, en este pasaje, que será con cuerpos transformados.

La segunda analogía se centra un poco más en esta transformación corporal: «No toda carne es la misma carne, sino que una carne es la de los hombres, otra carne la de las bestias, otra la de los peces y otra la de las aves» (15.39). Pablo implica que el cuerpo resucitado es distinto, como también son distintos los cuerpos (la «carne») del humano terrenal, de las bestias, de los peces y de las aves. De nuevo, Dios los hizo todos diferentes, pero todos son cuerpos, y el cuerpo resucitado es distinto al cuerpo humano no resucitado, tanto vivo como muerto.

Entonces, en una tercera analogía, Pablo dice que «Hay cuerpos celestiales y cuerpos terrenales» (15.40a). Cada uno tiene su propia «hermosura», sea celestial o terrenal y, entre los celestiales, cada uno tiene su propio «resplandor», pues el resplandor del Sol es diferente al de la Luna y al de las estrellas (15.41a). Cada uno de estos «cuerpos» es diferente; tiene su propia forma de ser. «Pues una estrella es diferente de otra en resplandor» (15.41b). Con estas analogías de distinciones entre cuerpos humanos, naturales y celestiales, Pablo concluye que «Así también sucede con la resurrección de los muertos» (15.42a), dando a entender que el cuerpo resucitado es distinto al cuerpo humano que fue enterrado en la muerte.

Pablo prosigue a describir la cualidad de este cuerpo resucitado con una serie de contrastes con el cuerpo humano que experimenta la muerte:

> Se siembra en corrupción, resucitará en incorrupción. Se siembra en deshonra, resucitará en gloria; se siembra en debilidad, resucitará en poder. Se siembra cuerpo animal, resucitará cuerpo espiritual. (15.42b-44a)

La palabra «animal», en el último contraste, se traduce mejor «natural» y se refiere, de nuevo, a nuestro cuerpo actual que conlleva corrupción física, la deshonra del pecado, la maldad, la enfermedad, las debilidades —todo lo que conduce hacia la muerte. Sin embargo, aunque este cuerpo humano, natural, «animal» sufre los achaques de la vida porque físicamente se corrompe, espiritualmente se deshonra y, en general, es débil, esto no quiere decir que como creación de Dios no pueda experimentar una resurrección que transforma el cuerpo humano en una realidad incorrupta, gloriosa y poderosa. Pablo resume esta transformación afirmando que el cuerpo humano «se siembra» («muere» como la semilla descrita en 15.36-38) natural, pero resucita como «cuerpo espiritual». Por lo tanto, «hay cuerpo animal y hay cuerpo espiritual» (15.44b).

Sin embargo, esto es distinto que decir, como algunos creyentes en Corinto, que luego de la muerte sólo el alma del individuo sobrevive. Para Pablo, un cuerpo transformado de lo natural a lo espiritual todavía mantiene la unidad de cuerpo y espíritu. En el próximo pasaje (15.45-50), Pablo explica esto con otra analogía, ya introducida antes (véase 15.21-22), la de Adán y Cristo.

Pablo comienza con una declaración basada en Génesis 2.7: «Así también está escrito: "Fue hecho el primer hombre, Adán, alma viviente"; el postrer Adán, espíritu que da vida» (15.45). Pablo hace una distinción entre el «alma» (gr. *psyche*), la cual Dios sopló en el primer humano (Adán), y el Espíritu (gr. *pneuma*) con el cual el segundo Adán (Cristo) da nueva vida. Además añade una nota cronológica: la vida «animal» o «natural» (gr. *psychikon*) antecede a la vida «espiritual» (gr. *pneumatikon*). Primero, vivimos y morimos humanamente, y luego, en la *parusia* (retorno) de Cristo, recibimos, tras la resurrección, nueva vida espiritual (15.46). Sin embargo, en todo esto Pablo no quiere conformarse con esa nueva vida espiritual tras la resurrección como espíritus sin cuerpo. Será un cuerpo, sólo que no será el cuerpo como antes de la resurrección —cuerpo «natural»— sino un cuerpo transformado, un cuerpo espiritual.

Continuando con la idea del primer ser humano y el segundo (Adán y Cristo), Pablo pasa a las analogías de tierra y cielo. «El primer hombre es de la tierra, terrenal; el segundo hombre, que es el Señor, es del cielo» (15.47). Con alusión a la creación humana, a través del polvo o de la tierra (Gn 2.7), Pablo afirma que esa vida humana, primordial es una vida «terrenal». En contraste, la nueva vida que el segundo humano, «el Señor», nos dará será «celestial». Pablo describe este proceso como algo natural: nuestra vida humana es «conforme al terrenal», conforme a Adán, quien fue creado a través del polvo y, por lo tanto, así somos los seres humanos —«terrenales» (15.48a). Sin embargo, algo nuevo espera a los creyentes en su vida más allá de la resurrección, una vida que será «celestial» porque viviremos «conforme al celestial», Cristo, cuya resurrección prepara el camino para la nuestra. Pablo termina este párrafo trayendo a la memoria otra referencia a la creación humana en Génesis, cuando menciona «la imagen» con la cual fuimos creados (véase Gn 1.26-27). Pero en este caso, pasa de la idea de la imagen de Dios que nos marca como creación de Dios, a la idea de que también estamos marcados con una imagen netamente humana, netamente adánica. Por eso, somos «terrenales», porque «hemos traído la imagen del terrenal» (15.49a). Sin embargo, un día, cuando el Celestial venga a resucitarnos, «traeremos también la imagen del celestial» (15.49b). Nuestra transformación será completa.

Tal transformación será necesaria, dice Pablo, porque la «carne y sangre» (otra manera de describir nuestra existencia como humanos) «no pueden heredar el reino de Dios, ni la corrupción hereda la incorrupción» (15.50). Ya Pablo ha descrito nuestro cuerpo humano antes de la resurrección como «corruptible» (15.42). Ahora, afirma que tal naturaleza no puede participar de lo «celestial», que aquí es «el reino de Dios». En 6.9-10, Pablo escribió sobre todos los tipos de pecados que no le permiten a la humanidad heredar el reino de Dios. Sin embargo, hay una transformación para quienes reciben el poder del Señor Jesucristo y el Espíritu de Dios en su vida (6.11). En la resurrección esa transformación es completa y asegura la participación en el reino porque el cuerpo corruptible por el pecado y la muerte se ha convertido en un cuerpo incorruptible.

Habrá en Corinto quien pregunte: ¿Y qué de los que todavía estén *vivos* cuando Cristo venga por última vez, ya que necesitamos cuerpos transformados? A esta pregunta, Pablo tiene también respuesta:

> Os digo un misterio: No todos moriremos; pero todos seremos transformados, en un momento, en un abrir y cerrar de ojos, a la final trompeta, porque se tocará la trompeta, y los muertos serán resucitados incorruptibles y nosotros seremos transformados, pues es necesario que esto corruptible se vista de incorrupción y que esto mortal se vista de inmortalidad. (15.51-53)

Por lo tanto, Pablo revela algo antes desconocido (eso es, antes de la primera venida de Cristo). Esto es lo que un «misterio» quiere decir. Ese misterio es que los creyentes que todavía vivan cuando Cristo regrese experimentarán una transformación corporal.

Este pasaje y el de 1 Tesalonicenses 4.13-18 muestran dos cosas en particular: (1) Pablo y muchos de sus seguidores esperaban estar vivos cuando Cristo regresara. Por eso Pablo, usando el lenguaje apocalíptico de su día, escribe sobre una transformación de los muertos (resurrección) y de los vivos (transformación aquí, pues en 1 Ts 4.17 habla de un «rapto» o «arrebato» de los que viven en Cristo). Ambos necesitan «vestir» sus cuerpos de incorrupción para vivir sus nuevas vidas «inmortales». (2) También Pablo «viste» este pasaje, como ya se dijo, de lenguaje apocalíptico, donde el misterio, la espontaneidad («abrir y cerrar de ojos»), las trompetas, la resurrección de muertos y las promesas de inmortalidad son imágenes típicas para describir un cambio radical en la historia de la humanidad, impulsado por acción divina. En el Antiguo Testamento (por ejemplo, Isaías, Ezequiel, Daniel) y en varios escritos intertestamentarios, incluso los famosos Rollos del Mar Muerto, encontramos descripciones del fin del mundo y del juicio divino, que usan lenguaje similar al de Pablo en este pasaje y en 1 Tesalonicenses. En particular, Pablo creía en la intervención divina en la historia, en forma final, específicamente a través del retorno de Cristo en «el día del Señor». Tanto aquí como en Tesalonicenses, los detalles de cómo será ese «día» son pocos. En el caso de este pasaje en 1 Corintios, el punto clave gira alrededor de la transformación corporal necesaria, tanto para los vivos como para los difuntos en Cristo, para participar del reino de Dios que la *parusia* de Cristo traerá en forma final.

Finalmente, Pablo se dirige al punto culminante de su largo argumento en este capítulo 15: la victoria sobre la muerte que la resurrección de Cristo, y de los creyentes que han muerto, representa. La afirmación de la victoria final sobre la muerte se introduce con un resumen de lo que Pablo acaba de declarar en 15.51-53: «Cuando esto corruptible se haya vestido de incorrupción y esto mortal se haya vestido de inmortalidad, entonces se cumplirá la palabra que está escrita: "Sorbida es la muerte en victoria"» (15.54). Esta cita, basada en Isaías 25.8, refleja la totalidad de la victoria sobre la muerte, que es derrotada como si fuese tragada por completo. Luego, Pablo ofrece otra alusión bíblica, del profeta Oseas 13.14: «¿Dónde está, muerte, tu aguijón? ¿Dónde, sepulcro, tu victoria?» Un «aguijón» podía ser el instrumento que se usaba para obligar a los bueyes a trabajar, un cruel instrumento de tortura, o el miembro con el que un alacrán u otro animal semejante inyecta su veneno. Con la resurrección de los muertos y la transformación de los viejos cuerpos en nuevos cuerpos vestidos de inmortalidad, ya el aguijón de la muerte no tendría su cruel fuerza, ni el sepulcro la última palabra o victoria.

Además de citar a Isaías y Oseas, Pablo añade un poco de su propia teología a este retrato de la victoria sobre la muerte. Para Pablo, el poder del pecado tiene una conexión directa con la muerte. Más tarde en su carrera, escribiría que la «paga del pecado es muerte» (Ro 6.23). Aquí, afirma que «el aguijón de la muerte es el pecado, y el poder del pecado es la Ley» (15.56). Pablo les enseña a los gálatas y a los romanos que «por medio de la Ley es el conocimiento del pecado» (Ro 3.20; véase Gl 2.16) y, por lo tanto, aunque la ley demuestra que hay pecado, no tiene el poder para quitarlo. En Ro 7.7-24, Pablo describe el poder del pecado sobre la vida del individuo. Sin embargo, termina ese pasaje dando gracias a Dios por la libertad sobre el pecado y la muerte que la fe en Cristo ha traído para quienes confían en él (Ro 7.25—8.2). Aquí también, Pablo termina con una palabra de gratitud: «Pero gracias sean dadas a Dios, que nos da la victoria por medio de nuestro Señor Jesucristo» (15.57).

Y así termina esta larga presentación en repuesta a posibles preguntas sobre la resurrección de los muertos: «¿Cómo resucitarán los muertos? ¿Con qué cuerpo vendrán?» (15.35). Pablo enfoca la atención en la segunda pregunta: ¿cómo será el cuerpo resucitado? Su repuesta básica es que será un cuerpo transformado. Tras la pregunta, está la idea de que un cuerpo humano no puede tener existencia después de la muerte y que la única existencia después de la muerte es la del alma, y no la del cuerpo. Para Pablo, en cambio, la existencia humana no puede ser solamente espiritual sin una realidad corporal y sin una identidad consistente. La semilla que se siembra se cosecha en una forma diferente, pero sigue siendo la misma entidad que se plantó. De la misma manera, el humano comienza su vida en forma «terrenal» y «corruptible», y muere. Pero Pablo afirma que todo no termina ahí. Un día, cuando Cristo venga a sus fieles, esa semilla sembrada se cosechará en nueva vida. ¿Cómo será esa cosecha, ese nuevo cuerpo? Pablo no lo describe exactamente, pero sí parece que ese nuevo cuerpo tiene dos características básicas: (1) se podrá identificar como la persona, la presencia corporal, que se conocía en la vida «terrenal»; y (2) será un cuerpo transformado, que más bien se llama, dice Pablo, un «cuerpo espiritual». La identidad y la realidad corporal, aunque transformada, son claves para entender cómo serán los cuerpos resucitados según la enseñanza de Pablo en 15.35-57.

### Una exhortación: 15.58

Pablo comenzó 1 Corintios 15 con una descripción básica del evangelio que él predica, incluso la creencia en la resurrección de Cristo (15.1-11). Luego afirma, con varios tipos de argumentos, que si Cristo resucitó, entonces también los muertos en Cristo resucitarán (15.12-34). Por último, como acabamos de ver en la última sección, esa resurrección de los muertos implicará una transformación de los cuerpos, de una entidad corporal terrenal a una celestial. Estas enseñanzas vale la pena aclarar, entender y aceptar, no sólo como doctrinas abstractas, sino para que guíen y ayuden nuestro diario vivir en el presente. Por eso, Pablo termina el capítulo, y toda la larga serie de respuestas a los distintos problemas que hay en Corinto, con una exhortación final, antes de entrar en sus últimas recomendaciones generales en 1 Corintios 16. En esta exhortación al final del capítulo 15, les hace varias amonestaciones específicas a sus feligreses en Corinto:

> Así que, hermanos míos amados, estad firmes y constantes, creciendo en la obra del Señor siempre, sabiendo que vuestro trabajo en el Señor no es en vano. (15.58)

Aunque tenga conflictos con algunos en la iglesia de Corinto, todas esas personas siguen siendo para Pablo sus «amados hermanos y hermanas». Aunque haya tantos problemas, incluso este problema serio del rechazo de la resurrección de los muertos, Pablo sigue creyendo que pueden caminar «firmes y constantes» en la fe que él les enseñó y les está enseñando a través de esta carta. Pablo cree en el crecimiento constante del pueblo de fe, no sólo intelectualmente sino en servicio a favor de sus hermanos y hermanas. Por eso, exhorta hacia un crecimiento en «la *obra* del Señor siempre». Más adelante, encomiará, en particular, la obra y servicio de ciertos miembros de esa comunidad, Estéfanas y su familia (16.15-18). Pablo espera que toda la congregación aprenda a obrar y servir como Estéfanas y sus parientes. Por último, Pablo exhorta a sus lectores, algunos de los cuales celebran su sabiduría humana, para que *sepan* que es su «trabajo en el Señor» lo que de veras se debe considerar como una sabiduría práctica y no vana. De esta manera Pablo termina como comenzó este largo argumento sobre la futura resurrección de los muertos: creer en esta enseñanza básica del evangelio «no es en vano» (véase 15.2).

Nos toca a nosotros hoy día preguntarnos cómo es que creemos y enseñamos sobre la resurrección, tanto de Cristo, como de quienes han muerto con su fe puesta en él. Ciertamente, esto sigue siendo una enseñanza básica del evangelio, pero ¿cómo lo entendemos hoy día? Quizás, los elementos básicos de este pasaje —creer que nuestra fe no es en vano, creer en la soberanía de un Dios poderoso que está en control de la historia, creer en un Cristo que venció la muerte para enseñarnos cómo vivir, creer que la muerte no tiene la última palabra, y creer que nuestros cuerpos serán transformados para una nueva vida en un futuro que sólo Dios conoce— sean suficientes para guiar nuestra vida hoy día y para crecer en fe y en obras de justicia hasta que Cristo venga por nosotros o nosotros vayamos a él.

# Conclusión de la carta: 16.1-24

Al terminar con los asuntos más problemáticos en su presentación a los corintios, Pablo se refiere a varios temas con los que concluye su carta: la colecta para la iglesia en Jerusalén, sus planes de viaje y los de Timoteo y Apolos, y unas últimas exhortaciones, añadiendo una palabra de recomendación para uno de los líderes locales más leales a Pablo. Entonces, termina la carta con unos saludos finales y una palabra de bendición.

### *La colecta para los santos de Jerusalén: 16.1-4*

Parece que esta información sobre la colecta para «los santos» de la iglesia en Jerusalén (véase 16.3 en cuanto al destino de la ofrenda) es respuesta a otra pregunta que los corintios le habían hecho a Pablo, pues comienza con la frase «en cuanto a» —la misma frase que aparece en 7.1, 7.25, 8.1 y 12.1. La iglesia en Corinto pide instrucciones sobre cómo llevar a cabo esta ofrenda para la iglesia en Jerusalén, y Pablo se las ofrece.

Primero, les dice que sigan las mismas instrucciones que les dio a las iglesias de Galacia (16.1). No sabemos cuándo Pablo les dio esas instrucciones, aunque en su carta a los gálatas describe el comienzo de este compromiso de conseguir apoyo financiero para la iglesia madre del movimiento cristiano en Jerusalén, de parte de las iglesias paulinas, que son mayormente gentiles (véase Gl 2.1-10, especialmente 2.10, donde el concilio de Jerusalén, entre Pablo y Bernabé, y los líderes de Jerusalén termina con un acuerdo de una misión entre judíos y una misión gentil, de modo que la segunda provea apoyo financiero para la primera).

Segundo, Pablo da instrucciones específicas sobre cómo hacer la colecta. Cada primer día de la semana (literalmente en griego «uno cada sábado», lo que significa el día después del sábado), cada creyente debía apartar un donativo según sus entradas esa semana («según haya prosperado», 16.2a). De esa manera, no sería necesario hacer una gran colecta cuando Pablo llegara (16.2b), sino una colecta individual por parte de cada creyente en Corinto, poco a poco. Al llegar Pablo, se juntarían todas las ofrendas de cada creyente para llevarlas a Jerusalén a nombre de la iglesia en Corinto, junto a todas las otras ofrendas de las iglesias paulinas (por ejemplo, las de Galacia y de Macedonia: véase 2 Co 8.1-5). Al mencionar el «primer día de la semana», o sea el día después del día de reposo,

Pablo da entender que ya era común la práctica cristiana de reunirse el domingo, quizás en honor al día de resurrección de Jesús.

Pablo indica entonces que cuando él visite a Corinto enviará a Jerusalén a las personas que la iglesia designe, con la ofrenda y con las cartas de presentación apropiadas (16.3). La referencia a tales cartas refleja la práctica antigua de que los emisarios de cualquier índole —ya se tratara de asuntos de negocios o ya de una representación de alguna entidad política o religiosa— llevasen cartas de recomendación indicando el propósito de su venida y la autoridad que llevaban. A veces, tales emisarios eran esclavos o clientes que llevaban instrucciones o pagos de sus amos, amas o patrones. Aquí, Pablo indica que, aunque estos individuos serían escogidos por la iglesia en Corinto, viajarían con las ofrendas de todas las iglesias paulinas y bajo la autoridad de Pablo mismo. Veremos, más adelante, en 2 Corintios 8–9, cómo Pablo hace hincapié sobre este asunto de la autoridad y sobre la seriedad de esta colecta para la iglesia de Jerusalén. Aquí, en 1 Corintios 16.1-4 no vemos ninguna dificultad en el asunto; pero cuando llegamos a la segunda carta a los corintios vemos que han surgido bastantes dudas en Corinto acerca de esta ofrenda.

Por último, Pablo añade que, de ser necesario, él también irá a Jerusalén (16.4). Nótese una vez más cómo Pablo enfatiza su propia autoridad en esta empresa de la colecta. No dice que él ira con los representantes de Corinto, sino que ellos (o ellas) irán con él. En Romanos 15.25-27, pasaje escrito después de las dos cartas a los corintios y, probablemente, desde Corinto mismo, Pablo da a entender que ha decidido viajar a Jerusalén con la colecta (Ro 15.25). En ese pasaje, vemos también las razones que Pablo aduce para la participación de sus iglesias gentiles en esta ofrenda para la iglesia judía cristiana en Jerusalén:

> Pero ahora voy a Jerusalén para ministrar a los santos, porque Macedonia [la provincia Romana donde estaban Tesalónica y Filipos] y Acaya [la provincia donde estaba Corinto] tuvieron a bien hacer una ofrenda para los pobres que hay entre los santos que están en Jerusalén. Les pareció bueno hacerla, ya que son deudores a ellos, porque si los gentiles han sido hechos partícipes de sus bienes espirituales, deben también ellos ayudarlos con bienes materiales. (Ro 15.25-27)

Pablo está convencido de que los vínculos entre las iglesias fundadas por él en Asia Menor y en Europa, que son mayormente gentiles, y la asamblea de creyentes judíos en Jerusalén, donde el movimiento creció luego de la muerte y resurrección de Jesús, se estrecharán a través de esta ofrenda. Además, Pablo enseña a sus iglesias gentiles que deben su fe a la fe de Israel, sus antecesores espirituales (véase especialmente Ro 9 al 11). La iglesia en Jerusalén sufre una necesidad profunda en medio de dificultades económicas y políticas. Por lo tanto, prestar el apoyo económico necesario es consecuencia y obligación de ser la familia de Dios. Cuando una parte de la familia se duele, todos se duelen. Pablo enseña a sus iglesias, inclusive a la de Corinto, que son una familia con los creyentes judíos en Jerusalén y dondequiera.

### Los planes de Pablo, Timoteo y Apolos: 16.5-12

Tras tratar sobre este último asunto específico que quiere aclarar para su iglesia en Corinto, Pablo comienza a cerrar su carta. Algo semejante sucede hacia el final de sus otras cartas, donde usualmente Pablo escribe sobre sus planes de viaje y ofrece unas exhortaciones finales y generales. Como lo hace en todas sus cartas, Pablo particulariza esta descripción de sus planes y exhortaciones relacionándolos con la situación y necesidad de la iglesia en Corinto. Primero, describe sus planes, los de su colega Timoteo y los del orador popular en Corinto, Apolos.

Pablo se encuentra en Éfeso al escribir 1 Corintios (16.8). Sus planes son quedarse en Éfeso hasta Pentecostés, una fiesta judía que se celebraba en la primavera, cincuenta días después de la Pascua. Aunque la mayoría de la gente en la iglesia de Corinto eran gentiles, parece que conocían de esta fiesta porque Pablo la usaba como un marco en el calendario, o quizás porque tenía cierta medida de fama entre grupos cristianos como la ocasión para el comienzo de la iglesia (véase Hch 2.1-4). En todo caso, Pablo afirma que está teniendo cierto éxito en el ministerio en Éfeso y, por lo tanto, no quiere salir todavía, aunque hay también oposición que, aparentemente, es bastante fuerte (16.9; véase 15.32). Luego de su estadía en Éfeso hasta la primavera, Pablo viajará hasta Macedonia, en vez de cruzar directamente por el Mar Egeo al oeste hacia Corinto. Quiere visitar las iglesias en Macedonia —Tesalónica, Filipos y Berea— que se encuentran al noroeste de Éfeso por camino terrestre. Espera hacer esto durante el verano, y luego salir hacia el sur, de nuevo por tierra, hasta llegar a Corinto. Esto le permitirá quedarse en Corinto por más tiempo, ya que llega el invierno (16.5-6). Parece que los problemas descritos en esta primera carta a los corintios requieren una larga estadía de Pablo para poder lidiar con ellos. Por lo tanto, Pablo escribe, «no quiero veros ahora de paso, pues espero estar con vosotros algún tiempo, si el Señor lo permite» (16.7).

Sin embargo, Pablo también quiere que la iglesia de Corinto apoye su viaje misionero, dondequiera que sea, luego de su larga estadía con ella: «Y puede ser que me quede con vosotros, o aun pase el invierno, para que vosotros me encaminéis a donde haya de ir» (16.6). Pablo usa la frase que aquí se traduce como «encaminar» unas cuantas veces en sus cartas con el sentido de «enviar con apoyo financiero» (véase 16.11; 2 Co 1.16; Ro 15.24). Por ejemplo, una de las razones por las que escribe su carta a los romanos es para presentarse a las iglesias de esa ciudad, las cuales no le conocen personalmente, para que ellas le «encaminen» en su viaje misionero a España (Ro 15.23-24, 28-29). Aquí, en 1 Corintios, Pablo pide algo similar de los corintios, pero no sin antes pasar un buen tiempo con ellos durante un largo invierno, luego de estadías en Éfeso y Macedonia. Veremos más adelante, en 2 Corintios, que Pablo tiene que cambiar de planes e ir directamente de Éfeso a Corinto, pero esto tiene consecuencias decepcionantes (2 Co 1.16; 2.1-4). Por ahora, los planes de Pablo son a largo plazo.

Mientras tanto, Timoteo irá en representación de Pablo (1 Co 16.10-11, véase 1 Co 4.17). Posiblemente, será Timoteo quien llevará esta carta a Corinto. Pablo, por lo tanto, escribe unas palabras de recomendación a favor de Timoteo, para que sea bienvenido en la iglesia de Corinto. La posibilidad de una mala recepción, especialmente luego de que se lea la carta y las amonestaciones que Pablo hace en ella, es palpable en las palabras de Pablo:

> Si llega Timoteo, procurad que esté con vosotros *con tranquilidad*, porque él hace la obra del Señor lo mismo que yo. Por tanto, *nadie lo tenga en poco*, sino encaminadlo *en paz* para que venga a mí, porque lo espero con los hermanos. (16.10-11, énfasis mío)

La frase «con tranquilidad» en el griego es *afobôs*, que significa, «sin temor». Pablo teme que su colega en el ministerio sea rechazado por el liderato en Corinto, que ya tiene problemas con el liderato y las enseñanzas de Pablo mismo. Pablo afirma, sin embargo, que Timoteo viene a la iglesia de Corinto con autoridad paulina: «porque él hace la obra del Señor lo mismo que yo» (16.10). En otras de sus cartas, Pablo describe a Timoteo como quien sirve a Dios junto a él como si fueran padre e hijo: «Pero ya conocéis los méritos de él, que como hijo a padre ha servido conmigo en el evangelio» (Flp 2.22). Unas cuantas veces Pablo envía a Timoteo para lidiar con algún problema en una iglesia cuando él mismo no puede ir por alguna u otra razón (además de 1 Co 4.17, véase Flp 2.19-24; 1 Ts 3.1-6). Junto a Tito, Timoteo es uno de los socios más confiables de Pablo.

Sin embargo, Pablo está preocupado de que en Corinto menosprecien a Timoteo, que «lo tengan en poco» (16.11a). Esto no tiene que ver necesariamente con la tradición que se desarrolla más adelante en la historia de la misión paulina de que Timoteo era muy joven en el ministerio (véase 1 Ti 4.12 para la descripción más explícita de esa tradición: «Ninguno tenga en poco tu juventud, sino sé ejemplo de los creyentes en palabra, conducta, amor, espíritu, fe y pureza»). Más bien, las dificultades de Pablo con esta congregación, que se ven en sus dos cartas a los corintios, son lo que está detrás de la preocupación que expresa en este pasaje. Pide enseguida que Timoteo llegue con la carta, ésta se lea y explique, y que los corintios «encaminen» a Timoteo (o sea, como vimos en 16.6, paguen su viaje) de regreso a Éfeso, donde Pablo lo espera (16.11b). Pablo también menciona a otros hermanos que vendrán con Timoteo sobre la base de unos arreglos cuyos detalles desconocemos; pero es el regreso de Timoteo sano y salvo («en paz») lo que más le preocupa.

Timoteo va y viene en respuesta a las peticiones de Pablo, pero no sucede lo mismo con Apolos. Parece que algunos en Corinto están preguntando por él, porque Pablo escribe: «Acerca del hermano Apolos, mucho le rogué que fuera a vosotros con los hermanos» (16.12a). De nuevo, no sabemos quiénes eran estos «hermanos», compañeros de viaje potenciales de Apolos (¿Quizás, Estéfanas, Fortunato y Acaico, quienes también iban de regreso a Corinto después de visitar a Pablo? [véase más abajo, 16.17-18]). El punto clave es que, a diferencia de Timoteo, Apolos decide no ir hacia Corinto, aunque Pablo le pida que vaya: «De ninguna manera tuvo voluntad de ir por ahora» (16.12b).

Apolos tiene derecho a su propia voluntad en el asunto. Es independiente de Pablo y no parte de su equipo inmediato, como lo es Timoteo. Pablo no ve esto como necesariamente negativo, ni debemos nosotros verlo así. Recordemos que Apolos tuvo tanto efecto en Corinto, que algunos formaron su propio grupo a favor de su liderato y en contra del de Pablo (véase 1.10-12; 3.4, 21-23; 4.6). Pablo no culpa a Apolos por esta problemática, y llama a Apolos su «consiervo» en la obra del Señor (véase 3.5-9). Quizás, Apolos, judío, predicador independiente de la misión evangélica en Éfeso y Corinto y, según el libro de Hechos, gran orador, nacido en Alejandrina de Egipto, un gran centro de filosofía y retórica en aquel entonces (véase Hch 18.24-28), entiende los problemas de división entre líderes que hay en Corinto —incluso en torno a su propio liderato. Por lo tanto decide, por ahora, hasta que Pablo aclare el asunto, no visitar, aunque su popularidad es grande allí. Pablo agradece la sensibilidad de Apolos y afirma que un día, éste visitará «cuando tenga oportunidad», o sea, cuando el tiempo sea apropiado. Pablo espera que ese tiempo (palabra en griego que se traduce aquí como *kairos*) de la visita de Apolos sea pronto, si Timoteo tiene éxito en presentar los detalles de la carta de 1 Corintios, si los creyentes en Corinto responden positivamente a las correcciones que en ella Pablo ofrece, y si Pablo mismo puede pasar un buen tiempo con esa asamblea, el próximo invierno, aclarando más la voluntad de Dios.

### Exhortaciones finales y recomendación de Estéfanas y su familia: 16.13-18

Frecuentemente, Pablo termina sus cartas con unas palabras generales de exhortación (véase, por ejemplo, Flp 4.4-7; 1 Ts 5.12-22). Los pasajes de este tipo, usualmente, incluyen breves palabras en forma de instrucción o mandato. Aquí, la oración consiste en cuatro puntos de instrucción, casi todos de una sola palabra en el griego: «Velad, estad firmes [una sola palabra] en la fe, portaos varonilmente [una sola palabra] y esforzaos» (16.13). Por su tono, suena como el resumen del largo capítulo 15: «Así que, hermanos míos amados, estad firmes y constantes, creciendo en la obra del Señor siempre, sabiendo que vuestro trabajo en el Señor no es en vano» (15.58). En 15.58, Pablo conecta su exhortación general al pasaje que acaba de desarrollar con las palabras «vuestro trabajo en el Señor no es *en vano*», el tema al comienzo del capítulo 15, la *vanidad* de una fe que no acepta la resurrección de Cristo *y* de los muertos en Cristo (véase 15.2, 10, 14). Aquí, en este comienzo de la conclusión para la carta entera,

Pablo también hace una conexión con lo anterior, en este caso, el tema del amor que debe regir la práctica de la fe en Corinto, aun en medio de las divisiones que existen entre ellos: «Todas vuestras cosas sean hechas con amor» (16.14). Por lo tanto, guardar por la fe («velad»), plantarse firmemente en ella («estad firmes en la fe») y comportarse con coraje y fortaleza espiritual. Aquí, Pablo usa dos palabras griegas, *andrizesthe* y *krataiousthe.* La primera significa comportamiento «varonil» y se deriva de la palabra *andros* («hombre» o «varón»). La segunda quiere decir «esforzaos» o «sed fuertes». Todo esto tiene que hacerse con amor (véase 1 Co 13, donde el amor ayuda a dirigir el uso de dones), especialmente, en un ambiente conflictivo como el de la iglesia de Corinto.

Otra ayuda será seguir buenos ejemplos, y por eso Pablo cita unos buenos ejemplos en el siguiente pasaje de exhortación (16.15-18). Éste es uno entre varios pasajes de recomendación que Pablo ofrece en sus cartas (véase, por ejemplo, Ro 16.1-2; 2 Co 8.16-24; 1 Ts 5.12-13; Flp 2.19-24, 25-30; 4.2-3). En tales pasajes, Pablo recomienda el liderato de sus socios o de líderes locales a sus iglesias como quienes han trabajado arduamente a favor de la iglesia y merecen respeto y reconocimiento. Aquí, en 1 Corintios, Estéfanas y su «familia» (gr. *oikos*, literalmente «hogar», término que incluye a todos los miembros de la familia inmediata y socios de negocio, siervos, clientes y esclavos, etc.), son recomendados al resto de la iglesia de Corinto, por su «servicio (*diakonia*)» a «los santos» (16.15) y por sus disposición de visitar a Pablo y «confortar [su] espíritu» (16.18).

Al comienzo de esta carta, Pablo menciona a Estéfanas y su casa entre los pocos creyentes que bautizó en Corinto (1.16). Aquí, hacia el final de la carta, describe a Estéfanas y su familia como «las primicias de Acaya», o sea, sus primeros «frutos» o conversos en esa región. Y ahora, Estéfanas visita a Pablo, con unos individuos llamados Fortunato (quizás un apodo dado a quien es «afortunado» o «bendecido») y Acaico (que significa uno que es de la provincia de Acaya). Nombres como tales se les daban a esclavos, y quizás estos dos eran miembros de la «familia» de Estéfanas, o sea, parte de su casa en el sentido extenso. En todo caso, Pablo alaba a los tres por su presencia con él en Éfeso y el «refrigerio» (sentido literal de la palabra en griego para «confortar») que ellos le trajeron (16.17-18). Todo esto lo hicieron en representación del resto de la iglesia de Corinto («pues ellos han suplido vuestra ausencia», 1.17b). Quizás, viajaron con la carta de los corintios a Pablo, mencionada en 7.1.

¿Qué es lo que Pablo pide para estas personas? En primer lugar, ya «que ellos se han dedicado al servicio de los santos» (16.15b), Pablo pide a la comunidad que «os sujetéis a personas como ellos» (16.16a). Ésta es la única vez que Pablo usa la palabra «sujetar» o «someter» en relación con una comunidad sujeta a un individuo o grupo de individuos. Este uso de la palabra tiene un sentido reflexivo. Los miembros de la iglesia «se ponen a sí mismos en servicio» a estas personas, a causa del servicio de ellas. Por eso, Pablo dice que no es solamente a Estéfanas y su casa a quienes se debe servicio recíproco, sino «a todos los que ayudan y trabajan» (16.16b). Pablo no establece una jerarquía de liderazgo, sino un servicio mutuo. Si uno trabaja y sirve a la iglesia en varias formas, esa persona merece que cuando ella tenga necesidad, la iglesia responda. Por lo tanto, Pablo pide, en resumen, que la iglesia dé reconocimiento no sólo a Estéfanas y su casa, sino «a tales personas», o sea, a toda persona que provee servicio, ayuda, enseñanza, apoyo financiero, liderazgo, etc., a la iglesia del Señor.

### Saludos finales, firma de Pablo y bendición: 16.19-24

Luego de estas dos exhortaciones, una general y otra específica, a favor del liderato de individuos servidores a la iglesia y fieles a Pablo («refrescan su alma»), Pablo finaliza su carta con saludos de quienes están con él en Éfeso y unas últimas palabras de consejo y bendición. Los saludos son generales: «Las iglesias de Asia os saludan… Os saludan todos los hermanos» (16.19a, 20a). Asia era una provincia romana en el oeste de lo que hoy es Turquía. Su capital era Éfeso. Entre las iglesias paulinas en esta región, además de Éfeso, de las cuales Pablo pudiera enviar saludos, se puede incluir las de Colosas, Laodicea, y Hierápolis, todos lugares muy cercanos (véase Col 4.10-17, en que aparecen otros saludos de esta misma región donde se mencionan estos lugares, específicamente).

También hay saludos más específicos: «Aquila y Priscila, con la iglesia que está en su casa, os saludan mucho en el Señor» (16.19b). Pablo alaba a esta pareja misionera cuando ofrece saludos a hermanas y hermanos conocidos en Roma (Ro 16.3). El libro de Hechos indica que la pareja estuvo con Pablo en Corinto (Hch 18.2-3) y ahora está con él en Éfeso mandando saludos a sus hermanos y hermanas en Corinto. Hechos también describe cómo cuando Apolos estaba en Éfeso, antes de ir a Corinto, Priscila y Aquila le instruyeron en el evangelio de Cristo, porque «solo conocía el bautismo de Juan» (Hch 18.25, véase el pasaje entero en Hch 18.24-28). Pablo señala que esta pareja auspicia reuniones de creyentes en su hogar en Éfeso, dando a entender que esta mujer y su marido son pudientes, talentosos e importantes en la misión paulina, y tienen un hogar suficientemente grande para recibir de treinta a cuarenta creyentes —el número típico de una asamblea cristiana en las ciudades donde Pablo y sus socios establecieron obras. La importancia de Priscila y Aquila para la misión paulina se indica, también, por el hecho de que aparentemente ayudaron a Pablo a establecer iglesias en Éfeso y Corinto, y luego tienen su propia asamblea en Roma (Ro 16.5). Es a los creyentes romanos que Pablo escribe: «Saludad a Priscila y a Aquila, mis colaboradores en Cristo Jesús, que expusieron su vida por mí, a los cuales no solo yo doy las gracias, sino también todas las iglesias de los gentiles.» En griego, la frase, «expusieron su vida» literalmente significa «arriesgar el pescuezo». Con tal forma gráfica, Pablo demuestra la importancia de esta pareja para su ministerio, y el hecho de que sufrieran en el evangelio en maneras similares al mismo Pablo.

Tercero, Pablo quiere que los corintios se saluden entre sí, y que lo hagan «con beso santo» (16.20b), un saludo ceremonial antiguo que indicaba paz y amor entre los participantes de tal saludo. No hay duda de que Pablo quiere que la unidad y el amor que él procura con esta carta a su iglesia de Corinto se sellen con el rito habitual de un «beso santo», especialmente entre las personas que están en conflicto. (Véase Ro 16.16, donde hay otro ejemplo de exhortación al beso santo en otra situación de conflicto.)

Después de estos saludos generales y específicos, Pablo toma la pluma y tinta de manos del escriba a quien dicta su carta (quizás Sóstenes, su «coautor», véase 1 Co 1.1) y escribe su propia «firma» en la carta, con estas palabras: «Yo, Pablo, os escribo esta salutación de mi propia mano» (16.21). Pablo acostumbra usar un secretario, o amanuense, para dictar sus cartas y, a veces, al final, deja su propio «autógrafo» (véase Gl 6.11; Flm 19; Col 4.18; 2 Ts 3.17; en Ro 16.22, ofrece un saludo a nombre del amanuense, Tercio, pero no escribe en su «propia mano»). Usualmente, toma la pluma en su propia mano para hacer énfasis sobre la importancia de lo que ha escrito y dar unas últimas instrucciones, a veces, en tono fuerte (como en Gl 6.11-17). Aquí, Pablo alterna entre una palabra de juicio («El que no ame al Señor Jesucristo, sea anatema», 16.22a) y una palabra de esperanza («¡El Señor viene!», 16.22b), entre una expectativa de la gracia que Cristo provee a los creyentes (16.23a) y el amor que Pablo tiene para ellos y ellas (16.23b). La palabra de juicio —«anatema»— es una forma de maldición y exclusión para quienes no andan conforme a lo que se espera de un grupo. En este caso, Pablo piensa que la unidad en la iglesia es una forma de demostrar el señorío de Cristo Jesús y, por lo tanto, cualquiera en la iglesia que no esté dispuesto a amar la iglesia y, por lo tanto, a Jesús, corre el riesgo de ser excluido de la comunidad. Pablo dice, en Gálatas, algo similar cuando regaña a algunos creyentes por aceptar un mensaje distinto al evangelio que él les predica: «Si alguien os predica un evangelio diferente del que habéis recibido, sea anatema» (Gl 1.9).

La bendición final, que es la última palabra en casi todas las cartas de Pablo, pero casi nunca con las mismas palabras, consiste aquí en una oración por la presencia de la gracia del Señor Jesucristo en sus vidas, y para que el amor que Pablo tiene como siervo de Jesucristo esté en su iglesia también (16.23-24).

Estas últimas palabras de Pablo, como todo el capítulo 16 de la carta, hacen alusiones bastante claras a los temas de la carta entera, especialmente, con los recordatorios del amor de Jesús para su iglesia y de la unidad que Pablo procura para la misma, a través de la continua presencia de la gracia —favor inmerecido— de Dios para su creación, aun en medio de todos los conflictos que esta iglesia confronta. Pablo recuerda la posibilidad de juicio (en este pasaje en términos de la fuerte imagen de un «anatema» o exclusión ritual), como hizo con el hombre que vivía ilícitamente con su suegra (1 Co 5.1-13), para ver si la iglesia despierta de sus errores, aunque sea al leer las últimas palabras de Pablo antes de cerrar la carta, y corrige sus divisiones. En vez de división, Pablo quiere que la iglesia practique la gracia y el amor que Dios en Cristo Jesús tiene para ella, y que a la misma vez reconozca el amor que Pablo, también, tiene para ella.

Vemos así que los distintos problemas que Pablo discute en esta primera carta a los corintios —la división entre líderes, los errores sexuales y matrimoniales, la confusión sobre la idolatría, el ministerio de la mujer, la cena del Señor, los dones y la resurrección— surgen de una falta de unidad. Por esto, Pablo ofrece, como su solución fundamental, la práctica de un amor genuino y divino, demostrado primordialmente en la cruz de Cristo. Sin embargo, veremos en 2 Corintios que muchos de esos problemas persistirían.

# La naturaleza del ministerio: 2 Corintios 1–7

*Capítulo 6*

## Bosquejo del texto bíblico

## Introducción: entre las dos cartas a los corintios

No es muy fácil reconstruir los eventos acaecidos entre 1 Corintios y 2 Corintios, aunque el bosquejo general es como sigue: Timoteo llega con la carta de Pablo, que se lee en una reunión de la iglesia. Hay, todavía, muchas preocupaciones por parte del liderato en Corinto que se opone a Pablo. Algunas de estas personas rechazan a Pablo y sus enseñanzas, aun con más insistencia, cuando escuchan sus amonestaciones en la carta. Timoteo regresa con las noticias y Pablo, en vez de ir hacia Macedonia como proyectaba originalmente (véase 1 Co 16.5-9), decide visitar a su iglesia en Corinto de inmediato. Durante esa visita, tiene un choque bastante fuerte con un individuo en particular —quizás uno de los líderes que rechaza su liderato, pero no podemos asegurarlo (véase 2.5-11, donde Pablo pide que la iglesia perdone al individuo). Por lo tanto, Pablo describe esta ocasión como una visita triste:

> Determiné, pues, no haceros otra visita que os causara tristeza, porque si yo os causo tristeza, ¿quién será luego el que me alegre, sino aquel a quien yo entristecí? (2.1-2)

Pablo escribe una carta, aparentemente, procurando reconciliación con sus feligreses en Corinto, a pesar del mal trato que recibió allí: «Por la mucha tribulación y angustia del corazón, os escribí con muchas lágrimas, no para que fuerais entristecidos, sino para que supierais cuán grande es el amor que os tengo» (2.4). Pablo quiere visitarlos de nuevo, pero no sin antes asegurar su reconciliación con ellos y, de esa manera, hacer una visita de «gozo», y no otra vez de «tristeza» (2.3). Por eso, escribe una «carta de lágrimas» (2.4), la cual envía con su otro socio más cercano, aparte de Timoteo (véase 1 Co 4.17; 16.10-11), Tito (2.12-13). Pablo espera en Macedonia noticias sobre la visita de Tito a Corinto. Cuando Tito regresa con noticias de que la iglesia de Corinto se ha reconciliado con Pablo (7.5-16), éste se regocija y escribe esta carta que hoy llamamos 2 Corintios. En ella, después de una introducción sobre la importancia del ministerio de consolación (1.3-11), recuenta su angustia en la visita a Corinto (1.12—2.13), describe la naturaleza de su ministerio (2.14—7.4) para, una vez más, aclarar ese punto con algunas personas en Corinto, que todavía no entienden (véanse en 1 Co 1.10—4.21; 9.1-27 algunos intentos previos en este particular, con enfoque específico en el liderato y apostolado de Pablo), y hace planes para incluir la iglesia de Corinto en la colecta para Jerusalén (2 Co 8.1—9.15). 2 Co 10 al 13 representa un tono distinto al tono de reconciliación que vemos en 2 Co 1 al 9 y, por lo tanto, muchos eruditos piensan que es parte de otra carta a los corintios, quizás la «carta de lágrimas» escrita antes de 2 Corintios. Discutiremos esto más adelante, cuando estudiemos 2 Corintios 10 al 13 más de lleno.

En esta sección de nuestro comentario, debemos enfocar la atención en la descripción que Pablo hace de su ministerio. La descripción del ministerio de consolación que Pablo ofrece al comienzo de la carta (1.3-11) es la primera de una serie de imágenes que usa para describir los elementos del ministerio evangélico: el ministerio como «triunfo» (2.14-17); el ministerio como «recomendación» (3.1-3); el ministerio como «pacto» (3.4-18); el ministerio como «tesoro» (4.1-5.10), aunque con aflicciones (4.8-12); el ministerio como un acto de «persuasión» (5.11-15); y el punto clave de toda la sección, el ministerio como agente de «reconciliación» (5.16-21). Después, Pablo repite la idea de las aflicciones en el ministerio (6.1-13), antes de un pasaje sobre yugos desiguales, que quizás también sea un fragmento de otra carta (6.14-7.1), y de un resumen de su largo argumento que exhorta a los corintios a abrirle sus corazones a Pablo (7.2-4).

En 7.5, comienza de nuevo la historia de cómo Tito llevó buenas noticias de reconciliación con la iglesia de Corinto; y 8.1 comienza con nuevos esfuerzos de parte de Pablo para asegurar la participación de Corinto en la ofrenda para la iglesia de Jerusalén. En esa parte del comentario, argüiremos que sin la reconciliación que Tito efectuó con quienes se oponían a Pablo en Corinto, no hubiera sido posible el esfuerzo a favor de la colecta que Pablo hace en 2 Corintios 8 al 9. Por lo tanto, 2 Corintios 1.1 al 9.15 es una sola carta (con la posible excepción de 6.14 al 7.1). Pero es posible que 2 Corintios 10.1-13.14, con su tono combativo y apologético, sea parte de otra carta —quizás la «carta de lágrimas» que Pablo menciona en 2.3-4, o quizás otra, escrita después de 2 Corintios 1 al 9.

## Saludos y el ministerio de consolación: 1.3-11

Pablo comienza su carta con un saludo típico, donde se mencionan los autores (Pablo y Timoteo) y los recipientes (la iglesia de Dios que se reúne en Corinto), y se ofrece la gracia y paz divinas a la comunidad que recibirá carta (1.1-2). Al mencionar a Timoteo, Pablo indica que éste ha estado con él en espera de noticias de Corinto. Luego, en vez de comenzar con unas palabras de gratitud por los corintios, o con un anticipo de lo que vendrá en la carta, como lo hizo en la primera carta (véase 1 Co 1.4-9), Pablo ofrece una palabra de bendición por el Dios que consuela a los creyentes afligidos, tales como él (1.3-4). Con esto, logra dos resultados: Trae a la mente de sus lectores lo que ocurrió en la visita de Pablo a Corinto —hubo aflicción para el fundador de aquella iglesia. Y segundo, muestra cómo tales aflicciones personales pueden redundar positivamente en consolación para otros. Varias formas de la palabra «consolación» (palabra que en griego significa literalmente «llamado al lado de uno» como acompañante) abundan en este breve pasaje:

> Bendito sea el Dios y Padre de nuestro Señor Jesucristo, Padre de misericordias y Dios de toda *consolación*, el cual nos *consuela* en todas nuestras tribulaciones, para que podamos también nosotros *consolar* a los que están en cualquier tribulación, por medio de la *consolación* con que nosotros somos *consolados* por Dios. (1.3-4)

Cinco veces Pablo usa una u otra forma de la palabra consolación. Dios es «Padre» del Señor Jesucristo, «Padre» de misericordias hacia su creación, y Dios «de toda consolación», lo que significa, como Pablo explica aquí, que Dios «consuela» cuando vienen a su pueblo «tribulaciones» (una palabra que Pablo usa mucho para hablar de las aflicciones que confronta en el ministerio). Además, hay otro aspecto muy importante del ministerio de consolación. De la misma manera en que Dios consuela a individuos que sufren tribulación, quienes han experimentado ese consuelo deben ofrecer un consuelo similar a otras personas que también sufren. Pablo expresa un principio básico en el ministerio: lo que Dios hace por nosotros se debe practicar para con otros. Por ejemplo, veremos más adelante que, de la misma manera en que los creyentes experimentan reconciliación con Dios a través de la obra de Cristo, deben ser agentes de reconciliación en el mundo (véase 5.16-21 y el comentario sobre ese pasaje).

Pablo repite este principio desde un enfoque cristológico en sus próximas palabras: «Así como abundan en nosotros las aflicciones de Cristo, así abunda también por el mismo Cristo nuestra consolación» (1.5). Ya hemos visto en la primera carta cómo Pablo describe el sacrificio de Cristo como un modelo para su práctica del ministerio (véase 1 Co 2.1-5, donde las debilidades y temores de Pablo se relacionan con la crucifixión de Cristo; véase también Flp 3.10; Col 1.24). Aquí, Pablo afirma que el mismo Cristo que sufrió aflicciones en su vida, incluso muerte en una cruz, puede ser recurso para «nuestra consolación» en medio de nuestras aflicciones. Además, creyentes como los de Corinto también pueden ser instrumentos de consolación para otras personas que sufren como Cristo y, por tanto, servir como siervos y siervas de Cristo. Lo que Pablo sufre puede producir consolación y, finalmente,salvación eterna para las personas a quienes él sirve (1.6). Pablo espera que tales personas puedan proveer el mismo servicio de consolación que lleva hacia la salvación futura de otras personas (1.7). Pablo cree esto firmemente respecto a sus feligreses en Corinto y les llama «compañeros» o «socios», tanto en la aflicción como en la consolación. Por ende, Pablo establece desde el comienzo de la carta un ambiente positivo en su relación con la iglesia de Corinto. El espíritu de reconciliación efectuado por la visita de Tito produce consolación para Pablo —el alivio de una carga luego del fracaso de la visita anterior a Corinto. Pablo quiere que los corintios aprendan que es posible hallar consolación en medio de la aflicción, y que tal experiencia debe ser compartida con otras personas. Dios nos alivia para que podamos aliviar a otras personas en crisis.

Pablo da un ejemplo más concreto de estos principios cuando escribe sobre su experiencia reciente en Asia, la región donde se encuentra la ciudad de Éfeso, centro administrativo del Imperio Romano en esa provincia. Pablo escribe que en Asia sufrió «tribulación» a tal punto que peligraba su vida (1.8). No sabemos exactamente a qué se refiere, aunque en su primera carta a la iglesia de Corinto, indicó las dificultades que tenía en Éfeso (véase 1 Co 15.32, donde Pablo escribe, «batallé en Éfeso contra fieras» y 16.9, donde se refiere a la oposición que confronta allí, aunque también a la oportunidad para predicar el evangelio). El libro de Hechos describe la oposición que Pablo y sus colegas confrontaron en Éfeso debido a su predicación de un solo Dios, mientras que los comerciantes de la ciudad defendían a sus dioses porque temían la pérdida de su negocio de hacer diosas de plata (véase Hch 19.23-41). Pero quizás las referencias metafóricas de Pablo en 1 Corintios a «fieras» y aquí en 2 Corintios a «sentencia de muerte» (1.9) se refieran a un encarcelamiento. Es obvio que Pablo escribe su carta a la iglesia en Filipos desde la prisión (véase Flp 1.7, 12-14, 17) y que hay peligro de muerte en ese encarcelamiento (véase Flp 1.19-26). Tradicionalmente, se ha pensando que Filipenses se escribió desde Roma, cuando Pablo está en prisión por última vez antes de su ejecución. Sin embargo, Pablo mismo dice que ha estado en la prisión unas cuantas veces (véase 2 Co 11.23). Filipos está mucho más cerca de Éfeso que Roma, especialmente considerando los viajes frecuentes de Epafrodito y Timoteo descritos en Filipenses (2.19-30; 4.10-20). Por lo tanto, Éfeso puede ser no sólo lugar de mucha oposición y ataques físicos contra Pablo, sino también de un encarcelamiento que lo llevó al borde de una sentencia de muerte. No fue hasta años después que llegó a Roma como prisionero y que las autoridades imperiales lo ejecutaron.

En todo caso, Pablo escribe que aunque fue «abrumado» (oprimido hasta casi no poder más), Dios lo libró:

> Pero tuvimos en nosotros mismos sentencia de muerte, para que no confiáramos en nosotros mismos, sino en Dios que resucita a los muertos. Él nos libró y nos libra y esperamos que aun nos librará de tan grave peligro de muerte. (1.9-10)

En otras palabras, Dios usó la experiencia de opresión (quizás en una prisión romana en la colonia romana de Éfeso) para aumentar la fe de Pablo y su dependencia en Dios. Fue consolado en la aflicción. Además, quienes oran por Pablo, cuando estas situaciones serias de peligro ocurren en su ministerio, experimentarán una medida de gratitud y gracia cuando vean la repuesta positiva a sus oraciones y el rescate de su apóstol (1.11). Pablo espera que la iglesia de Corinto sea una de éstas que oran por él para que puedan dar «gracias por el don concedido [a Pablo]» de sobrevivir la opresión y el peligro de muerte. De nuevo, se muestra el mismo principio: la consolación de Pablo, en medio de la dificultad, es instrumento de bendición, gracia y consolación para sus seguidores. Y, según Pablo espera, lo será también para quienes lean esta carta.

## Recuento de relaciones con Corinto: 1.12-2.11

Pablo se dirige a la iglesia de Corinto aun más directamente en el pasaje que sigue, con un tercer ejemplo del mismo principio —que cuando somos consolados en medio de la aflicción, aprendemos a consolar a otras personas. Con la iglesia de Corinto, Pablo tiene un «motivo de orgullo» o de alabanza propia, pero un «orgullo» que Pablo enfoca en Dios y en las buenas obras, y que no es una mera alabanza propia (véase, por ejemplo, 1 Co 1.29-31). Su «motivo de orgullo» es que se ha comportado con todas sus iglesias, incluso la de Corinto, en forma sencilla y sincera (2 Co 1.12). Pablo invoca la palabra favorita de varios creyentes en Corinto —*sofía*, sabiduría humana (véase 1 Co 1.20-28; 2.5-6)— y una vez más, como en 1 Corintios, la rechaza a favor de la gracia de Dios como guía para conducir su vida en forma productiva. Para Pablo, su conciencia estaba limpia, y su testimonio sin reproche alguno. Sin embargo, se vio obligado a defenderse de ataques en Corinto. Ésta fue fuente de aflicción para Pablo y ahora encuentra consolación al explicar sus acciones antes y después de su visita amarga.

Primero, Pablo defiende su práctica de escribir cartas: «No os escribimos otras cosas de las que leéis o también entendéis; y espero que hasta el fin las entenderéis» (1.13). Más adelante en 2 Corintios, Pablo menciona algunas acusaciones contra su persona y sus cartas: «A la verdad, algunos dicen que las cartas son duras y fuertes, pero que la presencia corporal es débil y la palabra despreciable» (10.10). Aquí, al comienzo de la carta, se defiende diciendo que escribe cartas inteligibles para sus iglesias. Más adelante, también aclara que sus cartas son una representación de su persona: «Esto tenga en cuenta tal persona, que así como somos en la palabra por cartas, estando ausentes, lo seremos también en hechos, estando presentes» (10.11). Sea con hechos o con cartas, Pablo espera que el orgullo de algunos creyentes en Corinto, su sentido de enaltecimiento, esté puesto en su apóstol, tal como la iglesia será la gloria de Pablo cuando Cristo regrese a buscarles: «... somos vuestro motivo de orgullo, así como también vosotros lo seréis para nosotros en el día del Señor Jesús» (1.14). Un poco más adelante, Pablo escribe sobre cómo la iglesia en Corinto es una «carta de recomendación» a favor de Pablo, pero escrita no con tinta ni papel sino con la realidad del Espíritu Santo en su corazón (2 Co 3.1-3). El beneficio espiritual que Pablo ha traído a sus iglesias redunda en su beneficio, una vez más, en «el día del Señor».

Todo esto, Pablo lo escribe en defensa de sus acciones y contra acusaciones previas de parte de algunas personas en Corinto. En lo que sigue, Pablo se dirige a este aspecto de su aflicción cuando explica por qué pospuso una visita a Corinto. Dice que, aunque tenía planes de otra visita luego de la visita amarga, decidió no hacerla y, por ello, escribió la «carta de lágrimas» (1.15-16; 2.1-4). No quería otra visita triste y decidió visitar Macedonia primero y quedarse allí, aunque sus planes originales eran de visitar a Corinto camino a Macedonia y, otra vez, de regreso («una doble alegría») y, desde Corinto, ir a Jerusalén (1.16). Estos planes cambiaron —lo que fue a Corinto fue una carta enviada por medio de Tito (véase 2.12-13), y no Pablo mismo. Y, aparentemente, le llegaron nuevas acusaciones a Pablo. Ahora se hablaba de su falta de consistencia (1.17: decir «sí» y «no» a la misma vez). Pablo se defiende contra tales acusaciones, en primer lugar, con una declaración teológica sobre la fidelidad divina:

> Pero como Dios es fiel, nuestra palabra a vosotros no es «sí» y «no», porque el Hijo de Dios, Jesucristo, que entre vosotros ha sido predicado por nosotros —*por* mí, Silvano y Timoteo— no ha sido «sí» y «no», sino solamente «sí» en él, porque todas las promesas de Dios son en él «sí», y en él «Amén», por medio de nosotros, para la gloria de Dios. (1.18-20)

La predicación de Pablo, Timoteo, Silvano (la forma romana o latina de Silas), y de todo colega de Pablo, viene de Dios y, por lo tanto, viene con un «sí» firme como todas las promesas de Dios. Y, también, viene con una repuesta de un «¡Amén!» —«así sea»— de parte de quienes llevan el mensaje y de quienes lo escuchan. Tal respuesta firme a un mensaje tan seguro glorifica a Dios.

En su próxima afirmación, Pablo invoca unas cuantas palabras más de seguridad y confianza tomadas del mundo ritual, legal, político y comercial. Dios confirma su relación restablecida con Pablo y su iglesia a través de la obra de Cristo (1.21a). Dios ha ungido a Pablo para esta obra, como un rey o sacerdote es ungido con aceite para la obra de dirigir y servir a un pueblo (1.21b). Dios «selló», como bienes o propiedad suya, a Pablo y a la iglesia de Corinto con la presencia del Espíritu Santo en sus corazones (1.22). Este «sello», el Espíritu Santo, es una «garantía» —en griego, un depósito— de lo que vendrá, la salvación eterna. Para Pablo, la presencia divina en el espíritu del creyente es una inversión, un anticipo, las «primicias» de la eterna presencia divina. Por lo tanto, Pablo invoca al Dios que cumple sus promesas de esta manera tan segura, para declarar que cambia sus planes de viaje, no porque sea inconsistente o no cumpla su palabra, sino para evitar más dolor, más aflicción, tanto para él como para sus feligreses en Corinto (1.23). Pablo no quiere ser el amo de cómo se practica la fe entre los creyentes en Corinto, sino tener una relación de cooperación con la iglesia para que haya gozo y paz (1.24). Ciertamente, su primera carta muestra una convicción de que, como apóstol de esa iglesia, tiene ciertos derechos de corregirla y encaminarla. Su visita previa también tuvo ese propósito y tono de corrección. Aparentemente, ni la carta ni la visita produjeron gozo y paz. Veremos que sólo una visita de Tito pudo producir un espíritu de reconciliación entre el apóstol y la iglesia (véase 7.5-16). Por eso, Pablo puede escribir aquí que no quiere «enseñorearse» de la fe de su iglesia en Corinto, pero sí procura trabajar arduamente para que esa iglesia esté firme en su fe. En aquella ocasión, otra visita personal, sin la intervención de un intermediario (Tito) y otra carta (la carta de lagrimas, 2.3-4), no producirían el resultado apetecido de paz y gozo.

En su explicación de por qué pospuso su visita, Pablo observa varias dinámicas de su relación con la iglesia en Corinto. Primero, nota que la tristeza producida por su visita previa, sólo se puede resolver a través de una reconciliación con el partido que lo hirió: «¿Quién será luego el que me alegre, sino aquel a quien yo entristecí?» (2.2). Pablo no quería causar más tristeza a través de su presencia. Si su visita traería problema en lugar de solución, mejor posponerla y probar una táctica diferente —una visita de Tito junto a una carta de Pablo. Pablo procura «gozo» en la relación con sus iglesias, no tristeza (2.3). Luego de su visita amarga, Pablo vislumbró sólo tristeza en su relación con la iglesia de Corinto. Por lo tanto, envía a Tito y escribe otra carta. Confía en que, al fin y al cabo, sus feligreses en Corinto quieren gozo para Pablo también —«confiado en que mi gozo es el de todos vosotros» (2.3). Pablo también espera que su carta, aunque escrita en medio de mucha angustia, muestre el amor que tiene para su iglesia en Corinto (2.4). Por lo tanto, él mismo demuestra ese amor con una palabra de perdón hacia el instigador del problema en Corinto (2.5-11). Esta palabra de perdón representa otra serie de dinámicas entre Pablo y sus feligreses en Corinto.

Primero, Pablo afirma el impacto sobre la comunidad del ataque personal que sostuvo durante su visita a Corinto. La tristeza que siente no fue sólo de él sino de toda la iglesia (2.5). De esta manera, Pablo invita (o ya invitó cuando estuvo presente) a la iglesia entera a considerar un ataque personal contra su fundador, su apóstol, como una afrenta a toda la comunidad. Por lo tanto, Pablo agradece el hecho de que este individuo, al fin, fue reprendido por la iglesia (2.6). No parece que Pablo haya tenido mucho apoyo de parte del resto de la iglesia en el momento en que el choque con el individuo descrito en este pasaje ocurrió, o aun en los días siguientes. Luego de la visita de Tito y la lectura de la carta de lágrimas en la iglesia, parece que el individuo sí tiene que responder a la iglesia por sus acciones contra Pablo. Sin embargo, aquí Pablo pide perdón por él: «Así que, al contrario, vosotros más bien debéis perdonarlo y consolarlo, para que no sea consumido por demasiada tristeza» (2.6). He aquí de nuevo un ejemplo del principio delineado por Pablo en 1.3-7. Su tristeza en el asunto lo prepara para consolación y perdón, no para venganza. Si no es así, el individuo afectado por remordimiento puede ser «consumido» o paralizado en el progreso de su fe.

Al reconocer (y «reprender») el error del individuo, Pablo pide que la iglesia no olvide su amor para con él, sino que lo confirme de nuevo (2.8). Ahora, la víctima de un ataque personal (no sabemos exactamente qué fue lo que este individuo le hizo a Pablo, y no vale la pena especular mucho) se convierte en un instrumento de consolación y reconciliación, no sólo entre Pablo y el individuo mismo, sino también entre el individuo y la iglesia. Parece que en su «carta de lágrimas», Pablo había pedido misericordia para el individuo, y ahora espera «obediencia» de parte de la iglesia de Corinto en este particular (2.9). El trato de la iglesia con este individuo se convierte en una prueba de la obediencia de la iglesia al apóstol y, por ello, es también medida de su reconciliación con Pablo. Si Pablo pide perdón para el individuo y todavía hay en la iglesia quienes siguen molestos, entonces en realidad no habido reconciliación. El perdón es vínculo de la reconciliación, la cual es una imagen importantísima para Pablo en su ministerio, y a la cual regresará más adelante en esta carta (véase 5.18-21).

Al regresar Tito con las buenas noticias de la reconciliación de la iglesia con el apóstol —lo cual incluye disciplina para el individuo, pero también perdón— Pablo afirma su propio perdón para el individuo: «Al que vosotros perdonáis, yo también [lo perdono]» (2.10). Pablo añade un principio universal del por qué es bueno perdonar. Además de restaurar al individuo que cometió la falta para que no pierda su fe («no sea consumido», 2.7), es cuestión de proteger a la iglesia. Pablo escribe que cuando él perdona, perdona bajo la autoridad del mismo Cristo «por vosotros», o sea, para el bienestar espiritual de la iglesia en total (2.10). Satanás, conocido en muchas religiones antiguas, incluso el judaísmo, como el acusador de la lealtad de creyentes delante de Dios (véase, en Pablo, 2 Co 11.14, 12.7; 1 Co 5.5, 7.5; Ro 16.19-20; 1 Ts 2.17-18) busca la manera de destruir a la iglesia. Sin embargo, líderes como Pablo, y los creyentes en general, están al tanto de las «maquinaciones»

—en griego, los pensamientos— de tal acusador, y no las ignoran —no las quitan del pensamiento. Satanás, el agente del mal en el mundo, tiene en mente la destrucción del pueblo fiel a Dios, y puede usar desacuerdos personales en las iglesias de Cristo para llevar a cabo sus planes, a menos que tengamos en mente, estemos alerta, a tales propósitos y no los ignoremos. El perdón y la reconciliación vienen a ser instrumentos, dice Pablo, para evitar que este enemigo mortal de la fe «saque ventaja alguna sobre nosotros» (2.11).

## En espera de Tito: ansiedad y triunfo: 2.12-17

Después de su visita potencialmente destructora en Corinto, Pablo viajó a Troas, al nordeste de Corinto, cruzando el Mar Egeo. Allí, tuvo oportunidad amplia de predicar y evangelizar, pero su preocupación por la situación en Corinto y el viaje de Tito con su carta de lágrimas no le permitieron continuar su ministerio en Troas (2.12). Por lo tanto, escribe Pablo, como «no tuve reposo en mi espíritu, por no haber hallado a mi hermano Tito» (2.13a), se trasladó a Macedonia, al noroeste de Troas y al norte de Corinto, para esperar a Tito allí (2.13b). La historia de esta jornada y de la espera de noticias de Tito y de Corinto no se describe de lleno hasta el 7.5, cuando Pablo dice que la ansiedad del no saber continuó en Macedonia hasta que, por fin, Tito llegó con buenas noticias de reconciliación (7.6-16). Por lo tanto, muchos eruditos sugieren que 2 Corintios 2.14 al 7.4 pudiera ser parte de otra carta donde Pablo describe, con lujo de detalles, su filosofía del ministerio. Sin embargo, puede ser que Pablo coloque aquí esa interrupción de la descripción de su jornada para hacer hincapié sobre la importancia de la reconciliación que Tito procuró con la iglesia de Corinto, ya que si la gente problemática de Corinto entiende la naturaleza de su ministerio, se evitarán los desacuerdos que esa iglesia tiene con su apóstol. Por lo tanto, seguiremos nuestra interpretación de 2.14 al 7.4 como una continuación de la ansiedad de Pablo y de su regocijo en su reconciliación con la iglesia en Corinto. De nuevo, el patrón de la consolación en medio de la aflicción se repite, incluso en las varias metáforas que Pablo usará a continuación para describir la naturaleza de su ministerio.

Comienza con una palabra sobre el ministerio como un «triunfo» (2.14-17). En el Imperio Romano, un «triunfo» se refería a la práctica de celebrar una victoria militar con una entrada triunfal del general victorioso de su ejército y de los vencidos, es decir, prisioneros del ejército opuesto, incluso sus líderes sobrevivientes. Esta marcha se hacía en Roma, si era una victoria importante, como la de Julio Cesar en Galia (c. 40 a. C.), la de Augusto César contra Marco Antonio (c. 30 a. C.) o la del General Tito en la destrucción de Jerusalén (el año 70 d. C.), o a veces en las capitales provinciales, en el caso de guerras más locales o pequeñas. Usualmente, terminaba con la ejecución de líderes prisioneros conquistados, frente al público reunido para la celebración. La marcha y la celebración en reconocimiento de una conquista más se llamaban un «triunfo».

Aquí (2.14-16), Pablo usa esta práctica imperial romana para describir su propio ministerio:

> Pero gracias a Dios, que nos lleva siempre en triunfo en Cristo Jesús,
> y que por medio de nosotros manifiesta en todo lugar el olor de su
> conocimiento… (2.14)

Los eruditos no concuerdan en su interpretación de todos los detalles de la metáfora. ¿Es Pablo, como representante de Dios y Cristo, un general victorioso que trae la «fragancia» del evangelio a las multitudes? Algunas personas de la multitud aceptan el mensaje —«los que se salvan» (2.15a) —y otras lo rechazan —«los que se pierden» (2.15b). ¿O es Pablo, como portavoz del evangelio dirigido por el general Dios, como un prisionero de una conquista que, con su olor, y hasta sufrimiento y muerte, da testimonio del evangelio de Cristo, cuyo conocimiento trae vida para los que creen («de vida para vida»), y muerte para los que no creen («de muerte para muerte», 2.16)? Dado que en el resto de su discusión sobre la naturaleza del ministerio evangélico, Pablo incluye bastante sobre los sufrimientos del ministerio (véase, en particular, 4.7-12, especialmente 4.12: «De manera que la muerte actúa en nosotros, y en vosotros la vida.»; 6.4-10; 11.23-30), lo más probable es que Pablo se vea como uno de los prisioneros sacrificados en el «triunfo». En el triunfo romano, fragancias de especies se esparcían durante la parada como símbolo de victoria. En contraste, estaba el olor de los prisioneros abatidos y sucios, algunos para ejecutar y otros para esclavizar. Pablo mismo se ve como un esclavo de

Cristo (1 Co 7.22) y en su «muerte» diaria da testimonio de la eficacia de la muerte de Cristo para la vida eterna (2 Co 4.10-12).

Por lo tanto, es en el sacrificio de un ministerio apostólico donde Pablo encuentra el triunfo, tanto suyo, como de todo creyente que acepta su mensaje. Sólo quienes rechazan el «olor» del mensaje de Pablo como «olor» de muerte experimentarán muerte eterna (2.16a). Para los creyentes, el «olor» es una fragancia de vida y vida eterna (2.16b).

Además de esta metáfora del triunfo que trastorna los valores imperialistas de tal modo que el prisionero condenado a muerte se convierte en portavoz de un olor fragante de vida eterna y victoria, Pablo quiere demostrar la eficacia de su ministerio, aunque conlleve sacrificio hasta la muerte. Pregunta en forma de diatriba (como si alguien le estuviera haciendo la pregunta): «Y para estas cosas, ¿quién es suficiente?» (2.16c). La repuesta es que se cumple el «triunfo» del evangelio a través de una persona de integridad como él, que no vive «falsificando la palabra de Dios» para su propio beneficio, sino compartiéndola con sinceridad, ya que es algo que viene de Dios (es «de parte de Dios») y bajo la autoridad de Dios («delante de Dios»). Pablo afirma que al decir esto está siguiendo el ejemplo de Cristo («hablamos en Cristo»), porque, como Cristo, está dispuesto a confrontar dificultades, sacrificio y aun la muerte. De nuevo, el tema de la victoria, el triunfo y la consolación en medio de las pruebas y dificultades sobresale en estas palabras de Pablo. El ministerio es como un «triunfo» (la marcha victoriosa de una campaña militar), pero tiene sus dificultades y aflicciones serias (como para los prisioneros cautivos en esa misma marcha). Sin embargo, el triunfo (salvación y vida eterna) está asegurado para quienes permanecen firmes en Cristo Jesús.

## Recomendación y pacto: 3.1-18

### El ministerio como una carta de recomendación: 3.1-3

Ahora, Pablo entra de lleno con una serie de metáforas o imágenes, una tras otra, para describir la naturaleza de su ministerio. Primero, ya que se ha presentado a sí mismo como quien puede cumplir con los requisitos para esparcir el evangelio de Cristo (2.17), algunas personas de Corinto se preguntarían si Pablo, de nuevo, se está recomendando a sí mismo: «¿Comenzamos otra vez a recomendarnos a nosotros mismos? ¿O tenemos necesidad, como algunos, de cartas de recomendación para vosotros o de recomendación de vosotros?» (3.1). Una «carta de recomendación» en el mundo antiguo se usaba para presentar y recomendar a una persona, a veces un esclavo o cliente, que viajaba de una región a otra en nombre de un patrono o negociante. Al parecer, cuando algunos predicadores o misioneros llegaban a un lugar nuevo, a veces iban con cartas de recomendación de alguna iglesia madre o de una región cercana, cuyos creyentes querían proveer a tal predicador de sus contactos personales en otra región. Pablo, como fundador de la iglesia en Corinto, no fue con carta de recomendación de ninguna entidad, pero algunas personas nuevas en Corinto quizás sí fueron con cartas de recomendación —incluso un grupo de líderes a quienes más adelante Pablo tiene que reprender más directamente (véase 11.4-5, 12-15).

Para Pablo, las vidas fieles de sus feligreses en Corinto son su carta de recomendación viviente (3.2). Por ende, él no necesita cartas físicas («no en tablas de piedra, sino en tablas de carne del corazón», 3.3b). Los cambios que ha habido en la vida de los corintios deben ser suficientes para dar testimonio a quienes puedan «leer» estas cartas vivas (3.2b). Pablo mismo carga con el testimonio vivo de los creyentes de Corinto en su corazón (3.2a). Si él no necesita cartas de parte de la iglesia, ya que conoce muy bien su testimonio de fe, ¿por qué ellos necesitarían cartas de parte de su apóstol? Es interesante, entonces, notar cómo Pablo ve las iglesias que ha fundado como su recomendación para su ministerio en nuevos lugares. Su ministerio previo es como una recomendación para su próxima misión. Iglesias como la de Corinto ponen de «manifiesto que [son] carta de Cristo expedida [enviada y recibida] por nosotros [Pablo y sus colegas], escrita, no con tinta, sino con el Espíritu del Dios vivo» (3.3a). Para Pablo, el ministerio evangélico consiste en un testimonio creciente y recomendable, de lugar a lugar, bajo la autoridad de Cristo y con el poder del Espíritu de Dios. Las vidas cambiadas son más importantes que las cartas.

### El ministerio como un pacto: 3.4-18

La discusión sobre cartas escritas en «tablas de piedra» (3.3) lleva a Pablo a recordar el pacto que Dios hizo con Moisés y el pueblo de Israel a través de la ley escrita, precisamente, en tablas de piedra. En tiempos de Pablo las cartas usualmente se escribían en tablas de madera, si se trataba de algo breve o pasajero, o en pergamino (pedazos de cuero) o papiro (una especie de papel hecho de juncos). Tanto el pergamino como el papiro se utilizaban para escritos más largos e importantes. También se usaban piedras en forma de lápidas para inscripciones en cementerios, asuntos ceremoniales y declaraciones políticas. Las tintas, usualmente negras o rojas, se preparaban de varios materiales, y se usaban con plumas de aves. Pablo evoca todas estas imágenes de la escritura antigua para (1) describir las cartas de recomendación espiritual que son sus iglesias (3.1-3) y (2) hacer un contraste entre la ley de Moisés, escrita en tablas de piedra, y el nuevo pacto que Dios ha hecho con su pueblo —no sólo con Israel, sino también con las naciones gentiles— a través de Cristo Jesús (3.4-18). Pablo y sus colegas en la misión son «ministros» («siervos», *diakonoi*) de este nuevo pacto (3.6).

Los detalles de esta descripción del ministerio como un pacto incluyen la «confianza» que Pablo tiene en que este entendimiento de su ministerio es correcto (3.4a). Su ministerio no depende de él mismo, sino de Dios a través de la obra de Cristo (3.4b). Su confianza depende de la capacitación que Dios le da (3.5). Pablo hace un contraste entre el ministerio de un nuevo pacto y el ministerio representando por los esfuerzos de Moisés. Notamos los contrastes antitéticos que Pablo hace. El nuevo pacto tiene ministros competentes (3.4-6). El pacto nuevo da vida, no muerte (3.7-11), y da esperanza que no se embota, y produce libertad en vez de temor (3.12-18). En fin, Pablo describe la historia de Moisés y la escritura de la ley en piedras, en contraste con el evangelio de Jesucristo, que se escribe en los corazones de los creyentes.

## El ministerio como un tesoro en medio de aflicción: 4.1—5.10

Seguidamente, Pablo afirma que, puesto que tenemos el ministerio por la misericordia de Dios, hay que practicarlo con integridad (4.1-6). Pero este ministerio, al que llama un «tesoro», lo «tenemos en vasos de barro», lo que implica la debilidad humana a través de la cual se ejercen esos ministerios (4.7). Es por esto que tenemos dificultades en el ministerio. Y aquí vemos la primera lista, en 2 Corintios, de las aflicciones en el ministerio (véase 1 Co 4.9-13 donde hay una anterior, y 2 Co 6.4-10 y 11.23-30 donde hay dos posteriores a ésta de 4.8-12). La aflicción en el ministerio puede incluir tribulación, apuros (4.8), persecución y fracasos

(4.9). Sin embargo, con la ayuda de Dios, no tenemos una angustia sin esperanza, ni una persecución u opresión que destruya nuestra fe o el sentido de que Dios está con nosotros. Es verdad que, a veces, dice Pablo, uno se siente como si cargase la muerte de Jesús sobre sí; pero siempre el espíritu de resurrección nos reaviva (4.10-11). Pablo termina esta lista de aflicciones en el ministerio, aplicándoselas a su ministerio apostólico: «De manera que la muerte [aflicciones en el ministerio] actúa en nosotros, y en vosotros la vida [nueva vida en Jesucristo]» (4.12). El costo del ministerio es aflicción. Sin embargo, el ministerio continúa siendo un «tesoro».

En todo esto, incluso en lo positivo que resultará de la aflicción, la gloria le pertenece a Dios, y todo se refiere a cosas que todavía no se han visto (4.16-18). Estas cosas incluyen el juicio eterno, el cual los creyentes en Cristo esperan confiadamente, aun en el medio del sufrimiento presente, especialmente, en el ministerio (5.1-10). Pablo usa la imagen de un «tabernáculo», las casas de campaña que usaban los israelitas cuando no tenían templo formal, como imagen del cuerpo humano, que sufre ahora, en expectativa de un día en el que tendrá un templo eterno (5.4). El Espíritu de Dios dentro del creyente es «garantía» de este futuro seguro, un futuro preparado por Dios (5.5). Como tenemos tal garantía de un cuerpo transformado, aunque Pablo sufre en su «hogar», o realidad presente, exhorta a los creyentes para que tengan confianza y fe, pues el cuerpo presente, con todo su sufrimiento, no es el fin de todas las cosas (5.6-7). En el presente o en el futuro, en este cuerpo o en el glorificado (aunque todo creyente, dice Pablo, desea el cuerpo glorificado, o sea, el cuerpo resucitado, 5.8), queremos agradar a Dios (5.9). Pablo ofrece una imagen del juicio final (en la *parusía*) como un tribunal público, con Cristo sentado en el trono juzgando lo que hemos hecho en esta vida con nuestros cuerpos mortales (5.10). El sufrimiento, Pablo da a entender, aunque sea difícil de soportar, especialmente, en el ministerio, no será excusa para no hacer el bien a favor del evangelio y del pueblo de Dios en nuestras vidas presentes (véase Ro 14.10-12, donde hay otra presentación paulina de estas ideas sobre el dar cuentas a Dios de cómo conducimos nuestras vidas mortales).

## El ministerio de persuasión: 5.11-15

Pablo también describe su ministerio como un acto de persuasión. Su tarea es persuadir a través de la proclamación (5.11a). En ese acto de proclamación, quien proclama sabe que Dios lo conoce, y Pablo espera que sus iglesias también reconozcan su persona a través de su ministerio de persuasión (5.11b). De nuevo, Pablo invoca la práctica de la carta de recomendación y, en esta ocasión, espera que sus lectores entiendan lo que hay en su corazón como lo que le recomienda ante sus iglesias (5.12). Lo que proclama viene de su corazón. A veces, parece que está demente, pero esto se debe a su compromiso con Dios. Tal compromiso es bueno para sus feligreses. Es lo correcto para iglesias como la de Corinto (5.13). Al fin y al cabo lo que mueve a Pablo en la proclamación del evangelio es el amor de Cristo, demostrado en su muerte. Este amor también se demuestra ahora en las vidas de quienes practican el ministerio, que sufren su propia «muerte» todos los días en el servicio del Señor (5.14). Esto es el corazón de la proclamación con la cual Pablo «persuade» a sus lectores para que sirvan al Cristo que murió por ellos (5.15).

## El ministerio de reconciliación: 5.16-21

Pablo comienza esta parte de su larga descripción sobre la naturaleza de su ministerio con otra metáfora, la «nueva creación». La muerte de Cristo hace posible una creación nueva, o sea, una perspectiva nueva para sus criaturas (5.16-17). Pablo usa un lenguaje metafórico y teológico en esta sección. Pasa de la sección previa, donde discute la muerte de Cristo que nos da cierta responsabilidad en esta vida (5.15), a esta otra sección sobre cómo la muerte y resurrección de Cristo nos dan una perspectiva nueva. Ya no dependemos solamente de la «carne» —el punto de vista humano— que basa su juicio en la apariencia (5.12). Tal perspectiva desde lo externo es lo que Pablo llama un enfoque «sofista» del ministerio y, especialmente, del liderazgo en el ministerio, una orientación que se preocupa por tales asuntos como la elocuencia y la posición social en el mundo exterior —temas que se discutieron de lleno en su primera carta a la iglesia de Corinto (véase 1 Co 1.18 al 2.6). Pablo ofrece aquí el concepto de una creación nueva (5.17) que contrarresta esta actitud de enfoque en asuntos externos. La frase «nueva creación» puede referirse a los seres humanos como nuevas criaturas en Cristo o, más literalmente, a una nueva creación en términos de una nueva perspectiva sobre el mundo y de cómo conducirse en el mundo como creyentes en Cristo. Dado el interés de Pablo en presentar una perspectiva nueva de cómo evaluar el ministerio, el liderazgo y el servicio cristiano en general, esta última interpretación cabe mejor. En la frase «creación nueva», lo «nuevo» podría relacionarse con la criatura humana o con la creación en su totalidad. Escatológicamente, Pablo ve la obra de Cristo como el comienzo de una nueva humanidad —también descrita en los Evangelios y por el propio Pablo como el «reino de Dios», que tendrá su cumplimiento total en un día futuro. Los creyentes en Cristo muestran ya la orientación a ese reino, a esa creación nueva.

Uno de los elementos básicos de esa nueva creación es el ministerio de reconciliación (5.18-21). Dios inicia esta nueva creación que incluye la reconciliación entre Dios y la humanidad —reconciliación ya realizada por la obra de Cristo. Además, como hemos visto a través de las metáforas del ministerio en esta carta, Dios establece un patrón. Lo que Dios hace en Cristo, nosotros, como creyentes, repetimos en nuestra práctica diaria de la fe. Por ejemplo, Cristo murió, y también nosotros «morimos» cada vez que hacemos algún sacrificio en el ministerio (véase 5.14-15). Si somos consolados en medio de alguna dificultad personal o ministerial, entonces estamos listos para consolar a otras personas en situaciones similares (1.6). Aquí, en 5.18-21, ya que Dios nos reconcilia consigo mismo, tenemos «el ministerio de reconciliación» con otras personas necesitadas de alguna intervención por parte de los «embajadores de Cristo». Con esta metáfora de la diplomacia entramos en el deseo de Dios de traer reconciliación (armonía entre ambos lados de una relación, como cuando se equilibran las entradas y los gastos en un negocio o en un presupuesto personal) a través del arte de la persuasión cuando sus siervos y siervas en el ministerio del evangelio hacen una apelación en el nombre de Cristo a personas en necesidad de arreglar cuentas con Dios (5.20).

Pablo termina con una apelación directa a sus feligreses en Corinto, pidiendo su reconciliación con Dios basada en el sacrificio de Cristo (5.20b). En un plano más personal, lo que Pablo procura, también, es una reconciliación de su iglesia consigo. Más adelante (7.5-16) veremos que la pudo conseguir a través del ministerio de Tito. Por lo tanto,

Tito viene a ser un modelo del principio según el cual «Dios hace su apelación por embajadores». Pero Cristo tiene la autoridad primordial en el ministerio de reconciliación porque se «hizo pecado» para nosotros (murió en una cruz, suplicio reservado para los enemigos del Imperio Romano) para crear un ejemplo de justicia, rectitud y sacrificio para la humanidad (5.21).

## Aflicciones en el ministerio: 6.1-13

Pablo puede, entonces, volver a hablar sobre la forma en que los líderes en el ministerio, siguiendo el ejemplo de Cristo, también confrontan dificultades en su búsqueda de justicia para la humanidad (6.1-10). Por lo tanto, deben ser «colaboradores» con Dios en este ministerio de reconciliación (6.1a). Sin embargo, Pablo tiene que demostrar por qué la reconciliación de la iglesia con su fundador es importante también. Pablo no quiere que reciban «en vano la gracia de Dios» (6.1b), o sea, que su distanciamiento de Pablo lleve a su distanciamiento de Dios. Citando al profeta Isaías (49.8), Pablo afirma que el tiempo presente es el tiempo apropiado para asegurar la «salvación» (rescate, liberación) —otra metáfora para la reconciliación con Dios en Cristo Jesús (6.2). «Hoy» es el día de acudir a Dios para arreglar las cuentas, incluso las de las relaciones entre hermanos y hermanas en Cristo. Dios escucha. Pablo afirma que no hay razón por la cual su iglesia deba estar alejada de él. Su ministerio tiene integridad (6.3). La prueba de esa integridad está en las dificultades que Pablo ha confrontado en su ministerio. Por lo tanto, prosigue con su segunda lista de aflicciones en toda esta discusión sobre la naturaleza de su ministerio (6.4-10; véase 4.8-12).

En esta ocasión, Pablo invoca de nuevo el lenguaje de «recomendación» (6.4; compárese 3.1-3; 5.12) y afirma que lo que les debe recomendar su ministerio a los creyentes en Corinto no son sólo los grandes logros, sino los que se han alcanzado en medio de dificultad y aflicción. Esta lista incluye dificultades externas e internas, y también virtudes personales, en varios grupos de tres aspectos en cada categoría (aflicciones y virtudes). Primero están las dificultades basadas en circunstancias externas en general, las cuales se resisten con «mucha paciencia», sean «tribulaciones... necesidades... angustias» (6.4b). Luego, Pablo describe dificultades más específicas, relacionadas con castigos que ha recibido a mano de las autoridades imperiales a causa de su predicación del evangelio: «azotes,… cárceles,…tumultos» (6.5a). Ha habido dificultades a causa del esmero con el que ha llevado a cabo su ministerio —con arduo trabajo, largas noches («desvelos») y hambre («ayunos», pero no ayunos espirituales intencionales, sino ayunos forzados por falta de alimentos) (6.5b).

No todo es negativo, y Pablo afirma cosas positivas en el ministerio, virtudes generales tales como: «pureza… conocimiento… tolerancia», y prácticas cristianas que incluyen la «bondad, [la presencia del] Espíritu Santo, [y un] amor sincero [o genuino]» (6.6). Pablo ejerce su ministerio en medio de la dificultad proclamando una «palabra de verdad», bajo el «poder de Dios», «con armas de justicia a diestra y a siniestra» —o sea, está protegido por todos lados, tanto cuando está a la ofensiva (con una espada en la mano derecha) como cuando está a la defensa (con un escudo en la izquierda)— por el hecho de que proclama y vive un mensaje correcto y justo (6.7). Entonces, Pablo entra en una serie de contrastes que se ven en el ministerio, primero en reacción a su persona. Para algunas personas, Pablo ministra con «honra»; para otras, con «deshonra». Su mensaje le trae «mala fama» entre algunos y «buena fama» frente a otros. Hay quien ve a Pablo y a sus colegas en el ministerio «como engañadores», pero Pablo afirma que son «veraces» (6.8). Aunque Pablo ha predicado en muchas partes del mundo grecorromano, todavía, entre la mayoría, él y sus socios son «desconocidos». Sin embargo, para los que lo han oído, entendido y han aceptado su mensaje, Pablo y los otros misioneros son «bien conocidos» (6.9a). Aunque las autoridades los han dejado por muertos («moribundos»), Pablo y los suyos siguen «llenos de vida», «castigados, pero no muertos» (6.9b). De nuevo, tales referencias como «castigados, pero no muertos» nos recuerdan las estadías de Pablo en la prisión, donde, aunque evita una sentencia de muerte, hasta su último encarcelamiento en Roma, hay castigos y látigos que acompañan al encarcelamiento.

Pablo termina con una serie de contrastes que muestran las emociones personales del ministro del evangelio. Aunque hay muchos momentos de tristeza, existe un profundo gozo en Cristo. Aunque misioneros como Pablo viven «como pobres» por el hecho de que van de un lugar a otro sin mucha estabilidad, dependiendo de lo poco que se ganan en sus oficios sencillos y de las ofrendas de las iglesias, por lo menos, tienen la satisfacción de estar «enriqueciendo a muchos» con su mensaje de impacto espiritual y comunal. Por ende, un misionero en el movimiento paulino aparenta no tener nada en lo material, «pero poseyéndolo todo» en el sentido de que hace la voluntad de Dios, gana nuevas personas y establece nuevas asambleas de creyentes dondequiera que va (6.10).

Con esta lista de aflicciones y dificultades, de virtudes y logros, Pablo quiere estimular a sus lectores en Corinto con la idea de que su ministerio, aunque sufrido, es auténtico y tiene integridad en todo lo que hace. Por lo tanto, hace una última apelación a quienes recibirán esta carta:

> Os hemos hablado con franqueza, corintios; nuestro corazón os hemos abierto. No hemos sido mezquinos en nuestro amor por vosotros, pero vosotros sí lo habéis sido en vuestro propio corazón. (6.11-12)

Con estas palabras, Pablo afirma su amor generoso para con sus feligreses en Corinto y declara que lo que comparte aquí, sobre sus dificultades en el ministerio, es honesto, franco y con miras a estimular una reacción similar de amor y honestidad de parte de los corintios para con Pablo. Dice hablarles como un padre o madre a sus hijos e hijas, y espera, en cambio, una reacción positiva de parte de los creyentes en Corinto, incluso de los que antes le crearon tantas dificultades (6.13).

Lo que confunde un poco en esta exhortación es que, en cierto sentido, Pablo pide reconciliación entre él y la iglesia, lo que más adelante (7.5-16) el mismo Pablo parece indicar que ya Tito ha logrado. Por eso algunos eruditos creen que 2 Corintios 1.1-2.13 y 7.5-16 son parte de una misma carta escrita después de que la reconciliación se cumplió, y que 2.14—6.13, junto con los capítulos 10–13, son parte de una carta de defensa rigurosa de Pablo a favor de su ministerio y su persona. Sin embargo, creo que debemos considerar casi toda 2 Corintios 1.1 al 9.15 como una sola carta, incluso la afirmación de reconciliación (2.1-13; 7.5-16) y la petición de reconciliación (5.20b; 6.11-13). Pablo quiere afirmar, de nuevo, lo que ya se cumplió, dando razonamiento sobre la base de la naturaleza de su ministerio (2.14—6.10) y exhortando hacia una apertura de los corazones de ambos partidos de la división (tanto Pablo como algunos de sus feligreses en Corinto) para que esta reconciliación lograda por Tito tenga larga duración (6.11-13).

## El yugo desigual 6.14—7.1

Sin embargo, hay otro problema de composición en 2 Corintios inmediatamente después de 6.11-13. El famoso pasaje de los «yugos desiguales» (6.14—7.1) no cabe muy bien en el contexto de esta larga sección en defensa del ministerio paulino. Por ejemplo, en 6.13, como vimos, Pablo termina con una apelación a que sus feligreses en Corinto «abran sus corazones» hacia él. En 7.2-3, ese tema de corazones abiertos se aclara un poco más:

> Admitidnos: a nadie hemos agraviado, a nadie hemos corrompido, a nadie hemos engañado. No lo digo para condenaros, pues ya he dicho antes que estáis en nuestro corazón, para morir y para vivir juntos. (7.2-3)

La palabra traducida como «admitidnos» también se puede traducir «abrid vuestros corazones a nosotros» y continúa el tema de los «corazones abiertos» que Pablo introdujo como una exhortación a la iglesia de Corinto (6.11-13). En 7.2-3, Pablo abunda sobre su apelación, defendiéndose contra acusaciones de causar agravio, corromper las mentes en Corinto, y engañar a la iglesia entera con su versión del evangelio cristiano. Quizás, en estas palabras, encontramos las acusaciones con las cuales un individuo en particular atacó a Pablo en su visita previa (véase 2.1-4). A pesar de tales ataques (véanse las acusaciones contra Pablo anteriormente en la primera carta a los corintios, por ejemplo en su defensa de 1 Co 9.1-27), Pablo siempre tiene un espacio en su corazón —la sede de las emociones en el pensamiento antiguo— para su iglesia en Corinto, sea que muera o que viva, haciendo la obra del evangelio junto o en representación de ella (7.3).

Dada esta conexión, aparentemente natural entre 6.11-13 y 7.2-4, ¿qué haremos con 6.14—7.1? Primero, ¿de qué trata el pasaje? Esencialmente, se trata de la separación necesaria entre los creyentes y los no creyentes (6.14a). Pablo, o el escritor de este fragmento interpuesto en esta parte de 2 Corintios, establece una serie de contrastes en forma de preguntas retóricas para ilustrar este punto básico. ¿Qué asociación (la palabra griega que se usa aquí no es típicamente paulina) puede haber entre la justicia y la injusticia (gr. *anomia*, «falta de ley»)? ¿Qué compañerismo (gr. *koinônia*, término importante para Pablo usualmente traducido con el significado de comunión o acuerdo) entre la luz y la oscuridad? (6.14b). ¿Qué acuerdo (*symfonesis*, otra palabra que Pablo no usa frecuentemente) tiene Cristo con Belial? (6.15a). «Belial» significa «inútil» en el hebreo y es otro nombre para Satanás o el diablo. Todas estas imágenes y términos concluyen con su significado esencial: «¿O qué parte, el creyente con el incrédulo?» (6.15b). Hasta ahora, el pasaje tiene un tono de separatismo entre los creyentes y los no creyentes, en una forma que el mismo Pablo no apoya en otras partes de sus cartas. Por ejemplo, cuando quiere corregir un malentendido de una carta previa escrita a la iglesia en Corinto, hace referencia a la imposibilidad de que los creyentes se separen completamente de las actividades y personas del mundo secular (véase 1 Co 5.9-10). Algunas eruditos han pensando que quizás este fragmento en 6.14—7.1 era parte de la carta «perdida» mencionada en 1 Corintios 5. Pero aun la corrección que Pablo hace en 1 Corintios 5.10 no concuerda con esta exhortación a la separación completa del mundo incrédulo, aquí, en 2 Corintios 6.14—7.1.

El autor toma un elemento sacramental del judaísmo antiguo en 6.16ss, cuando hace contrastar el templo de Dios con los ídolos (6.16a). Esto tiene ecos del problema de la comida ofrecida a los ídolos que Pablo discute extensamente en 1 Corintios 8–10, especialmente, cuando el autor describe al creyente como «el templo del Dios viviente» —imágenes que también vimos en 1 Corintios (véase 3.17 y 6.19). Sin embargo, en 3.19, es la iglesia la que es el templo de Dios y, en 6.19, Pablo argumenta que el cuerpo físico de un creyente, que es templo de Dios, no debe unirse sexualmente con una prostituta. Aquí, en 2 Corintios 6.16, el argumento es que cada creyente es templo del Dios viviente (como 1 Co 6.19) y, por tanto, no debe unirse con personas que adoran ídolos en sus templos. Además, se cita una serie de textos del Antiguo Testamento para comprobar la necesidad de separación. Como Dios nos quiere como suyos (6.16b, citando a Lv 26.12 y Ex 37.27), debemos salir de entre personas impuras, sin tocarlas y, entonces, Dios nos recibirá (16.17, con alusiones a Is 52.11 y algunos otros pasajes sacramentales del Antiguo Testamento). No hay en ningún otro pasaje paulino tal énfasis en apartarse del mundo y de los no creyentes como requisito para la aceptación divina. Este pasaje implica que la paternidad divina para los hijos e hijas de Dios (6.18) depende de que cada persona tenga una limpieza espiritual «de toda contaminación de carne y de espíritu» para que pueda vivir una «santidad perfecta» en temor a Dios (7.1). Esto tiene un tono de dependencia en la ley mosaica, que Pablo denuncia fuertemente, por ejemplo, en su carta a los gálatas (véase Gl 3.10-29).

En fin, 6.14—7.1 parece no caber en el contexto de 2 Corintios 2.14—7.16, no sólo por razones literarias, sino también porque temáticamente es diferente. Tampoco cabe dentro de la teología paulina de la salvación y justificación por la gracia de Dios, y no por obras de santidad. En pasajes de sus cartas a los romanos y a los gálatas, y en Efesios (véase Ef 2.8-9, por ejemplo), Pablo enfatiza la gracia de Dios. Afirma que las obras humanas vienen en repuesta a la gracia inmerecida de Dios, no como instrumento para alcanzar la aceptación divina. Parece que este pasaje se añadió a 2 Corintios, junto a 2 Corintios 10 al 13, en algún momento en la historia de la recolección de las cartas paulinas a su iglesia en Corinto. Algún editor juntó varios fragmentos en una sola carta, incluso 2 Corintios 1.1 al 9.15, excepto que 6.14—7.1 fue añadido, quizás porque el editor pensó que la mejor manera de lograr que los corintios abrieran sus corazones a Pablo era cerrarlos a los «incrédulos» e idólatras. Luego, este mismo editor, u otro en otro momento de la historia de la transmisión de 2 Corintios, añadió lo que es ciertamente paulino, como veremos más adelante: 2 Corintios 10.1—13.14. Esto era un fragmento escrito por Pablo en su correspondencia con la iglesia en Corinto.

## Corazones abiertos y el viaje de Tito: 7.2-16

Luego de este interludio sobre el «yugo desigual», la carta regresa al tema de los «corazones abiertos» en 7.2-4, y a otro tema dejado pendiente desde 2.12-13: el viaje de Tito a Corinto y su regreso a Pablo en Macedonia (7.5-16). En ambos pasajes, Pablo recuerda el tema «de consuelo y… gozo en medio de… tribulaciones» (7.4b). En cierto sentido, esa presentación del ministerio —el ministerio como acción de consuelo en medio de dificultades y ejercido especialmente por creyentes que han sufrido aflicción y han sido confortado por Dios— sirve como ancla o fundamento para todas las otras imágenes que Pablo usa para explicar su ministerio —recomendación, pacto, tesoro, persuasión y reconciliación. Ahora que Tito ha regresado con buenas noticias de Corinto, Pablo les puede hablar con «mucha franqueza» —confianza— y mucha «gloria» —orgullo— a sus feligreses de esa ciudad (7.4a). Pero esto no ha sido fácil y, por ello, Pablo intencionalmente añade un largo interludio en 2.14 al 6.13 para explicar, con lujo de detalles y con varias imágenes, la naturaleza de su ministerio. De ese modo quiere asegurarse de que su iglesia reconciliada con él entienda bien qué clase de líder tienen en su apóstol.

Pero ahora es tiempo de terminar la discusión del viaje de Tito, y dar gracias a Dios, a Tito y a los corintios por lo acontecido, en preparación para lo que Pablo espera sea su última tarea primordial con esta iglesia, es decir, completar la colecta para los pobres de Jerusalén (véase 8.1-9.15 y la próxima sección de este comentario). En medio de dificultades externas y ansiedad interna (7.5), Dios consuela a Pablo con la llegada de Tito (7.6). Pero el motivo de consolación no era sólo la persona de Tito, sino también las noticias que traía. Estas noticias del «gran afecto» y aun el «llanto», o lamento de los corintios por todo la que ha ocurrido en su relación con Pablo, de tal manera que tienen «preocupación» por él, le causan «regocijo» y «consolación» a Pablo (7.7). Por lo tanto, Tito consoló a Pablo, como un buen enviado debe hacer.

En 7.8-13a, Pablo abunda sobre la forma en que esta consolación se lleva a cabo. Se lamenta de haber tenido que escribir una carta fuerte (la «carta de lágrimas», véase 2.4), pero también se regocija porque esa carta produjo arrepentimiento de parte de la iglesia en Corinto (7.8-9). La carta produjo tristeza en Corinto, pero sólo por un tiempo, porque luego produjo la reconciliación con Pablo, a través de un lamento por las acciones contra Pablo. Aunque fue un solo hermano quien aparentemente confrontó a Pablo en forma inapropiada tal, que el apóstol tuvo que salir de la iglesia antes de tiempo, es la iglesia entera la que se siente culpable por lo que pasó, especialmente porque no apoyaron suficientemente a Pablo en esa situación. Según Pablo, Dios usó la tristeza de la iglesia al escuchar su carta (quizás leída por el mismo Tito) para producir un cambio de actitud y, por lo tanto, un arrepentimiento sobre lo que pasó. Esa transformación le trae gozo a Pablo y le asegura que sus esfuerzos al escribir su «carta de lágrimas» no fueron en vano ni produjeron «pérdida». No está claro a qué se refiere Pablo, específicamente, cuando escribe sobre el peligro de «pérdida» que se evitó. Pueden ser pérdidas de fe, de miembros o de la relación entre iglesia y apóstol (7.9c).

Pablo ofrece una verdad teológica sobre la base de estos acontecimientos con los corintios: «La tristeza que es según Dios produce arrepentimiento para salvación, de lo cual no hay que arrepentirse; pero la tristeza del mundo produce muerte.» Dios puede usar situaciones tristes para producir remordimiento humano y, por lo tanto, arrepentimiento (gr. *metanoia*, cambio de actitud). Tal transformación asegura la salvación eterna y también un sentido de salud espiritual en el presente para los creyentes arrepentidos de algún pecado o error en sus vidas. Si alguien no permite que las tristezas de la vida sean medio de transformación, su tristeza terminará en muerte, tanto física como eterna (7.10).

Sobre la base de estas afirmaciones teológicas, Pablo declara que para su iglesia en Corinto la tristeza de un rompimiento de relación con su apóstol produjo cosas aparentemente negativas: «preocupación… defensa… indignación… temor…», pero también, con el tiempo, y bajo la influencia de la carta de Pablo y del ministerio intercesor de Tito, «ardiente afecto… celo y… vindicación» (7.11). Había personas en Corinto preocupadas por su relación con Dios y con el apóstol, que, o bien defendían sus acciones previas, cuando el individuo ofendió a Pablo, o estaban indignadas con el individuo que cometió esa ofensa, y tenían temor de lo que pasaría con la iglesia (7.11a). Sin embargo, salieron al otro lado de la situación, con la ayuda de Pablo y de Tito, demostrando su afecto para con Pablo, su «celo» (entusiasmo) por la presencia del evangelio en sus vidas, y su disposición para disciplinar al individuo ofensivo, y así, traer «vindicación», una resolución apropiada, a la situación (7.11b). De esta manera ocurre una «limpieza» en el asunto, o sea, todo remordimiento se ha eliminado a favor de un resultado positivo (7.11c).

Por eso, Pablo declara el éxito de la carta de lágrimas. No la escribió, dice él, sólo con el individuo ofensivo en mente, ni aun por su propia sensibilidad como la persona ofendida, sino que fue el bienestar de la iglesia total lo que le preocupaba (7.12). La reconciliación con la iglesia, que la visita de Tito ha hecho posible, le trae consolación a Pablo, porque el principio establecido en el primer capítulo de esta carta se demuestra en esta situación: los corintios han sido consolados en su preocupación por su relación con su apóstol y, por lo tanto, Pablo se siente consolado también (7.13a).

Pablo termina el capítulo 7 de su carta enfocándose de nuevo en Tito, su socio que ha logrado, con su diplomacia, una reconciliación entre él y la iglesia de Corinto. Tito también se siente gozoso por el ministerio de reconciliación que ha logrado en Corinto. Tito fue consolado cuando arregló las cuentas de esa iglesia con su fundador. Hubo consuelo en su espíritu (7.13b), porque Pablo le había hablado bien sobre la iglesia de

Corinto (7.14) y Tito quería ser útil al restaurar la buena relación entre este grupo de creyentes, esencialmente buenos, y la persona que había comenzando la obra entre ellos. El modo en que los corintios recibieron a Tito y el hecho de que estaban dispuestos a responder a su dirección con «obediencia», convenció a Tito de que valía la pena traer sanidad a la situación (7.15). Está contento de que pudo hacerlo y Pablo está contento con la «confianza» que, de nuevo, puede poner en su iglesia (7.16). Este elogio a Tito y afirmación de confianza renovada en sus feligreses en Corinto prepara el ambiente para una petición final que Pablo quiere hacer a los corintios sobre la colecta para Jerusalén (8.1—9.15), la cual ocupará la próxima sección de este comentario. El «cariño» y entusiasmo que Tito ha demostrado van a ser útiles, una vez más, en lo que se refiere a la colecta. Pero antes de pasar a ese tema vale la pena hacer un resumen de lo que hemos aprendido en nuestro estudio de 2 Corintios 1.1—7.16.

## Resumen y algunas implicaciones para el presente

La unidad de 2 Corintios 1 al 9 (excepto 6.14—7.1) como una sola carta, se puede ver en el modo en que Pablo prepara el ambiente para completar el ministerio de la colecta para la iglesia de Jerusalén, detallando cómo pudo lograr reconciliación con la iglesia de Corinto, luego de un rompimiento serio. Parte integrante de esta descripción es una explicación larga sobre la naturaleza de su ministerio apostólico, usando imágenes como el triunfo romano, las cartas de recomendación, el pacto mosaico, el contraste entre el tesoro y la aflicción, las destrezas de persuasión y diplomacia y, sobre todo, las prácticas de consolación y reconciliación. Con el ministerio intercesor de Tito, «arreglando las cuentas» entre apóstol e iglesia, y con lo que Pablo espera sea una explicación clara de por qué él ejerce su ministerio de la manera que lo hace, incluso en medio de aflicciones, dificultades y confrontaciones con autoridades imperiales, Pablo ahora se siente libre de pedirle a la iglesia de Corinto que contribuya a la importantísima ofrenda para la iglesia de Jerusalén.

Sin embargo, aunque 2 Corintios 1 al 7 es material preliminar al pedido para la colecta en 8 y 9, no carece de importancia primordial para entender el ministerio y la teología de Pablo en mayor amplitud. En esta sección, quizás más que en muchas otras de las cartas de Pablo, vemos cómo la presencia de Pablo, sea física o a través de cartas, pudo hacer impacto sobre sus iglesias. En el caso de los eventos que forman el trasfondo de 2 Corintios, vemos una visita paulina que fracasó, una carta «de lágrimas» que quizás tuvo mejor éxito que 1 Corintios, pero sólo porque fue acompañada por un embajador, Tito, cuyo ministerio intercesor sobresale en esta sección. También en 2 Corintios 8 y 9, las destrezas diplomáticas de Tito, como representante de Pablo en el asunto de la colecta para Jerusalén, van a ser de suma importancia.

Y, ¿para nosotros? ¿Qué significado tendrá esta larga sección hoy? Además de lo que ya hemos comentado sobre los varios pasajes, no cabe duda de que tenemos que recordar siempre ese principio básico del ministerio sobre el que Pablo hace hincapié una y otra vez: lo que Dios hace por nosotros en Cristo Jesús —consolación, reconciliación, persuasión, etc.— debemos buscar la manera de hacer por otras personas, especialmente, fuera de las cuatro paredes de nuestras iglesias: «Dios estaba en Cristo reconciliando consigo al mundo, … y nos encargó a nosotros la palabra de la reconciliación» (2 Co 5.19, énfasis mío). Además, con dos pasajes donde hace «listas de aflicciones» (2 Co 4.8-12; 6.4-10), y los otros lugares en la sección donde menciona la necesidad de sobreponerse a las dificultades en el ministerio, y usarlas como ejemplos de nuestra dependencia en Dios, Pablo nos enseña que el mal rato y el sufrimiento en el ministerio son inevitables, aunque no necesarios para nuestra salvación. Ya Cristo sufrió suficientemente por nuestro rescate y liberación final en el día del Señor. Pero esto no quiere decir que debamos creernos mejores que Cristo y pensar que en esta vida no nos espera sino triunfo y que, si experimentamos enfermedad o fracaso, estamos mal con Dios. Sólo el triunfo final en Cristo Jesús es una «garantía», dice Pablo.

Por último, el ministerio de Tito nos debe mantener humildes. No hemos de pensar que podemos llevar a cabo un ministerio de «llanero solitario». Aun el gran Apóstol Pablo tuvo fracasos en su ministerio con la iglesia en Corinto: una carta (1 Co) fracasó, una visita fracasó, y tuvo que depender en la intervención de su colega Tito para traer paz a una situación de conflicto. Pablo mismo reconoce sus limitaciones y, por eso, envía a Tito, no solo una (2.12-13), sino dos veces (8.16-24), para ejercer ministerio en la iglesia de Corinto. Pablo reconoció y practicó la importancia de equipos de trabajo en el ministerio. ¡Cuánto más necesitamos hoy día practicar un ministerio plural para que una limitación personal pueda equilibrarse con el talento de otros miembros del equipo!

# La colecta para Jerusalén: 2 Corintios 8 y 9

*Capítulo 7*

## Bosquejo del texto bíblico

Modelos de generosidad: 2 Co 8.1-15
Un equipo de líderes para la colecta: 2 Co 8.16-24
Razones prácticas y teológicas a favor de la colecta: 2 Co 9.1-15

## Introducción: La historia de la colecta

En la última sección, explicamos la función de 2 Corintios 7.5-16 como un recordatorio del ministerio reconciliador de Tito. Tito ha demostrado ya sus habilidades ministeriales y, por lo tanto, cumple los requisitos para su próxima tarea: regresará a Corinto para dirigir una delegación que completará la colecta para Jerusalén con la última ofrenda que falta de las iglesias paulinas, la de Corinto (véase 2 Co 8.16-24 donde Pablo trata el tema del equipo enviado a Corinto para esta tarea).

La colecta monetaria para la iglesia de Jerusalén comienza como resultado del famoso concilio de Jerusalén que se lleva a cabo entre misioneros, entre gentiles y entre los líderes de la iglesia de Jerusalén. Aunque la historia de ese concilio se describe en una forma bastante detallada en Hechos 15.1-35, Pablo menciona otro aspecto del hecho en Jerusalén:

[R]econociendo la gracia que me había sido dada, Jacobo, Cefas y Juan, que eran considerados como columnas, nos dieron a mí y a Bernabé la diestra en señal de compañerismo, para que nosotros fuéramos a los

171

gentiles, y ellos, a los de la circuncisión. Solamente nos pidieron que nos acordáramos de los pobres; lo cual también me apresuré a cumplir con diligencia. (Gl 2.9-10)

«La diestra en señal de compañerismo» representa un acuerdo entre Pablo, Bernabé y otros líderes de la iglesia misionera en Antioquía que ya estaba predicando el evangelio de Jesucristo entre los gentiles, y los creyentes de Jerusalén. El acuerdo consiste en que cada grupo continuará sus compromisos misioneros, uno entre gentiles y el otro entre judíos. En Hechos, lo único que se pide de parte de Jerusalén al grupo de Antioquía es recibir representantes de la iglesia en Jerusalén, mantener ciertas normas de dieta y evitar la inmoralidad sexual (véase Hch 15.24-29). Sin embargo, en *su* descripción del concilio de Jerusalén, Pablo subraya el acuerdo de que las iglesias gentiles provean ayuda financiera para la iglesia «madre» en Jerusalén, tanto a causa de su necesidad económica («nos acordáramos de los pobres» de Jerusalén, Gl 2.10; véase 2 Co 8.13-15), como por el vínculo que tal gesto establece entre creyentes gentiles y judíos (véase 2 Co 9.12-14).

Pablo toma ese acuerdo muy en serio, y se dedica a hacerlo cumplir entre sus iglesias. Como vimos en 1 Corintios, Pablo sugiere una manera sistemática para reunir esta ofrenda (1 Co 16.1-4). Con el correr del tiempo, aparecen varias preocupaciones sobre la colecta, especialmente en la iglesia de Corinto. Como veremos, hay dudas en Corinto sobre el manejo de la ofrenda —es decir, hay preguntas sobre las normas financieras de Pablo (véase 2 Co 11.7-11; 12.14-18). Quizás, una de las preguntas que alguna gente de Corinto se esté haciendo sea: «¿Estará Pablo reuniendo dinero para sí mismo, y no tanto para Jerusalén?». Por lo tanto, es instructivo ver el cuidado y seriedad del llamado de Pablo a esta ofrenda en 2 Corintios 8.1 al 9.15.

## Modelos de generosidad: 8.1-15

### Las iglesias como modelos: 8.1-7

Para montar un argumento a favor de la contribución de la iglesia de Corinto para la ofrenda de Jerusalén, Pablo, primero, alaba los ejemplos de otras iglesias, en particular, las de Macedonia, donde se incluyen las iglesias de Filipos y Tesalónica (8.1-7). Estas iglesias dieron a pesar de la severa aflicción a causa de su pobreza y de la persecución (8.2). Sabemos por 1 Tesalonicenses que Pablo trabajó con sus manos para no ser carga financiera a la iglesia (1 Ts 2.9-12). También sabemos que la iglesia de Filipos le suplió a Pablo una ofrenda clave durante uno de sus encarcelamientos (Flp 4.10-15). Pablo también se refiere, en otro sitio, a la persecución (véase 1 Ts 1.2-10) y pobreza de la iglesia en Tesalónica (1 Ts 4.11 implica una iglesia de mucha gente de la clase obrera en Tesalónica). Y hay también indicios de que los filipenses también sufren persecución por parte de personas a quienes Pablo llama «perros» (Flp 3.2).

En todo caso, las iglesias en Macedonia, en buenas o malas condiciones económicas, han contribuido ya a la ofrenda para Jerusalén:

> Asimismo, hermanos, os hacemos saber la gracia de Dios que se ha dado a las iglesias de Macedonia, porque, en las grandes tribulaciones con que han sido probadas, la abundancia de su gozo y su profunda pobreza abundaron en riquezas de su generosidad. (8.1-2)

Pablo continúa argumentando que no es necesariamente cuestión de dar mucho para la ofrenda. Pero, ciertamente, las iglesias de Macedonia, incluso las pobres como la de Tesalónica, dieron en forma sacrificada. Dieron «conforme a sus fuerzas, y aun más allá de sus fuerzas», lo que implica que la importancia de la ofrenda está más en el esfuerzo y sacrificio, que en la cantidad. Pablo esta procurando que *todas* sus iglesias contribuyan a esta colecta, no importa con cuánto, y en ese hecho consiste lo simbólico de la ofrenda, que demuestra el vínculo estrecho entre los creyentes, gentiles y judíos.

Lo otro que Pablo procura de sus iglesias es que acojan este proyecto con entusiasmo. Las de Macedonia, por ejemplo, le *pidieron* a Pablo, participar en ella, porque, para ellas, contribuir para «los santos» de Jerusalén era un «privilegio» y una *diakonía* («servicio»; 8.4). Era una demostración de compromiso con su Señor y con su apóstol: «se dieron primeramente al Señor y luego a nosotros, por la voluntad de Dios». (8.5) Esta visión de una entrega a Cristo y a la misión paulina a través de este acto de ofrendar es algo que Pablo espera se pueda ver también en la iglesia de Corinto, y Tito va a ayudar con ese esfuerzo (8.6). Ya que los creyentes en Corinto tienen toda clase de bendición espiritual y material —de lo que las mismas personas en Corinto atestiguan (véase 1 Co 1.4-9;

4.8), les debe ser aun más fácil contribuir a esta «gracia» (*charis*) (8.7). Es importante notar en este pasaje las distintas maneras que Pablo usa para describir la ofrenda, especialmente, *diakonía* (servicio) y *charis* (gracia). Pablo espera el pronto cumplimiento de la ofrenda, con la ayuda de Tito en Corinto. Más detalles sobre el liderato de Tito en este particular se darán en 8.16-24. Pero, primero, Pablo quiere ofrecer otro ejemplo de una ofrenda con carácter de sacrificio.

### El ejemplo de Jesucristo: 8.8-9

Pablo ve la importancia de los buenos ejemplos. No es que quiera forzar la ofrenda; pero si gente pobre como los creyentes de Macedonia dan, ¿cómo no es posible que la iglesia de Corinto demuestre su amor genuino en esta forma? Pablo pondrá «a prueba, por medio de la diligencia de otros» —o sea, por medio de buenos ejemplos de ofrendar sacrificadamente— «la sinceridad del amor vuestro» (8.8). Por ello, Pablo cita, aunque brevemente, el modelo por excelencia: Jesucristo:

> Ya conocéis la gracia de nuestro Señor Jesucristo, que por amor a vosotros se hizo pobre siendo rico, para que vosotros con su pobreza fuerais enriquecidos. (8.9)

Pablo recuenta la historia de la encarnación y crucifixión de Cristo («se hizo pobre siendo rico», véase Flp 2.5-8), para la salvación de la humanidad («para que vosotros con su pobreza fuerais enriquecidos») en términos económicos, para así retar a sus feligreses de Corinto a que den de sus riquezas, tanto espirituales como materiales, para la ofrenda destinada a sus hermanos y hermanas pobres de Jerusalén.

### La ofrenda y la iglesia de Corinto: 8.10-15

Por lo tanto, con estos ejemplos de iglesias y de Cristo mismo, Pablo se dirige, en 8.10-15, más directamente, a la necesidad de que la iglesia en Corinto coopere con esta ofrenda para Jerusalén. Cita varias razones. Primero, Pablo da el «consejo» de que la iglesia en Corinto debe terminar lo que comenzó «desde el año pasado» (8.10). Quizás, esto incluya la petición que Pablo había hecho al final de su carta anterior, 1 Corintios, cuando dio instrucciones de cómo debía hacerse la colecta (1 Co 16.1-4). En todo caso, la colecta para Jerusalén no es nada nuevo para esta congregación en Corinto. Sin embargo, todavía no han contribuido, y esto señala una falta de deseo o de entusiasmo. Ahora Pablo está seguro de que lo harán no sólo porque él lo pide, sino porque ellos *quieren* contribuir: «no solo a hacerlo, sino también a quererlo» (8.10b).

Pero hay otras razones, además de cumplir con lo que se comienza, y de hacerlo con deseo y entusiasmo. Es, también, cuestión de justicia. Lo que den, deben dar conforme a lo que puedan. Pablo no pide una aportación a la colecta para Jerusalén más allá de lo que una comunidad pueda dar. Es verdad que las iglesias de Macedonia dieron sacrificadamente (véase 8.1-5), pero aun así fue «conforme a sus fuerzas, y aun más allá de sus fuerzas» (8.3b). Pablo piensa que si las iglesias de Macedonia dieron, cuánto más la de Corinto podrá dar. Siempre que haya «la voluntad dispuesta» (8.12a), una ofrenda se acepta mejor (por Dios y por los recipientes) cuando se practica con justicia, no imponiendo un peso mayor sobre una u otra parte de la comunidad. Por lo tanto, «será aceptado según lo que uno tiene, no según lo que no tiene» (8.12b). En el caso de las iglesias macedonias, tenían poco, pero dieron todo lo que les fue humanamente posible. En el caso de la iglesia de Corinto, hasta ahora, a causa de sus divisiones, de sus problemas con Pablo y de sus dudas sobre la colecta (véase, por ejemplo, 2 Co 11.7-11), no han dado nada. Pablo quiere asegurarles que él no pide nada para esta causa que no esté al alcance de la feligresía de esta iglesia. Sin embargo, sí espera que ellos entiendan que su abundancia en Corinto en este momento puede ser de bendición a una iglesia hermana (en Jerusalén) que en ese mismo momento sufre escasez:

> No digo esto para que haya para otros holgura [o sea, «plenitud»] y para vosotros escasez, sino para que en este momento, con igualdad, la abundancia vuestra supla la escasez de ellos. (8.13-14a)

Pablo afirma que en otro momento se puede invertir la situación: que la iglesia de Corinto sea la que necesite ayuda financiera, y la iglesia de Jerusalén sea la que pueda ayudar (8.14b). Pero, en este momento, el principio de la igualdad —palabra que en griego también significa «equilibrio»— requiere que los que tienen mucho den para los que tienen poco. Pablo da el ejemplo del pueblo de Israel en el desierto, cuando había algunas personas que físicamente podían recoger más maná que otras.

Pero todas tenían exactamente lo suficiente. Nadie amontonó dejando a otras personas sin lo suficiente para comer porque éstas no tuvieran la fuerza u oportunidad para recoger lo que necesitaban para sí mismas (8.15, véase Ex 16.18). Esta visión de *koinônia* (mutuo compartimiento), como Pablo diría en otras partes de su cartas (véase en particular Flp 1.5, 7; 4.10-18), debe prevalecer en este asunto de la colecta para los creyentes pobres en Jerusalén. La iglesia de Corinto, aparentemente la única de las iglesias paulinas que todavía no ha dado —pues Pablo dedica tanto tiempo para asegurar su cooperación— tiene que compartir de su aparente abundancia para que haya igualdad y equilibrio en la iglesia cristiana.

## Un equipo de líderes para la colecta: 8.16-24

Al igual que 1 Corintios 16.15-18, este pasaje representa uno de varios en las cartas paulinas que tienen funciones de recomendación. En este caso, Pablo recomienda a sus enviados a Corinto la tarea de completar la ofrenda para Jerusalén, comenzando con Tito. Cada una de las tres personas aquí descritas tiene ciertas cualidades que la recomienda para su trabajo en Corinto.

Primeramente, Tito tiene el entusiasmo necesario para llevar a cabo la tarea y tiene la confianza de que los creyentes en Corinto están listos para cooperar (8.16-17). Más adelante (8.23a), Pablo afirma que Tito es su socio y colaborador en el ministerio. En otras palabras, Pablo tiene bastante confianza en él como uno de sus colegas más íntimos. Esto, al punto de que Tito es el único enviado cuyo nombre se menciona en este pasaje. Esto les da a entender a quienes han de recibir la carta que Tito representa la autoridad paulina. Tito es el líder de la delegación para completar la recolección de la ofrenda entre los corintios.

Sin embargo, Tito no va solo. Pablo envía con él a dos «hermanos». El primero se describe como persona de gran reputación entre las iglesias paulinas, «cuya alabanza en el evangelio se oye por todas las iglesias» (8.18). La palabra traducida «alabanza» se puede traducir como «honra», «reconocimiento», «recomendación». Su reputación viene de su predicación del evangelio en muchas iglesias. Quizás, sea alguien como Apolos, aunque es dudoso que sea el mismo Apolos, dado su lugar en la primera carta. Si Apolos se menciona por nombre unas cuantas veces en 1 Corintios, ¿por qué no aquí? Además, Pablo también afirma que este individuo «fue designado por las iglesias como compañero de nuestra peregrinación para llevar este donativo» (8.19). O sea, se trata de alguien que surge de las iglesias paulinas como un líder bien conocido y respetado, no alguien de afuera (Apolos, aparentemente, era de Alejandría en Egipto, véase Hch 18.24). Su relación con Pablo no está clara, porque Pablo enfatiza que este individuo es «designado por las iglesias» para acompañar a Tito y a otro hermano. La autoridad de este hermano viene de las iglesias que lo escogieron. La autoridad de Tito viene del mismo Pablo.

Pero Pablo quiere aclarar por qué es importante tener un equipo plural para llevar a cabo esta tarea: «Evitamos así que nadie nos censure en cuanto a esta ofrenda abundante que administramos, procurando hacer las cosas honradamente, no solo delante del Señor sino también delante de los hombres» (8.20-21). La integridad de la ofrenda depende de un liderato diverso y comprometido que ayude a Pablo a completar la tarea —inclusive individuos aprobados por las iglesias y, en cierto sentido, independientes de Pablo, como lo es este acompañante de Tito. Eran entonces las iglesias las que aprobaban su presencia en el equipo de enviados para completar la colecta en Corinto. Sin embargo, el asegurarse de la integridad de la colecta no resta la autoridad paulina sobre ella. Esta ofrenda es *su* tarea, aunque depende de la ayuda de otras personas para llevarla a cabo. Lo que se recoge, afirma Pablo, «es administrado por nosotros para gloria del Señor mismo y para demostrar vuestra buena voluntad» (8.19b). Es un ministerio paulino, que él espera traiga «gloria» a la obra de Cristo, el Señor, entre sus iglesias, y que demuestre la buena voluntad de esas iglesias hacia los creyentes judíos, especialmente, en Jerusalén.

Luego de Tito y el hermano famoso, hay un tercer «hermano» que Pablo añade al equipo (véase 8.22). Éste es más cercano a Pablo que el hermano famoso. Pablo lo describe en una forma similar a Tito. Tiene el mismo entusiasmo o «diligencia» que Tito. Además, al igual que Tito, ha desarrollado una confianza en la cooperación de la iglesia de Corinto para la ofrenda. Sobre todo, Pablo tiene confianza en este individuo porque lo ha «comprobado repetidas veces en muchas cosas». La palabra «comprobar» viene del griego *dokimazô*, una palabra favorita de Pablo que significa «probar para aprobar». Por ejemplo, otro colaborador cercano de Pablo, Timoteo, fue «aprobado» (*dokimos*) en el servicio del evangelio junto a Pablo, como si fuera hijo del apóstol (véase Flp 2.22). Este hermano, de una forma u otra, ha sido parte del equipo personal de Pablo y, por lo tanto, Pablo ha tenido oportunidad de ver si muestra liderato, lealtad y compromiso con el evangelio de Jesucristo y con la misión paulina. Ya que lo ha hecho con éxito, Pablo lo incluye en el equipo de enviados para esta tarea tan importante.

Pablo termina este recuento de las personas a quienes enviará para esta empresa con un resumen y una recomendación final (8.23-24). En el resumen, afirma la autoridad de Tito para esta misión como «compañero» de Pablo y «colaborador» con la iglesia de Corinto —lo cual es una referencia a la previa misión cumplida, de procurar la reconciliación entre Pablo y la iglesia (2 Co 1–7). Pero también Pablo afirma que los otros dos hermanos, aunque no menciona sus nombres, para demostrar el liderato de Tito, «son mensajeros de las iglesias y gloria de Cristo». En el griego la palabra traducida como «mensajeros» es *apostoloi*. Aunque quizás no tenga el significado técnico de los primeros seguidores de Jesús, o de un líder en una misión especial, como la de Pablo a los gentiles, todavía es significativo que estos enviados se llamen «apóstoles» porque esta misión a Corinto era bien importante para Pablo. Otros ejemplos donde Pablo usa el término «apóstol», en una forma amplia, incluyen a Epafrodito, llamado *apostolos*, mensajero o enviado de la iglesia de Filipos a Pablo (Flp 2.25), y Junia, una mujer que, junto a su compañero Andrónico, fueron «muy estimados entre los apóstoles» —lo que puede significar que eran apóstoles (Ro 16.7).

Además de representantes con una misión importante (*apostoloi*), estos dos individuos que acompañan a Tito son también la «gloria de Cristo» —o sea, traen elogio a Cristo y a la obra de Cristo en la tierra. A causa de su consentimiento al tomar esta misión, estos hermanos son una alabanza para Cristo. Es como si se les diera un título honorífico —«la gloria de Cristo»— porque merecen ser alabados por su disposición a emprender esta labor. Tito viene con la autoridad apostólica de Pablo, y todos en Corinto ya lo saben. Pero estos otros dos hermanos, conocidos en Corinto aunque sus nombres no se mencionen en la carta, son representantes, en particular, de todas las iglesias paulinas y necesitan ser reconocidos y elogiados por sus esfuerzos. Por lo tanto, en su recomendación final (8.24), Pablo pide que la iglesia de Corinto, frente a esas mismas iglesias hermanas de la misión paulina, prueben su amor y la confianza y orgullo que Pablo tiene en sus feligreses de Corinto, recibiendo a estos enviados y cooperando con la ofrenda para Jerusalén. Pablo hará esta petición más explícita al comienzo de la próxima sección de la carta.

# Razones prácticas y teológicas a favor de la colecta: 2 Co 9.1-15

*Motivos prácticos para la colecta: 9.1-5*

Pablo ha provisto buenos ejemplos de dádiva y entrega para una obra noble (otras iglesias; Jesús) y ha provisto, también, un equipo de líderes entusiastas. Ahora, quiere ir al grano y asegurarse de que las motivaciones de los creyentes en Corinto(9.1-5), así como su teología (9.6-15), están en línea con la tarea. Pablo afirma que prefiere no escribir de nuevo sobre este asunto (9.1). Espera que la iglesia de Corinto esté lista para aportar a la ofrenda. Además, ya ha compartido su confianza sobre Corinto con sus otras iglesias (9.2). Ahora, lo que falta es que la iglesia en Acaya (la de Corinto) cumpla su responsabilidad. Los hermanos que Pablo está enviando van a preparar el camino, para que cuando Pablo llegue con sus representantes de las iglesias macedonias, la iglesia de Corinto no rehúse su contribución y cause humillación para todos (9.3-4). Se nota, quizás, que Pablo no está completamente convencido del compromiso de algunas personas de Corinto, aun tras la intervención de Tito. Quizás, estén reconciliados con Pablo sobre otros asuntos; pero todavía puede haber dudas sobre la ofrenda para Jerusalén. Es por eso que Pablo envía a Tito de nuevo a Corinto, para tratar, específicamente, ese tema. Y no lo manda solo, sino con representantes independientes, individuos señalados por las mismas iglesias —y no necesariamente por Pablo. Aun el hermano que Pablo conoce y ha probado más íntimamente es uno de los «mensajeros de las iglesias».

Pablo explica su razonamiento, explícitamente, de esta manera: «Por tanto, consideré necesario exhortar a los hermanos que fueran primero a vosotros y prepararan primero vuestra generosidad antes prometida, para que esté lista como muestra de generosidad y no como de exigencia nuestra» (9.5). Nótese que Pablo espera que la contribución de Corinto sea voluntaria y no una «exigencia». La visita de los hermanos enviados inicialmente, en lugar de Pablo, ayudaría a que la iglesia entonces viera la ofrenda, no como algo personal entre Pablo y ella, sino verdaderamente como una «gracia» que muestra su «generosidad». Veremos, más adelante, en 2 Corintios 10-13, que las preocupaciones de Pablo sobre los límites de su reconciliación con la iglesia de Corinto se hacen una realidad cuando surge de nuevo un rompimiento en la relación —incluso sobre asuntos financieros y sobre la ofrenda (véase, en particular, 2 Co 11.7-11; 12:14-18).

*Motivos teológicos: sembrar justicia para cosechar gratitud a Dios: 9.6-11*

En lo que sigue, Pablo hace referencia a varias tradiciones tanto hebreas como helenistas para traer a la luz unas motivaciones teológicas de la petición que les hace a sus feligreses en Corinto. Primero, usa una metáfora agrícola para convencer a sus lectores de que hay bendición en dar para la obra del Señor: «El que siembra escasamente, también segará escasamente; y el que siembra generosamente, generosamente también segará.» (9.6, una alusión a Pr 11.24-25). Para que esto no suene como una fórmula —dar para cosechar bendiciones económicas— Pablo hace ciertas advertencias. Primero, la imagen es sencilla —en la agricultura, para cosechar, hay que sembrar. Segundo, en el ámbito de la obra de Dios, uno da alegremente (9.7, de nuevo citando un proverbio hebreo, véase Pr 22.9). De otra forma, la dádiva es en vano porque es vanidosa. Se basa en el interés personal, y no en la mera alegría por el hecho mismo de dar. Tercero, Dios es quien está a cargo de bendecir al dador alegre —y esto, en la forma en que Dios quiere, no como uno pide. Es importante que los corintios entiendan este principio porque muchos de ellos, como hemos visto en 1 Corintios, se creen merecedores *ya* de las bendiciones del reino venidero (véase, por ejemplo, 1 Co 4.8). Por lo tanto, Pablo afirma que uno da para hacer justicia divina en la tierra, especialmente, para quienes tienen poco:

> Y poderoso es Dios para hacer que abunde en vosotros toda gracia, a fin de que, teniendo siempre en todas las cosas todo lo necesario, abundéis para toda buena obra; como está escrito: «Repartió, dio a los pobres, su justicia permanece para siempre». (9.8-9)

Pablo explica a una iglesia que tiene gente pudiente, pero quizás no tan dadivosos, que las bendiciones económicas que una persona tenga vienen de Dios y, por lo tanto, son «gracia» de Dios. Al compartir esa gracia divina, especialmente, con los pobres, establecemos la justicia de Dios, y esta es una justicia permanente. Por ende, la ofrenda para Jerusalén, en último análisis, es un acto divino, porque Dios es quien da semilla para sembrar y pan para comer (9.10a). Dios es quien provee lo suficiente para nuestro bienestar y hasta lo multiplica para que podamos dar a otros. Al dar, sembramos más y más frutos de justicia (9.10b). En ese sentido somos «ricos» porque podemos sembrar, especialmente, para quienes tienen poco. Tales riquezas —sean muchas o pocas en lo material— vienen de Dios. No son nuestras, dice Pablo, sino que Dios nos las da para que podamos compartirlas con otras personas, con espíritu de «generosidad» (9.11). Cuando damos, quienes reciben dan gloria y gracias a Dios. Por lo tanto, este razonamiento de Pablo es netamente teológico. La iglesia de Corinto, y todas sus iglesias, deben de entender que todo lo que recibimos, en lo material y en lo espiritual, viene de Dios, para dárselo a otras personas en el nombre de Dios y, de esa forma, establecer la justicia de Dios en el mundo, para que todo ese mundo, ricos y pobres, hombres y mujeres den gloria, honra y gracias a Dios. La generosidad redunda para la gloria de Dios.

### La motivación específica para la ofrenda a Jerusalén: 9.12-15

Pablo aplica estos principios teológicos, específicamente, a la colecta para la iglesia de Jerusalén con estas palabras: «Porque la entrega de este servicio no solamente suple lo que a los santos falta, sino que también abunda en muchas acciones de gracias a Dios» (9.12). No hay duda de que los creyentes en Jerusalén necesitan la ayuda financiera de esta ofrenda. Sin embargo, la ofrenda misma también traerá un mayor acercamiento a Dios con la acción de gracias que producirá. Al ver los creyentes en Cristo de la iglesia de Jerusalén —mayormente judíos— que sus hermanos y hermanas gentiles se han convertido al evangelio de Jesucristo y reconocen que la raíz de su fe radica en Jerusalén, sentirán gran gozo y «glorifica[rá]n a Dios» (9.13). Por eso, Pablo llama la ofrenda literalmente una «prueba» (9.13a, traducida «experiencia» en RVR, pero el griego es *dokimos* como en 8.22, el hermano «probado») que mostrará la gloria de Dios y del evangelio, y que producirá un grupo de personas eternamente agradecidas a sus benefactores (9.14). Esto es bueno, dice Pablo, porque ahora sus iglesias tendrán la gratitud, oración y amor de la iglesia poderosa (en espíritu, aunque pobre en finanzas) de Jerusalén, ya que esta última ve «la superabundante gracia de Dios» vigente en las iglesias paulinas, llenas de gente no judía, sino gentil. En ese sentido, «el apóstol a los gentiles» ha logrado un gran éxito. Por eso, Pablo termina su petición de cooperación con la ofrenda, y quizás la carta entera contenida en 2 Corintios 1 al 9, con un grito de gratitud: «¡Gracias a Dios por su don inefable!» (9.15) El «don» de una ofrenda de la iglesia de Corinto para la iglesia de Jerusalén es demostración del don eterno de Dios de salvación en Cristo Jesús para todos y todas, judíos y gentiles.

## Implicaciones de la colecta para hoy

Estas dos grandes secciones de 2 Corintios, donde Pablo implora la participación de la iglesia en Corinto en la ofrenda para Jerusalén, nos señala algunos elementos esenciales en la enseñanza de Pablo sobre la mayordomía. En particular, 9.6-15 nos enseña mucho sobre una teología de la mayordomía. Dios provee para que su pueblo dé a quienes sufren necesidad. De gracia recibimos para dar de gracia. Al dar, especialmente al necesitado, sembramos la justicia de Dios y producimos gratitud y acercamiento espiritual a Dios. El dar es elemento fundamental del evangelio. Quienes reciben de nuestra buena voluntad nos bendicen con sus oraciones y son llamados, también, a su propia mayordomía. Así, la gracia y justicia de Dios se van reproduciendo y esparciendo.

También aprendemos en 2 Corintios 8 y 9 sobre la estructura de una buena mayordomía. Una mayordomía exitosa necesita buen entusiasmo (como Tito), buenos ejemplos (como las iglesias de Macedonia), un buen equipo de líderes (como Tito y los dos hermanos) y, sobre todo, un líder y modelo por excelencia: Cristo Jesús. Todo creyente está llamado a dar conforme a sus fuerzas. No hay excusa para no dar, en vista de lo mucho que Dios ha hecho por su pueblo. La fórmula de mayordomía que Pablo establece en estos pasajes es que en gratitud a la gracia de Dios (eucharistía), damos de gracia (charis) con actividades de gracia (charites) que producen la justicia de Dios en un mundo tan necesitado de esa caridad y justicia.

Sin embargo, reconocemos que, aunque tengamos una buena teología de mayordomía y una buena estructura para llevarla a cabo, no siempre tenemos éxito. En la próxima sección de este comentario, que tratará sobre 2 Corintios 10 al 13, veremos que Pablo lucha arduamente, quizá después de escribir 2 Corintios 1–9, con la iglesia de Corinto que, nuevamente, está distanciada de él. El problema parece relacionarse con la ofrenda para Jerusalén.

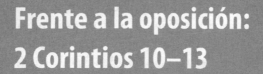

# Frente a la oposición:
# 2 Corintios 10–13

*Capítulo 8*

## Bosquejo del texto bíblico

El tono cambia: 10.1-6
Las acusaciones contra Pablo: 10.7-18
La defensa de Pablo: 11.1-15
Los sufrimientos apostólicos: 11.16-33
Las experiencias espirituales y el liderato paulino: 12.1-10
Un resumen y un reto: 12.11-21
Un reto final: 13.1-10
Saludo y bendición final: 13.11-14

## El tono cambia: 10.1-6

El tono de reconciliación que Pablo establece en 2 Corintios 1–9, y que culmina con una confiada expectativa de cooperación de la iglesia en Corinto para la ofrenda a Jerusalén (2 Co 8 y 9), no continúa al comienzo de 2 Corintios 10. El lenguaje es bastante militar:

> Aunque andamos en la carne, no militamos según la carne, porque las armas de nuestra milicia no son carnales, sino poderosas en Dios para la destrucción de fortalezas, derribando argumentos y toda altivez que se levanta contra el conocimiento de Dios, y llevando cautivo todo pensamiento a la obediencia a Cristo, y estando prontos a castigar toda desobediencia, cuando vuestra obediencia sea perfecta. (10.3-6)

En 2 Corintios 1-9, Pablo práctica, como él dice, un ministerio de «persuasión» entre sus seguidores (5.11), para que sigan sus sugerencias voluntariamente. Pero aquí, Pablo quiere «destruir» y «derribar» argumentos, llevando todo pensamiento «cautivo» para que obedezcan a Cristo. Sin tal obediencia, vendrá «castigo», dice Pablo, aunque no aclara en qué forma. Pero su meta es que la «obediencia» de sus feligreses en Corinto «sea perfecta» o completa.

Aunque la relación entre Pablo y su iglesia en Corinto siempre fue difícil, aun cuando les escribía sobre la reconciliación, es raro ver tan fuertes palabras de reproche como las que vemos en 2 Corintios 10 al 13, particularmente, tras las palabras de reconciliación que hemos visto en varios lugares en 2 Corintios 1–9 —especialmente, en 5.16-21 y 7.5-16. Sin una reconciliación con su iglesia después de la visita amarga descrita en 2 Corintios 2.1-4, no hubiera sido posible regresar al tema de la ofrenda, como Pablo hace en los capítulos 8 y 9. La mayoría de los eruditos piensa que algo pasó después de la visita de Tito y los hermanos, y que esto causó un nuevo rompimiento entre Pablo y los creyentes en Corinto (véase 12.14-18, donde hay una referencia específica a la visita de Tito y otro hermano, quizás para asuntos relacionados con la ofrenda). Por lo tanto, se cree que 2 Corintios 10–13 es parte de una carta distinta, y, posiblemente, posterior a 2 Corintios 1–9.

Pero, ¿que fue lo que pasó y por qué Pablo reacciona tan fuertemente como lo hace en 2 Corintios 10-13? Algunos detalles de estos pasajes nos ayudan a encontrar repuestas a estas preguntas claves.

## Las acusaciones contra Pablo: 10.7-18

Primero, es útil resumir algunas de las acusaciones contra las cuales Pablo se defiende en 2 Corintios 10 al 13. Algunas personas en Corinto piensan que Pablo es «humilde» cuando está presente, pero fuerte en cuanto a personalidad y expectativas en sus cartas (10.1, 9-10). En otras palabras, Pablo es inconsecuente. Quizás, tienen en mente los fuertes regaños de 1 Corintios en contraste con su visita «amarga», cuando salió derrotado de Corinto (2 Co 2.1-4). Pablo es fuerte en sus demandas, solamente, cuando está «lejos» dicen algunos de sus acusadores: «A la verdad, algunos dicen que las cartas son duras y fuertes, pero que la presencia corporal es débil y la palabra despreciable» (10.10). Dada tal inconsistencia, la «palabra» de Pablo debe tener menos autoridad en sus medios, dicen estos oponentes de Pablo.

Sin embargo, para Pablo, la autoridad que él ejerce, sea en sus cartas o en persona, viene de Dios para construir comunidad y no para destruir (10.8). Por lo tanto, cuando hace demandas fuertes en sus cartas, es para el bienestar de la iglesia. Y cuando es necesario que haga lo mismo estando presente físicamente, lo hará (10.11).

Además de estas acusaciones internas, parece que algunas personas de otros lugares han llegado a Corinto para cuestionar el liderato de Pablo. Por lo tanto, otras acusaciones contra Pablo se refieren a sus diferencias con estos líderes ajenos o pasajeros. En comparación con los criterios con que se mide un gran líder religioso o político, Pablo no da la talla, según algunas personas de Corinto —a los que ahora se añaden estos visitantes de fuera. En su comparación con Pablo, se alaban a sí mismos en formas que menoscaban el liderato de Pablo. Pablo los describe como sigue:

> No nos atrevemos a contarnos (gr. *enkrinai*) ni a compararnos (*sunkrinai*) con algunos que se alaban a sí mismos; pero ellos manifiestan su falta de juicio al medirse con su propia medida y al compararse consigo mismos. (10.12)

Estos oponentes externos, y quienes los apoyan en la iglesia, se «clasifican y comparan» con Pablo, y siempre salen ganando. Pablo los critica como personas que no deben estar ofreciendo juicio, pues no conocen el ministerio que Pablo ha estado llevando a cabo en Corinto. Pablo acentúa el hecho de que él mismo no ministra más allá de aquellos lugares donde él comenzó la obra (10.15) tema que Pablo discute varias veces en sus cartas (1 Co 3.10; Ro 15.17-21, aunque en Ro 1.11-15 también dice que tiene un papel espiritual en Roma). Quizás, estos líderes externos acusan a Pablo de «jactarse» e imponer su «autoridad». Pero, para Pablo, es cuestión de usar su autoridad como fundador para construir la comunidad. Además, la jactancia de Pablo tiene sus límites: Dios le ha dado todo lo que tiene, incluso el ser fundador de la comunidad cristiana corintia a la cual él ministra como apóstol y nadie más que él puede ser apóstol de esa iglesia (10.14,17). En último análisis, toda alabanza verdadera, dice Pablo, viene de Dios, no de los seres humanos: «No es aprobado el que se alaba a sí mismo, sino aquel a quien Dios alaba.» (10.18)

Una tercera acusación contra Pablo tiene que ver con asuntos de finanzas. En la defensa que Pablo hace de su ministerio vemos estos asuntos. Primero, parece que el hecho de que Pablo ministró entre los corintios sin aceptar salario no cae bien a algunas personas de la iglesia: «¿Pequé yo humillándome a mí mismo, para que vosotros fuerais enaltecidos, por cuanto os he predicado de balde el evangelio de Dios?» (11.7) La «humillación» a que Pablo se refiere tiene que ver con el trabajo manual con que se sostenía, lo cual algunas personas elitistas en Corinto entendían como una humillación social. Tales personas posiblemente se pregunten: «¿Por qué será que Pablo no acepta dinero de nosotros y prefiere trabajar con sus manos?» Ya antes Pablo ha aludido a este problema en su primera carta: «¿Acaso no tenemos derecho a comer y beber?... ¿O solo yo y Bernabé no tenemos derecho a no trabajar?» (1 Co 9.4, 6) Pablo explica que él rehúsa aceptar salario de la iglesia de Corinto para poder predicar el evangelio libremente, lo cual es su «gloria» (1 Co 9.12, 15), aunque es también su responsabilidad y llamado (9.16, 17).

Sin embargo, esta actitud y práctica paulinas se complican por cuanto Pablo sí acepta apoyo económico de otras iglesias:

> He despojado a otras iglesias, recibiendo salario para serviros a vosotros. Y cuando estaba entre vosotros y tuve necesidad, a ninguno fui carga, pues lo que me faltaba, lo suplieron los hermanos que vinieron de Macedonia, y en todo me cuidé y me cuidaré de seros una carga. (2 Co 11.8-9)

Por lo tanto, quizás algunas personas en Corinto se hacen una pregunta legítima: ¿cómo es que Pablo acepta dinero de algunas iglesias, incluso algunas de las más pobres (véase 2 Co 8.1-4), y no de la nuestra? Tales preguntas se harían aun más serias cuando Pablo procuró una aportación de parte de la iglesia de Corinto a la ofrenda para la iglesia de Jerusalén. Quizás, alguien en Corinto se pregunte: «¿No será esta supuesta ofrenda una excusa de Pablo para pedir dinero a nuestra iglesia, sin nosotros recibir crédito por la misma?» Según el orden social de la época, los ricos de Corinto no pueden tener a Pablo como «cliente» —es decir, persona patrocinada por ellos y hacia quien él tiene ciertas obligaciones— bajo su patrocinio, si no le dan dinero. Pero quizás Pablo busque evitar esa relación usando el dinero de la ofrenda para su propio sostén. Ésta, quizás, sea la sospecha de algunas personas en Corinto.

Pablo se defiende contra esta acusación tan fuerte acudiendo a su relación con Cristo: «Por la verdad de Cristo que está en mí, que no se me impedirá ésta, mi gloria, en las regiones de Acaya» (11.10). Dado, el ministerio que Cristo ha puesto en su corazón, Pablo quiere retener su derecho, en todo caso y todo lugar, de determinar cuál es la mejor estrategia para establecer la gloria de Cristo y cómo y en qué Pablo se puede gloriar. Si en Macedonia (Tesalónica, Filipos) el evangelio prospera aceptando ofrendas y en Acaya (Corinto) no, entonces nadie, ni los líderes en Corinto, ni los contrincantes de Pablo que vienen de afuera, puede impedir la gloria de su ministerio, incluso en asuntos económicos. No es que ame a sus feligreses de Macedonia más que a los de Corinto. Dios «sabe» que Pablo ama a su iglesia en Corinto (10.11).

## La defensa de Pablo: 11.1-15

Frente a estas acusaciones contra su liderato, su honor y sus finanzas, Pablo monta una defensa bastante compleja. Él mismo la describe como «un poco de locura» (11.1), y el pasaje entero se conoce como el «discurso de un insensato», reconociendo la ironía con que Pablo quiere que se entienda. En cierto sentido, Pablo acepta que las acusaciones pueden tener alguna validez ante los ojos de algunos corintios, pero ofrece una interpretación opuesta a cómo sus oponentes entienden sus acciones. Por ejemplo, los líderes que han llegado de afuera para cuestionar el apostolado de Pablo se llaman «apóstoles», dice Pablo, pero en realidad son «grandes apóstoles» o «superapóstoles», hablando en términos sarcásticos. Más adelante, Pablo describe a estos líderes que se han introducido en la comunidad de Corinto como «falsos apóstoles, obreros fraudulentos, que se disfrazan de apóstoles de Cristo» (11.13). Los que dudan del liderato apostólico de Pablo no tienen el derecho ni el carácter para acusar a Pablo de una falta de liderato e integridad. Ellos son los que están «disfrazados».

Pablo considera a estos falsos maestros una amenaza al bienestar del evangelio en Corinto. Como en su crítica en la carta a las iglesias de Galacia, Pablo sugiere que estos individuos proclaman un evangelio falso, «a otro Jesús que el que os hemos predicado» (11.4a, véase Gl 1.6-9). También, como en Gálatas, Pablo cuestiona la lealtad de sus feligreses al evangelio que él les predicó, diciendo que los creyentes en Corinto, fácilmente, recibieron falsas enseñanzas: «si recibís otro espíritu que el que habéis recibido, u otro evangelio que el que habéis aceptado, bien lo toleráis» (11.4b, véase Gl 3.1-5). Pablo teme que esta iglesia pierda «su fidelidad a Cristo» a causa de los falsos apóstoles. Él se ve como quien ha hecho posible el «compromiso» de esta iglesia con su «esposo» —Cristo— a quien Pablo espera llevar la iglesia «como una virgen pura» (11.2). Ahora, con la llegada de estos falsos apóstoles, esa esperanza peligra y Pablo siente el «celo de Dios» por ellos. Pablo compara los falsos apóstoles con la serpiente en el huerto del Edén que engañó a Eva (11.3). De nuevo, la retórica de Pablo es bien defensiva aquí. Pinta un retrato de sus oponentes como engañadores al igual que Satanás. Asumimos que estos son creyentes en Cristo, pero ofrecen un evangelio que contradice las enseñanzas y el liderato de Pablo y, por lo tanto, Pablo los ataca fuertemente, pues piensa que la fe de su iglesia está en peligro.

No sólo peligra la fe de los creyentes en Corinto, sino también la autoridad paulina. Por lo tanto, Pablo rechaza cualquier sugerencia de su inferioridad frente a la supuesta superioridad de los «superapóstoles» (11.5). Quizás, él no hable tan elocuentemente como otros («aunque sea tosco en la palabra», 11.6a, caracterización que vimos en la primera carta: véase 1 Co 1.17; 2.1-5, 13), pero su «conocimiento» del contenido del evangelio no se compara con nadie más, como ha demostrado «en todo y de todas maneras» (11.6b).

Tras responder a las acusaciones sobre asuntos económicos (11.7-11), el apóstol monta un ataque feroz contra estos líderes nuevos que se han introducido en la comunidad de Corinto (11.12-15). En contraste con Pablo, parece que están dispuestos a aceptar ofrendas de la iglesia. Esto quizás les da cierta autenticidad frente a algunas personas de la iglesia. Pero, para Pablo, es razón para rechazar su liderato y autoridad. En lugar de esto, los corintios han de seguir el ejemplo de Pablo: «Pero lo que hago, lo seguiré haciendo, con el fin de quitar la ocasión de los que la desean para ser hallados semejantes a nosotros en aquello en que se glorían» (11.12). Aceptar ofrendas de feligreses de una obra de fe que uno mismo no fundó, dice Pablo, no es la manera justa de ganarse una posición de liderato auténtico en esa iglesia. La «gloria» del evangelio no existe en las finanzas sino en el servicio, y Pablo sostiene que él ha demostrado su servicio a esta comunidad. Los líderes advenedizos sólo se «disfrazan» como «ministros de justicia» (11.15a), mientras que Pablo lo es de verdad. El juicio final lo demostrará, pues entonces las obras fieles serán reconocidas (11.15b). Por lo tanto, Pablo le da un toque escatológico a su crítica de los líderes externos y de quienes los apoyan.

## Los sufrimientos apostólicos: 11.16-33

Ahora Pablo regresa más directamente a su defensa irónica. Toma el papel de un «loco» o «insensato», de nuevo (véase 11.1), aunque invita a sus lectores a que no lo consideren de esa manera, pues solamente quiere mostrar aquello de lo que realmente se «gloría» o «jacta». La sorpresa de su retórica será que su jactancia viene de cosas no muy agradables (11.23-30). Sin embargo, los falsos líderes en Corinto se jactan, dice Pablo, de cosas terrenales («según la carne», 11.18). Pablo lo hará también, dice él. No hablará en términos de las cosas del Señor, sino en términos que lo hacen sonar como un loco: «Lo que hablo, no lo hablo según el Señor, sino como si estuviera loco, con la confianza de tener de qué gloriarme» (11.17). Hablar de cosas terrenales para establecer autoridad espiritual, dice Pablo, es cosa de locura. Y veremos que, aunque Pablo comienza con asuntos terrenales —su trasfondo étnico, por ejemplo (11.22)— pronto pasa a discutir cosas que demuestran la autenticidad de su ministerio —su disposición a sufrir por el evangelio si es necesario.

Sin embargo, para Pablo, la verdadera locura es el hecho de que algunas personas en Corinto estén aceptando el liderato de gente de afuera sobre la base de sus habilidades naturales:

> Porque de buena gana toleráis a los necios, siendo vosotros cuerdos, pues toleráis si alguno os esclaviza, si alguno os devora, si alguno toma lo vuestro, si alguno se enaltece, si alguno os da de bofetadas. (11.19-20)

Pablo regresa al tema favorito de algunas personas en Corinto —la sabiduría. En este caso usa el término «cuerdo» (gr. *fronimos*, de buen razonamiento). Pablo hace un juego de palabras cuando llama a líderes oponentes «necios» (*afronoi*, personas sin uso de buena razón). Aunque algunas personas en Corinto se consideran sabias o «cuerdas», están siguiendo a líderes necios que, metafóricamente, están devorando, robando, enalteciéndose al costo de la iglesia y dando bofetadas a la fe de la comunidad. Pablo sarcásticamente declara que tiene mucha vergüenza y debilidad para alcanzar tantos «beneficios» para su iglesia (11.21). De nuevo regresa a acusaciones previas sobre sus debilidades humanas (véase, por ejemplo, 1 Co 2.3, 4.9-10). Y, en el próximo pasaje, usará el tema de sus debilidades para demostrar cuáles son las verdaderas señales de un apostolado auténtico.

¿Cuáles son los atributos que han de recomendar a Pablo ante sus feligreses de Corinto? En comparación con los líderes venidos de fuera, Pablo tiene muchos de sus atributos. «¿Son hebreos? Yo también. ¿Son israelitas? Yo también. ¿Son descendientes de Abraham? También yo» (11.22). Parece que los líderes que retan la autoridad de Pablo en Corinto son judíos cristianos, quizás de Jerusalén. (Aunque los problemas sobre la circuncisión citados en Gálatas no sobresalen aquí como en esa otra carta, que subraya el conflicto de Pablo con líderes judíos cristianos, incluso el mismo Apóstol Pedro; véase Gl 1.17-2.14.) Aquí en 2 Corintios 10-13, Pablo enfatiza no tanto la identidad étnica o religiosa de los líderes ajenos, sino la naturaleza y calidad de su ministerio: «¿Son ministros de Cristo? (Como si estuviera loco hablo.) Yo más» (11.23a). La supuesta locura de Pablo consiste en estar dispuesto a comparase con gente de afuera de su ámbito de autoridad. Si tales personas son «ministros» (gr. *diakonoi*—«siervos»), dice Pablo, él lo es mejor. Pero lo que inicialmente parece arrogancia se convierte, de inmediato, en una lista de sufrimientos apostólicos como señal de por qué su ministerio es más efectivo: «en trabajo, más abundante; en azotes, sin número; en cárceles, más; en peligros de muerte, muchas veces» (11.23b). Así empieza la ultima de varias listas de sufrimientos que hemos visto a través de 1 y 2 Corintios (véase 1 Co 4.9-13; 2 Co 4.7-12; 6.4-10). Cada una funciona como corrección de una actitud errónea ante el liderato apostólico, específicamente, y cristiano en general.

El encarcelamiento con castigos de azotes y amenazas de muerte (11.23b) era una de las dificultades más serias que Pablo confrontaba en su ministerio, al predicar a otro Señor que no era el César de Roma. Su mensaje de Cristo como Señor y Salvador —términos reservados para el Emperador— involucraba, siempre, un peligro para Pablo. Por eso, habla tanto de sus prisiones y castigos. Aun algunos líderes judíos, no deseando una amenaza para su posición en varias comunidades del imperio, a causa del mensaje del judío Pablo sobre un Mesías crucificado en una cruz romana («nosotros predicamos a Cristo crucificado, para los judíos ciertamente tropezadero, y para los gentiles locura», 1 Co 1.23), procuran castigo para Pablo: «De los judíos cinco veces he recibido cuarenta azotes menos uno» (11.24). De acuerdo a la ley judaica (véase Dt 25.3), el castigo máximo era 40 azotes. Daban uno menos para no sobrepasar ese número accidentalmente. Luego, Pablo parece haber recibido ese castigo máximo varias veces. Los azotes «con varas» (11.25a) eran usualmente un castigo romano (véase Hch 16.22). Según Hechos, Pablo fue apedreado en el pueblo de Listra (véase Hch 14.19). Hechos también habla de los varios naufragios que Pablo sufrió durante sus viajes misioneros (11.25b; véase Hch 27). El viaje marítimo en el mundo antiguo era peligroso, pero, a veces, era la manera más fácil y rápida de viajar largas distancias.

En resumen, eran muchos los peligros que Pablo confrontaba para llevar a cabo su ministerio:

en caminos, muchas veces; en peligros de ríos, peligros de ladrones, peligros de los de mi nación, peligros de los gentiles, peligros en la ciudad, peligros en el desierto, peligros en el mar, peligros entre falsos hermanos (11.26)

Fuese por el agua (rió o mar), o por tierra (ciudad o desierto), fuese a mano de gentiles o de judíos (pero especialmente, dice Pablo, de quienes decían ser hermanos o hermanas en la fe, pero no lo demostraban en su conducto), Pablo siempre confrontaba peligro para poder llevar a cabo su misión. No sólo era cuestión de dónde iba o con qué oposición se encontraba, sino que la naturaleza de la misión misma —predicar y convertir a la gente— conllevaba arduo trabajo. Había mucho «trabajo y fatiga», con «muchos desvelos», «hambre y sed», ayunos forzados y, a veces, sin alojamiento o abrigo («frío y desnudez»,11.27). Esta descripción de su ministerio, aunque general y con propósito didáctico, se basa, sin duda, en realidades que Pablo confronta, algunas de ellas descritas en Hechos y otras, por él mismo en sus cartas, incluso al final de este pasaje, donde se refiere a su escape de Damasco cuando el gobernador bajo el rey local, Aretas, puso guardias para prenderle (11.32). La descripción de su escape suena como algo que Lucas hubiera escrito en Hechos, con detalles novelescos: «fui descolgado en un canasto desde una ventana del muro, y escapé de sus manos» (11.33).

Pablo aclara que todo esto lo hace para el bienestar de sus iglesias, por las cuales se esmera arduamente: «Y además de otras cosas, lo que sobre mí se añade cada día: la preocupación por todas las iglesias». (11.28) Tal ansiedad no debe interpretarse como «debilidad», aunque algunos lo verán así, y Pablo, en verdad, a veces se enfermaba llevando a cabo su misión (11.29a). Pero esto no es razón para creer que Pablo no se debe «indignar» cuando lo acusan de «tropezar» (11.29b). Sus supuestas «debilidades» son resultado de un ministerio sufrido y, por lo tanto, son razón de su verdadera «gloria» (11.30) y señal de la presencia y aprobación divinas: «El Dios y Padre de nuestro Señor Jesucristo, quien es bendito por los siglos, sabe que no miento» (11.31). Al invocar el nombre de Dios y Cristo como el apoyo por excelencia de su ministerio, aunque pasa por múltiples momentos difíciles, Pablo indica la fuerza de su posición apostólica frente a las demandas de la iglesia en Corinto.

## Las experiencias espirituales y el liderato paulino: 12.1-10

En esta próxima parte de su discurso apologético, Pablo presenta sus experiencias espirituales como credenciales adicionales de su liderato apostólico (12.1). Sin embargo, también argumenta que estas tienen sus limitaciones, pues no se puede gloriar sin la dependencia en Dios.

Primero, Pablo describe una experiencia mística. La describe como si fuera de otra persona, pero no hay duda de que está hablando de sí mismo.

> Conozco a un hombre en Cristo que hace catorce años (si en el cuerpo, no lo sé; si fuera del cuerpo, no lo sé; Dios lo sabe) fue arrebatado hasta el tercer cielo. Y conozco al tal hombre (si en el cuerpo, o fuera del cuerpo, no lo sé; Dios lo sabe), que fue arrebatado al paraíso, donde oyó palabras inefables que no le es dado al hombre expresar. De tal hombre me gloriaré; pero de mí mismo, en nada me gloriaré sino en mis debilidades. (12.2-5)

Pablo se está refiriendo a una experiencia espiritual que tuvo una década y media antes (por el año 40 d. C., ya que 2 Co se escribe aproximadamente por el año 54). Esto fue unos años después de su conversión (que fue aproximadamente en el año 34 d. C.), quizás cuando empezaba a desarrollar un ministerio misionero entre los gentiles. Las «palabras inefables» que no se pueden expresar humanamente quizás se relacionen con una profunda convicción y confirmación de su llamado. Al igual que en su conversión (véase Gl 1.15-16), Pablo obtuvo una experiencia personal con Dios que él mismo describe en términos de una visión mística, como el profeta Ezekiel (véase Ez 8.3; 11.1, 24), quien también fue «arrebatado» a lugares celestiales («tercer cielo», otra manera metafórica de describir el «paraíso» en la cosmología hebrea).

El hecho de que Pablo repita dos veces la duda sobre si esto fue una experiencia corporal o una visión en una especie de sueño («si en el cuerpo, o fuera del cuerpo, no lo sé; Dios lo sabe») indica su propósito al citarla: una experiencia espiritual, de cualquier índole, aunque es valiosa por sí misma, no tiene valor de largo plazo, ni implicaciones, si no hay un reconocimiento de que todo depende de Dios. Pablo lo aclara cuando recuerda sus debilidades aun frente a una experiencia espiritual profunda (12.5). Parece que Pablo quiere indicarles a sus oponentes en Corinto que aunque él tiene credenciales de experiencia espiritual personal, no depende de tales experiencias para la autoridad de su ministerio. Sólo Dios puede dar esa autoridad. Parece, también, que algunas de esas personas foráneas que cuestionan el liderato de Pablo han compartido sus experiencias espirituales místicas, haciendo dudar que Pablo las haya tenido. Pablo afirma que las tiene, pero que hay que entenderlas en su propio lugar de importancia: «Sin embargo, si quisiera gloriarme, no sería insensato, porque diría la verdad; pero lo dejo, para que nadie piense de mí más de lo que en mí ve u oye de mí» (12.6). Más importantes que las experiencias místicas, que son íntimamente personales, son los resultados que tales experiencias tienen para el bienestar del evangelio y la misión paulina: «para que nadie piense de mí más de lo que en mí ve u oye de mí.»

Es de vital importancia tener una actitud apropiada sobre las altas experiencias espirituales porque, dice Pablo, hay también muchas experiencias negativas en el ministerio. Aquí, Pablo cita su famoso «aguijón»: «Y para que la grandeza de las revelaciones no me exaltara, me fue dado un aguijón en mi carne, un mensajero de Satanás que me abofetee, para que no me enaltezca; respecto a lo cual tres veces he rogado al Señor que lo quite de mí» (12.7-8). Pablo explica que Dios permitió, tal como a Job (véase Jb 2.6-7), que el enemigo de las almas, Satanás, le «abofetee» con lo que, posiblemente, era una enfermedad, su «aguijón en mi carne». Ha habido muchas especulaciones sobre lo que sería ese aguijón, y es imposible saberlo aunque, posiblemente, sus lectores sí sabían a lo que Pablo se refería. Pablo menciona una enfermedad, quizás de la vista, que tenía cuando llegó a Galacia (véase Gl 4.13-14). Pero, fuera de eso, no puede haber seguridad ni debemos especular mucho. Lo importante es que Pablo vio ese aguijón (o «espina» metafórica) en su cuerpo —o en su espíritu— como algo que, con el tiempo (pues oró «tres veces» para que Dios se lo quitara), vino a ser una enseñanza sobre la necesidad de confiar en un Dios misericordioso pase lo que pase. «Y me ha dicho: "Bástate mi gracia, porque mi poder se perfecciona en la debilidad"» (12.9a). Si algunos líderes foráneos y personas dentro de la iglesia en Corinto critican a Pablo porque da señales de muchas debilidades, tienen que pedirle cuentas a Dios, dice Pablo, porque es Dios quien usa esas experiencias para demostrar su gracia y aumentar la fe y confianza de sus siervos y siervas.

Por esa razón, a Pablo no le causa dificultad el «gloriarse» en sus debilidades, como ha hecho en este pasaje de defensa propia, porque con ello muestra su dependencia en Dios y, por lo tanto, su autoridad como apóstol del evangelio —las buenas noticias sobre el amor y poder de Cristo para con iglesias como la de Corinto (12.9b-10). La ironía del pasaje tiene su broche de oro en las palabras clásicamente paulinas: «porque cuando soy débil, entonces soy fuerte» (12.10b). En contraste con sus oponentes, la fuerza y autoridad de Pablo radica en estar dispuesto a confrontar dificultades y, por lo tanto, demostrar sus debilidades, siempre y cuando sus acciones favorezcan el evangelio y las iglesias que él fundó. Cuando un líder muestra su dependencia en Dios, no importa cuán débil el líder sea, Dios se glorifica, el líder se fortalece y la comunidad de fe se edifica.

## Un resumen y un reto: 12.11-21

Pablo ha llegado al final de su «discurso de necio», como él mismo lo llama (11.1, 16-17, 21; 12.11). Él preferiría una recomendación de parte de sus feligreses de Corinto, tal como algunas personas de la iglesia les dieron a los líderes de fuera: «Yo debía ser alabado por vosotros, porque en nada he sido menos que aquellos "grandes apóstoles" aunque nada soy» (12.11b). En lugar de eso, sintió el reto de defenderse, aunque lo hace con un discurso que demuestra que «nada soy» porque, con todas sus debilidades, depende de Dios para la confirmación de su apostolado. La implicación de tal «discurso de necio» es clara: la gente nueva, presentada como líderes de la comunidad, no demuestra verdaderas «señales de apóstol» (12.12a), que, según Pablo ha demostrado, son «paciencia, señales, prodigios y milagros» (12.12b). Esta referencia a «señales, prodigios y milagros» nos recuerda las veces que Pablo escribe sobre demostraciones visibles del poder de Dios en su ministerio evangelizador. Por ejemplo, en la primera carta, Pablo escribió que «ni mi palabra ni mi predicación fueron con palabras persuasivas de humana sabiduría, sino con demostración del Espíritu y de poder, para que vuestra fe no esté fundada en la sabiduría de los hombres, sino en el poder de Dios» (1 Co 2.4-5). Luego reta a las iglesias de Galacia a causa de la posible pérdida de fe, diciéndoles que esa fe se basa en la actividad del Espíritu: «Aquel, pues, que os da el Espíritu y hace maravillas entre vosotros, ¿lo hace por las obras de la Ley, o por el oír con fe?» (Gl 3.5). Y por último, en su carta a las iglesias de Roma, Pablo indica el alcance de su ministerio y la prueba de la efectividad del mismo:

> Porque no osaría hablar sino de lo que Cristo ha hecho por medio de mí, para conducir a los gentiles a la obediencia. Y lo he hecho de palabra y de obra, con potencia de señales y prodigios, en el poder del Espíritu de Dios; de manera que desde Jerusalén y por los alrededores hasta Ilírico, todo lo he llenado del evangelio de Cristo. (Ro 15.18-19)

Por lo tanto, Pablo afirma, vez tras vez, que su ministerio se basa en demostraciones visibles del poder de Dios a través de la obra del Espíritu Santo y, al igual que el libro de Hechos, que habla mucho de los «milagros y prodigios» de los apóstoles, incluso de Pablo (véase, por ejemplo, Hch 15.12), Pablo parece tener un ministerio de sanidad o salud como parte de su misión, aunque, fuera de estos textos mencionados, aquí no lo enfatiza tanto como Hechos.

En todo caso, según Pablo, no hay razón para que algunos feligreses de Corinto estén rechazando su liderato a favor de otras personas que cuestionan las credenciales apostólicas de Pablo. Él tiene un mensaje correcto, aunque sufrido, y el poder de Dios ha sido señal de esa realidad. Ni aun las acusaciones sobre asuntos económicos deben considerarse tan serias como algunas personas en Corinto, aparentemente, lo han hecho: «Porque ¿en qué habéis sido menos que las otras iglesias, sino en que yo mismo no os he sido carga? ¡Perdonadme este agravio!» (12.13) Si hay algo de qué acusar a Pablo, dice él, es su deseo de no ser carga económica en Corinto. Sabemos, sin embargo, que algunas personas pudientes de Corinto están listas para apoyar el ministerio de Pablo económicamente —sólo que Pablo no quiere aceptar ofrendas de personas que quieren establecer una relación con él que le hará cliente de ellas, en vez de apóstol. En Corinto, aceptar apoyo económico es un problema; en otras iglesias, no tanto, porque no consideran a Pablo como cliente o protegido de ellas. Con profunda ironía, Pablo pide «perdón» por su postura.

Pero ahora el discurso irónico termina, y Pablo tiene que hacer planes para visitar esta iglesia una «tercera vez». Espera resolver, de una vez por todas, esta serie de problemas con la iglesia de Corinto: «Ahora, por tercera vez estoy preparado para ir a vosotros; y no os seré una carga, porque no busco lo vuestro, sino a vosotros, pues no deben atesorar los hijos para los padres, sino los padres para los hijos» (12.14). La «tercera vez» se refiere a la próxima visita que quiere hacer después de la visita original al comienzo de la iglesia y la visita «triste» que describe en 2 Corintios 2.1-4. La importancia de las acusaciones monetarias contra Pablo se nota, de nuevo, en su afirmación de que no busca los tesoros de los corintios («lo vuestro»), sino el bienestar espiritual de ellos y ellas como personas de fe (lo que busca es «a vosotros»). Como un buen padre o madre (véase 1 Co 4.14-15, donde hay ejemplo de lenguaje paternal en el trato de Pablo con esta iglesia), Pablo procura ofrecer tesoros para sus hijos e hijas, no quitárselos. Sobre todo, Pablo tiene en mente los tesoros espirituales que Dios ha provisto para la iglesia de Corinto a través del ministerio de Pablo. Pablo se ha «gastado» físicamente para proveer esos tesoros con mucho amor, aunque, a veces, él no reciba amor de parte sus feligreses (12.15). Esto es, claramente, una referencia a todas las dificultades que ha tenido con la iglesia de Corinto, comenzando con la lista de problemas descrita en 1 Corintios y continuando con su visita dolorosa, su «carta de lágrimas» y ahora estas situaciones descritas aquí en 2 Corintios 10-13.

Parece que al centro mismo de estas acusaciones están las finanzas. De nuevo, Pablo se defiende cuando escribe que no es carga económica ni es engañoso en tales asuntos: «Pero admitamos esto: Yo no os he sido carga, sino que como soy astuto, os atrapé con engaño» (12.16). El engaño sería usar la colecta para Jerusalén como excusa para recaudar fondos para sí mismo, sin darles crédito alguno a los creyentes de Corinto. Quizás, los mismos «falsos apóstoles» aceptan dinero de la iglesia y siembran duda sobre cómo Pablo se sostiene. Pablo los «atrapó con engaño» en el caso de la colecta, dirían esos líderes foráneos. Sin embargo, Pablo les pregunta a sus feligreses de Corinto, ¿Cómo es posible que les engañe con el mismo Tito y los otros hermanos que les envié? (12.17-18). No hay duda de que Pablo aquí se refiere a su previo envío del equipo para recoger la ofrenda (véase 8.16-24). Pablo quiere recordar la buena relación que la iglesia de Corinto desarrolló con Tito y la integridad con que Tito vino a esa iglesia la primera vez (véase 7.5-16). Su visita para el asunto de la ofrenda parece que no fue tan exitosa como la primera visita. Pero Pablo todavía cree en la integridad de Tito y los otros enviados (sean dos como en 8.16-24, o uno como aquí en 12.18).

Pablo no quiere recordarles sólo de la integridad de Tito, sino también de la suya: «¿No hemos procedido con el mismo espíritu? ¿No hemos seguido las mismas pisadas?» (12.18b). Es interesante cómo Pablo defiende su propia integridad basándose en la de Tito. Demuestra su dependencia en sus colegas ministeriales, especialmente, con iglesias difíciles como la de Corinto. Sin embargo, el esfuerzo de Pablo respecto a esta iglesia tiene sus límites. Primero, aunque procura reconciliación con ella, en el último análisis Pablo tiene que rendir cuentas a Dios: «¿Acaso pensáis aún que nos disculpamos con vosotros? Delante de Dios en Cristo hablamos» (12.19a). Pablo procura la «edificación» de su iglesia amada (12.19b), pero no una «disculpa» vacía, una gracia barata. Si ellos han hecho mal, él así lo declarará.

Además, Pablo se preocupa por un segundo problema. No sólo tiene él que rendir cuentas a Dios, sino que lo mismo tienen que hacer los creyentes de Corinto. Por lo tanto, Pablo se preocupa porque teme que su próxima visita mostrará que algunos pecados que ha tratado de eliminar en Corinto a través de sus varias intervenciones —cartas y visitas previas— todavía continúen: «Temo que haya entre vosotros contiendas, envidias, iras, divisiones, maledicencias, murmuraciones, soberbias, desórdenes» (12.20b). Todos estos problemas se pueden encontrar, en una forma u otra, descritos en la primera carta, y aun en las divisiones que Pablo describe aquí, en 2 Corintios, entre sus opositores y en sus esfuerzos por reconciliarse con esta iglesia. Pero eso no es todo. Pablo se preocupa también —y señala la posibilidad de llantos y humillación personal delante de Dios— por los pecados morales que teme encontrar en Corinto: «han pecado y no se han arrepentido de la impureza, fornicación y lujuria que han cometido» (12.21b). Ya que los líderes llegados de fuera procuran su propio bienestar financiero a través de su presencia en Corinto, y quizás no retan a mejor comportamiento a algunas personas en Corinto, como Pablo lo ha hecho en el pasado, la comunidad corre el peligro de caer en conducta inmoral, si Pablo no interviene, pase lo que pase, con su reputación personal en Corinto. De nuevo, Pablo tiene que rendir cuentas a Dios con llantos y humillación personal si no confronta estos problemas en Corinto, incluso con una visita personal.

## Un reto final: 13.1-10

Por lo tanto, Pablo ofrece un reto final y fuerte antes de terminar esta porción de su «segunda» carta a los corintios. Repite, para enfatizarlo, que irá una «tercera vez» (13.1a; véase 12.14). Añade un consejo de las escrituras hebreas sobre la necesidad de que haya varios testigos para toda acusación: «Por boca de dos o tres testigos se decidirá todo asunto» (13.2b; véase Dt 9.15; Mt 18.16; 1 Ti 5.19). Pablo no quiere que una sola persona, como ocurrió en su previa visita (2.5-11), determine la culpabilidad del apóstol respecto de cualquier queja que haya contra él. Pablo piensa que tales personas —sus acusadores— son como pecadores, como las personas que ha descrito en el pasaje previo, gente de muchas «contiendas, envidias, iras, divisiones, maledicencias, murmuraciones, soberbias, desórdenes» (12.20). Contra tales personas de la iglesia de Corinto, Pablo escribe esta carta, y también se los dirá cara a cara. No tendrá más paciencia ni tolerancia: «Si voy otra vez, no seré indulgente» (13.2). En este pasaje, Pablo usa palabras fuertes para contrarrestar las acusaciones de que sus «cartas son duras y fuertes, pero que la presencia corporal es débil y [por lo tanto] la palabra despreciable» (10.10). «¡No más!», dice Pablo. En su «tercera visita», no tolerará comportamiento contraproducente al desarrollo de la fe cristiana en Corinto.

Pablo respalda sus amenazas verbales con un argumento cristológico (13.3-4). ¿Habrá duda en Corinto de que Pablo tiene a Cristo como recurso en su ministerio? Si Cristo es todopoderoso (ya que Dios lo resucitó de los muertos), ¿cómo es posible que Pablo tenga tantas debilidades? ¿Cuál es la «prueba [gr. *dokimes*] de que habla Cristo» en Pablo? El apóstol responde a tales acusaciones recordándoles a sus lectores que Cristo no sólo resucitó, sino que primero fue crucificado. Esa señal de debilidad es la misma con la que Pablo se identifica: «nosotros somos débiles en él [Cristo]» (13.4b). Además, igual que Cristo ahora vive con poder en quienes creen en él y «no es débil» (13.3), también Pablo vive «por el poder de Dios» que radica en su vida (13.4c). De nuevo, Pablo está contrarrestando acusaciones en Corinto sobre su debilidad, recordando el sacrificio de Cristo, por cuyo evangelio también Pablo sufre. Sin embargo, ambos sirvieron y sirven a la humanidad bajo el poder resucitador de Dios. Por lo tanto, la oposición en Corinto contra Pablo no tiene excusa. Tanto la debilidad como el poder son prueba de la presencia de Cristo en la vida y ministerio de Pablo.

Si hay dudas sobre la presencia de Cristo en la vida y ministerio de Pablo, Pablo invierte tales dudas contra sus acusadores. Estas personas son las que deben demostrar su relación con Cristo: «Examinaos a vosotros mismos, para ver si estáis en la fe; probaos a vosotros mismos» (13.5a). Los corintios piden «prueba» (gr. *dokimos*) de la presencia de Cristo en el ministerio de Pablo, y Pablo pide que se «examinen» (gr. *peirazete*) para ver si pueden «probar» (gr. *dokimazete*) su fe y que Cristo está en sus vidas (13.5b). Fuera de tales «pruebas» de la fe, Pablo teme que sus feligreses sean «reprobados» (*adokimoi*), fracasados en el examen de la fe, incluso para el juicio final. Pablo indica repetidamente en sus cartas que la vida de fe se compone de una serie de pruebas que muestran la fidelidad del creyente hasta el día del Señor. Pablo explicó su propia jornada en ese sentido a esta misma iglesia en su primera carta: «sino que golpeo mi cuerpo y lo pongo en servidumbre, no sea que, habiendo sido heraldo para otros, yo mismo venga a ser eliminado [*adokimos*]» (1 Co 9.27). Aunque Pablo afirma la «justificación por fe en Cristo» (véase, por ejemplo, Gl 2.19-21; Ro 5.1-11), hay la posibilidad de fracasar en la jornada espiritual, y que esto se demuestre cuando llegue el juicio final. Hay que cuidarse y, consistentemente, investigar y comprobar la postura de uno mismo frente a Cristo. Por eso, Pablo les pide a su feligreses aquí, en 2 Corintios, que no dejen de examinar su vida para que el pecado no domine en vez de Cristo: «¿No sabéis que Jesucristo está en vosotros? ¡A menos que estéis reprobados!» (13.5b).

Con esta advertencia, Pablo quiere afirmar *su* estatus delante de Cristo: «Espero que sepáis que nosotros no estamos reprobados» (13.6). Pablo corre el peligro de perder la fe como cualquier otro creyente en Cristo, pero en cuanto a las acusaciones que se hacen contra él en Corinto, nada hay que permita declarar que Pablo es un «reprobado» —*adokimos*, alguien que ha fracasado en las pruebas de la vida de fe. Pablo confirma la relación entre el pecado y el fracaso en los exámenes de la vida de fe al decir: «Y oramos a Dios que ninguna cosa mala hagáis» (13.7a). Ahora cambia el tono para declarar que está menos preocupado por los resultados de sus propios exámenes que por los de su iglesia en Corinto: «no para que nosotros aparezcamos aprobados, sino para que vosotros hagáis lo bueno, aunque nosotros seamos como reprobados» (13.7b). Pablo aclara que, aunque procura restaurar su relación con su iglesia frente a los esfuerzos divisivos de los líderes venidos de fuera, no lo hace para su propio bien. Llega hasta a declarar que si los de su iglesia se salvan en el fin, y él mismo, por una razón u otra, se pierde —fue «reprobado», no pasó el examen de una vida fiel—, por lo menos su iglesia será «aprobada». Esto es más retórica que teología. Es su último esfuerzo de convencer a su oposición, y a toda la iglesia de Corinto, de que Pablo desea solamente lo mejor para sus conversos. En esto refrenda lo que escribió en la primera carta: «Por lo cual, siendo libre de todos, me he hecho siervo de todos para ganar al mayor número» (1 Co 9.19). Pablo ha sacrificado mucho en aras del bienestar de sus iglesias. Tras esos esfuerzos está «la verdad del evangelio» (véase Gl 2.5; 2.14): «Y esto hago por causa del evangelio, para hacerme copartícipe de él» (1 Co 9.23). En realidad, Pablo sabe que al servir para la edificación de sus iglesias gana su «recompensa» (véase 1 Co 3.14). Pero aquí, al final de su largo argumento en 2 Corintios 10-13, está dispuesto a perder hasta su recompensa final si su iglesia enmienda sus caminos.

Al fin y al cabo, Pablo cree que la verdad reinará, «porque nada podemos contra la verdad, sino a favor de la verdad» (13.8). Lo más importante es la verdad del evangelio, no quien la proclama, sea Pablo o algunos creyentes de Corinto, siempre que el mensaje sea claro y verídico (véase una declaración semejante en Flp 1.15-18). Sin embargo, Pablo está convencido de que, en este caso, él tiene la verdad, y sus críticos en Corinto son, como ha dicho, «falsos apóstoles» (véase 11.13). Por lo tanto, si tiene que ser débil para que los corintios sean fuertes, que así sea (13.9; véase

1 Co 9.22). Hasta se «goza» por esa realidad y «ora» por la «perfección» (gr. *katartisin*) de los corintios, es decir, porque sean «completos» en el Señor. La palabra griega que Pablo emplea aquí significa sanar un hueso quebrado, y aparece, también, en Efesios 4.11-12: «Y él mismo constituyó a unos, apóstoles; a otros, profetas; a otros, evangelistas; a otros, pastores y maestros, a fin de perfeccionar [*katartismon*] a los santos para la obra del ministerio, para la edificación del cuerpo de Cristo.» Pablo quiere que sus iglesias, incluso la de Corinto, estén listas, sanas y completas, para vivir y proclamar la verdad del evangelio.

Pablo termina esta exhortación final con una referencia a la primera acusación contra él, descrita al comienzo de esta larga sección, sobre la diferencia entre sus cartas severas y su presencia débil (véase 10.10). Aquí repite su defensa anterior, que él es severo cuando es necesario, ya sea en persona o ya por carta (véase 10.11). Ya que el tema de este ultimo pasaje, que comenzó en 12.14, es la preparación para su tercera visita, Pablo repite su deseo de tener una visita exitosa, aunque si tiene que venir con un látigo, así lo hará: «Por esto os escribo estando ausente, para no usar de severidad cuando esté presente, conforme a la autoridad que el Señor me ha dado para edificación, y no para destrucción» (13.10). Esta advertencia nos recuerda otra semejante en la primera carta, cuando Pablo también anuncia una visita que espera que pueda hacer «con amor y espíritu de mansedumbre» en vez de una «vara» (véase 1 Co 4.21). Pablo quiere reafirmar su autoridad apostólica ante sus lectores al finalizar toda esta sección de 2 Corintios 10-13. Sea con metáforas militares, con una defensa retórica como un «discurso de necio», con una lista de sufrimientos, con ataques a la oposición o con amenazas de disciplina a causa de comportamiento pecaminoso, Pablo quiere asegurarle a toda la iglesia de Corinto, tanto quienes le apoyen como quienes se le opongan, que él procura lo mejor para su iglesia. Pablo desea usar su autoridad como fundador y pastor para «edificar» y no para «destruir». Como en 1 Corintios 4.18-21, cuál sea el Pablo que vendrá a Corinto para una tercera visita depende de sus feligreses, especialmente, de quienes se le oponen.

## Saludo y bendición final: 13.11-14

Pablo termina este fragmento de 2 Corintios 10 al 13 —o quizás la otra carta que aparece en 2 Co 1–9, pues no sabemos exactamente cómo unió el editor los varios fragmentos— con una exhortación que invoca temas que aparecen en muchas de sus cartas: «Por lo demás, hermanos, tened gozo, perfeccionaos, consolaos, sed de un mismo sentir y vivid en paz; y el Dios de paz y de amor estará con vosotros» (13.11). El gozo es tema central en su carta a los filipenses. Ya hemos visto cómo Pablo procura la «perfección», o salud completa de sus iglesias para que sirvan mejor a favor del evangelio. La consolación —tanto recibir el consejo de Pablo, como dar ánimo a otras personas en medio de dificultad— es otro tema favorito de Pablo y su visión del ministerio evangélico (véase 2 Co 1.3-7). Pablo enseña que la unidad («tener un mismo sentir», véase Flp 1.27, 2.2, 4.2) y la paz (por ejemplo, Ro 5.1) son resultados de la presencia de Cristo en medio de una comunidad de fe. Y el Dios de amor es quien hace posible todo esto. Específicamente, como conclusión a 2 Corintios 10 al 13, esta exhortación final resume la que Pablo le desea a esta iglesia tan contenciosa.

En vez de enfocar sus saludos en personas especificas, como en algunas de sus otras cartas, incluso 1 Corintios (véase 1 Co 16.15-20), Pablo pide que los corintios se saluden mutuamente: «Saludaos unos a otros con beso santo» (13.12). Una práctica social de saludo íntimo —el beso— se ha convertido en una afirmación de compañerismo en las iglesias paulinas (véase 1 Ts 5.26, 1 Co 16.20; Ro 16.16). Pablo convierte la práctica cotidiana de la cultura secular en un saludo «santo», símbolo de unidad y amor en Cristo. Quizás, tal práctica en Corinto, entre creyentes que apoyan a Pablo y otros que se oponen a él, pueda ayudar a preparar el ambiente para su visita con un espíritu de unidad y buena voluntad. De la misma manera, un saludo general de parte de todos «los santos» que están con Pablo (13.13) también señala la unidad colectiva de un grupo grande, y no sólo de individuos aislados —unidad como la que Pablo procura en Corinto.

Pablo termina la carta con una bendición final. Ésta es la única vez que usa una fórmula trinitaria en sus cartas: «La gracia del Señor Jesucristo, el amor de Dios y la comunión del Espíritu Santo sean con todos vosotros» (13.14). Pablo siempre comienza y termina sus cartas con mención de la gracia de Dios, porque es el don inmerecido de Dios que hace posible todo lo que tenemos en Cristo Jesús. Hemos visto que la palabra «comunión» (gr. *koinonia*) es una de las favoritas de Pablo, quien la usa para describir la «asociación» o «compañerismo» que es la iglesia del Señor. El Espíritu

Santo es la presencia divina actual en creyentes y en la iglesia —presencia que vivifica y fortalece a los creyentes y a la iglesia día tras día. Aunque está claro que Pablo no está pronunciando una teología trinitaria formal, como la que aparece en formulaciones teológicas posteriores en la historia del cristianismo, no hay duda de que Pablo ve una función importante para cada uno de estos tres: Dios, Cristo, Espíritu Santo. Los invoca vez tras vez a lo largo de sus cartas, aunque nunca juntos como en esta bendición final. Quizás, Pablo desee recalcar la unidad divina entre Dios, Cristo y el Espíritu Santo como ejemplo de la unidad de funciones y dones que desea ver entre sus feligreses —especialmente en esta iglesia tan dividida en Corinto. No todos los manuscritos antiguos incluyen la afirmación final de raíces hebreas: «Amén» —«que así sea»— pero no cabe duda de que Pablo sí quiere que esta iglesia afirme y practique la unidad que él ve en las obras y funciones de Dios, Cristo y el Espíritu Santo.

## Conclusión e implicaciones pastorales

Es difícil leer este pasaje de 2 Corintios 10–13 y ver la defensa feroz del Apóstol Pablo ante los ataques contra su persona y su ministerio. Podríamos pensar que Pablo se queja demasiado, o que *todo* líder religioso confronta amenazas a su liderato —reales o imaginarias— con retórica fuerte y emotiva, con ironía y sarcasmo, y con toda clase de autodefensa. Sin embargo, siempre hay que medir la seriedad y verdad de los ataques, y el costo que conlleva el responder. Para Pablo, el costo de no responder era serio: la pérdida de la fe en unas de sus iglesias. Para él, no había alternativa. O responde de la manera más efectiva posible, o se cae en Corinto esa fe por la cual él trabajó arduamente. Cuando peligra la fe de una comunidad, hay que responder como líder y buscar la restauración y reconciliación, no siempre de la misma manera que Pablo utiliza aquí, con amenazas e ironías, sino con repuestas y estrategias de resolución de conflictos, contextualizadas a nuestra situación. Pablo es nuestro modelo de compromiso, aunque no siempre de estrategia.

Después de que Pablo escribió 2 Corintios 10–13, Pablo vuelve a referirse a la iglesia de Corinto, aunque no tan obviamente. En su carta a las iglesias de Roma, Pablo indica que, por fin, terminó la colecta para la iglesia de Jerusalén y que va de viaje hacia Jerusalén con la ofrenda. Su última parada antes de Jerusalén, y desde donde posiblemente escribe su carta a los romanos, es en la provincia de Acaya, cuya capital es Corinto. «Pero ahora voy a Jerusalén para ministrar a los santos, porque Macedonia y Acaya tuvieron a bien hacer una ofrenda para los pobres que hay entre los santos que están en Jerusalén» (Ro 15.25-26). Éste es el punto culminante del ministerio de Pablo, ya que terminó su colecta, incluso, por fin, aparentemente con una aportación de la iglesia de Corinto. Cuando llega a Jerusalén, Pablo es arrestado y, después de un tiempo, por fin llega a Roma, pero como prisionero. Posiblemente fue ejecutado por el imperio unos años después de llegar (entre el año 62 y 65 d. C.). Pero antes de eso, nos parece poder ver que después de su difícil relación con su iglesia de Corinto —relación descrita con lujo de detalles en estas cartas de 1 y 2 Corintios— por fin pudo alcanzar una medida de reconciliación con ella, y recibir algún apoyo para la ofrenda de Jerusalén. Sin embargo, la jornada con Corinto fue larga y los esfuerzos de Pablo arduos. No fue una iglesia modelo, pero sí una comunidad de fe real, con todos los achaques y debilidades que encontramos, aun hoy, en nuestras comunidades de fe.

# Bibliografía Selecta

Barclay, William. *1a y 2a Corintios* (Barcelona: Editorial CLIE, 1995).

Fee, Gordon. *Primera Epístola a los Corintios* (Buenos Aires: Nueva Creación; Grand Rapids: W.B. Eerdmans Pub. Co., 1994).

Foulkes, Irene W. *Problemas Pastorales en Corinto: Comentario Exegético-Pastoral a 1 Corintios* (San José, Costa Rica: DEI, 1996).

Furnish, Victor Paul. *2nd Corinthians* (Garden City, N.Y.: Doubleday, 1984).

Horsley, Richard A. *1 Corinthians* (Nashville: Abingdon Press, c1998).

Martínez, Aquiles Ernesto. *Después de Damasco: El Apóstol Pablo desde una Perspectiva Latina* (Nashville: Abingdon Press, 2003).

Meeks, Wayne. *First Urban Christians: The Social World of the Apostle Paul* (New Haven: Yale University Press, 1983).

Sampley, J. Paul. "1 Corinthians," *New Interpreter's Bible*, Vol. X (Nashville, TN: Abingdon Press, 2002).

Sampley, J. Paul. "2 Corinthians," *New Interpreter's Bible*, Vol. XI (Nashville, TN: Abingdon Press, 2000).

Talbert, Charles H. *Reading Corinthians: A Literary and Theological Commentary* (Macon, Ga.: Smyth & Helwys, 2002).

Theissen, Gerd. *The Social Setting of Pauline Christianity: Essays on Corinth* (Philadelphia: Fortress Press, 1982)

Sze-kar, Wan. *Power in Weakness: Conflict and Rhetoric in Paul's Second Letter to the Corinthians* (Harrisburg, Pa.: Trinity Press International, 2000).

Witherington, Ben. *Conflict and Community in Corinth: A Socio-rhetorical Commentary on 1 and 2 Corinthians* (Grand Rapids: W.B. Eerdmans; Carlisle: Paternoster Press, 1995).